高等院校土木工程专业课程设计解析与实例丛书

桥梁工程课程设计解析与实例

唐兴荣　编著

机 械 工 业 出 版 社

本书是“高等院校土木工程专业课程设计解析与实例丛书”之一，书中解析了土木工程专业课程设计体系中结构设计模块中的桥梁结构设计、桥梁桩基础设计两个道路与桥梁工程方向课程设计。解析了上述桥梁工程的设计方法、设计内容及基本要求，并列举了相应的课程设计实例。

本书既可作为高等院校土木工程专业及相关专业师生课程设计的教学辅导与参考书，亦可作为土木工程专业师生毕业设计的参考书，还可供从事土木工程专业及相关专业的工程技术人员参考。

图书在版编目（CIP）数据

桥梁工程课程设计解析与实例/唐兴荣编著．—北京：机械工业出版社，2022.1（2024.5 重印）
（高等院校土木工程专业课程设计解析与实例丛书）
ISBN 978-7-111-69707-7

Ⅰ.①桥…　Ⅱ.①唐…　Ⅲ.①桥梁工程-课程设计-高等学校　Ⅳ.①U44-41

中国版本图书馆 CIP 数据核字（2021）第 244849 号

机械工业出版社（北京市百万庄大街 22 号　邮政编码 100037）
策划编辑：薛俊高　责任编辑：薛俊高　李宣敏
责任校对：刘时光　封面设计：张　静
责任印制：邓　博
北京盛通数码印刷有限公司印刷
2024 年 5 月第 1 版第 2 次印刷
210mm×285mm · 11.25 印张 · 322 千字
标准书号：ISBN 978-7-111-69707-7
定价：39.00 元

电话服务　　网络服务
客服电话：010-88361066　机　工　官　网：www.cmpbook.com
010-88379833　机　工　官　博：weibo.com/cmp1952
010-68326294　金　书　网：www.golden-book.com
封底无防伪标均为盗版　机工教育服务网：www.cmpedu.com

总　序

土木工程专业实践教育体系由实验类、实习类、设计类和社会实践以及科研训练等多个领域组成，是土木工程专业培养方案中重要的教学环节之一。设计领域包括课程设计和毕业设计，课程设计是土木工程专业实践教育体系的重要环节，起到承上启下的作用。一个课程设计实践环节与一门理论课程相对应，课程设计起着将课程基本理论、基本知识转化为课程实践活动的“桥梁”作用，也为后续的毕业设计和学生今后的工作奠定坚实的基础。但是，由于课程设计辅导环节很难满足大规模学生的需求，缺少课程设计后期的答辩和信息反馈环节，使课程设计很难高质量达到专业培养方案所提出的要求。为此，编者根据多年来从事土木工程专业教学改革项目研究和实践所取得的成果，以及指导土木工程专业课程设计所积累的教学经验，按照现行的国家规范、规程、标准等编写这套丛书。

土木工程专业课程设计体系包括实践单元、知识与技能点两个层次，由建筑设计、结构设计和施工技术与经济三个设计模块组成。据此，提出了土木工程专业各专业方向课程设计的内容以及其知识与技能点。

在本系列丛书的编写过程中，注重解析课程设计中的重点、难点及理论应用于实践的基本方法，培养学生初步的设计计算能力，掌握综合运用课程基础理论和设计方法。每个课程设计的内容包括知识与技能点、设计解析、设计实例以及思考题。书后还附有课程设计任务书，供教师教学时参考。

“高等院校土木工程专业课程设计解析与实例丛书”共六册，涵盖土木工程专业建筑工程、道路与桥梁工程、地下工程、铁道工程各设计模块中涉及的课程内容。第一册：《建筑设计课程设计解析与实例》，包括土木工程制图课程设计、房屋建筑学课程设计等；第二册：《施工技术与经济课程设计解析与实例》，包括施工组织设计、工程概（预）算课程设计等；第三册：《混凝土结构课程设计解析与实例》，包括混凝土梁板结构设计、单层厂房排架结构设计、混凝土框架结构设计、砌体结构设计等；第四册：《钢结构课程设计解析与实例》，包括组合楼盖设计、普通钢屋盖设计、平台钢结构设计、轻型门式刚架结构设计、钢框架结构设计等；第五册：《桥梁工程课程设计解析与实例》，包括桥梁结构设计、桥梁桩基础设计等；第六册：《道路工程课程设计解析与实例》，包括桥道路勘测设计、路基挡土墙设计，路基路面设计等；第七册：《地下建筑工程课程设计解析与实例》，包括地下建筑结构设计、隧道工程设计、基坑支护设计、桩基础工程设计等。

由于编者的水平有限，书中难免会有疏漏之处，敬请读者批评指正。

编　者

2021 年元月

前　言

本书是“高等院校土木工程专业课程设计解析与实例丛书”之一。书中解析了土木工程专业课程设计体系中结构设计模块中的桥梁结构设计、桥梁桩基础设计两个土木工程专业道路与桥梁工程方向的课程设计。

“桥梁结构设计”一章系统解析了钢筋混凝土简支梁（板）桥结构的设计方法和步骤。学生完成钢筋混凝土简支梁（板）桥结构布置、构件截面尺寸估选、作用（荷载）计算、荷载横向分布计算、简支梁（板）内力计算、横隔梁内力计算、行车道板内力计算、简支梁（板）桥截面设计，以及结构施工图绘制。通过本章课程设计，对桥梁结构设计内容和过程有较为全面的了解和掌握，并具有初步结构设计能力。

“桥梁桩基础设计”一章系统解析了桥梁桩基础的设计方法和步骤。学生完成桥梁桩基础的平面布置、单桩承载力计算、桩承载力计算、桩基承台设计，以及桥梁桩基础施工图绘制。通过本章课程设计，对桥梁桩基础工程设计内容和过程有较为全面的了解和掌握，并具有初步结构设计能力。

本书内容根据《公路桥涵设计通用规范》（JTG D60—2015）、《公路钢筋混凝土及预应力混凝土桥涵设计规范》（JTG 3362—2018）、《公路圬工桥涵设计规范》（JTG D61—2005）、《公路桥涵地基与基础设计规范》（JTG 3363—2019）等现行的国家规范、规程、标准进行编写。

由于编者的水平有限，书中难免会有疏漏之处，敬请读者批评指正。

目　　录

第1章 绪 论

1.1 课程设计目的

课程设计是土木工程专业实践教学体系中的重要环节之一，其目的主要体现在以下几个方面：

1. 巩固与运用理论教学的基本概念、基础知识

一个课程设计实践环节与一门理论课程相对应，课程设计起着将课程基本理论、基本知识转化为课程实践活动的“桥梁”纽带。通过课程设计，可以加深学生对课程基本理论、知识的认识和理解，并学习运用这些基本理论、基本知识来解决工程实际问题。

2. 培养学生使用各种规范、规程、查阅手册和资料的能力

完成一个课程设计，仅仅局限于教材中的内容是远远不够的，需要查阅和运用相关的规范、规程、标准、手册、图集等资料。学生在完成课程设计的过程中进行文献检索，一方面有助于提高课程设计的质量，另一方面可以培养学生查阅各种资料和应用规范、规程的能力，为毕业设计（论文）打下坚实的基础。

3. 培养学生工程设计意识，提高概念设计的能力

课程设计实践环节使学生完成从基本理论、基本知识的学习到工程技术学习的过渡，通过课程设计，可培养学生工程设计意识，提高概念设计的能力。一个完整的结构设计过程，从结构选型、结构布置，到结构分析计算、截面设计，再到细部处理等环节，学生对所遇的问题依据建筑结构在各种情况下工作的一般规律，结合实践经验，综合考虑各方面因素，确定合理的结构分析、处理方法，力求取得最为经济、合理的结构设计方案。

4. 熟悉设计步骤与相关的设计内容

所有工程结构设计，无论是整个结构体系，还是结构构件设计的步骤都有其共同性，通过课程设计教学环节的训练，可以使学生熟悉设计的基本步骤和程序，掌握主要设计过程的设计内容与设计方法。

5. 培养学生的设计计算能力

各门课程设计的计算除了涉及本课程的设计计算内容外，还会涉及其他专业课程、专业基础课程甚至基础课程的相关知识。课程设计对学生加深各门课程之间纵横向联系的理解，学会综合运用各门课程的知识完成工程设计计算是一项十分有益的训练。

6. 培养学生施工图的表达能力

在课程设计过程中，应引导学生查阅有关的构造手册，对规范中规定的各种构造措施应在图样中有明确的表示，使学生认识到，图样是工程师的语言，自己所绘的图样必须能够正确体现设计计算，图样上的每一根线条都应有根有据，不仅自己看得明白，还要让施工人员便于理解设计意图，最终达到正确施工的目的。

7. 培养学生分析和解决工程实际问题的能力

课程设计是理论知识与设计方法的综合运用。每份课程设计任务书的设计任务有所不同，要实现“一人一题”，这样可以避免重复，同时减少学生间的相互依赖，使学生主动思考，自行设计。从而使学生既受到全面的设计训练，同时，也通过其对具体工程问题的处理，提高学生分析问题和解决工程实际问题的能力。

8. 培养学生语言表达能力

在课程设计结束时，建议增加一个课程设计的答辩环节，以培养学生的语言组织能力、逻辑思维能力和语言表达能力，同时也为毕业设计（论文）答辩做好准备。

1.2 课程设计基本要求

课程设计的成果一般包括课程设计计算书和设计图。课程设计计算书应装订成册，一般由封面、目录、课程设计计算书、参考文献、附录、致谢和封底等部分组成。设计图应符合规范，达到施工图要求。

1. 封面

封面要素包括课程设计名称、学院（系）及专业名称、学生姓名、学号、班级、指导教师姓名以及编写日期等。

2. 目录

编写目录时应注意与设计计算书相对应，尽量细致划分、重点突出。

3. 课程设计计算书

课程设计计算书主要记录全部的设计计算过程，应完整、清楚、整洁、正确。计算步骤要条理清楚，引用数据要有依据，采用计算图表和计算公式应注明其来源或出处，构件编号、计算结果（如截面尺寸、配筋等）应与图样表达一致，以便核对。

当采用计算机计算时，应在计算书中注明所采用的计算机软件名称，计算机软件必须经过审定或鉴定才能在工程中推广应用，电算结果应经分析认可。荷载简图、原始数据和电算结果应整理成册，与手算计算结果统一整理。

选用标准图集时，应根据图集的说明，进行必要的选用计算，作为设计计算的内容之一。

4. 参考文献

参考文献中列出主要的参考文章、书籍，编号应与正文相对应。

5. 附录

附录包括课程设计任务书和其他主要的设计依据资料。

6. 致谢

对在设计过程中给予自己帮助的教师、同学等给予感谢。

7. 封底

施工图是进行施工的依据，是设计者的语言，是设计意图最准确、最完整的体现，也是保证工程质量的重要环节。

图纸要求：依据国家标准《房屋建筑制图统一标准》（GB/T 50001—2017）和《建筑结构制图标准》（GB/T 50105—2010），采用手绘或 CAD 软件绘制，设计内容应满足规范要求，图面布置合理，表达正确，文字规范，线条清楚，并达到施工图设计深度的要求。

1.3 土木工程专业课程设计体系和课程设计内容

1. 土木工程专业课程设计体系

土木工程专业各专业方向（建筑工程、道路与桥梁工程、地下工程、铁道工程等）的构建是由“建筑设计”“结构设计”“施工技术与经济”三个模块所组成的课程设计体系，如图 1-1 所示。

2. 土木工程专业课程设计内容和知识技能点

根据上述所构建的土木工程专业课程设计体系，对土木工程专业课程设计加以适当组合，以反映土木工程专业各专业方向完整的课程设计体系。

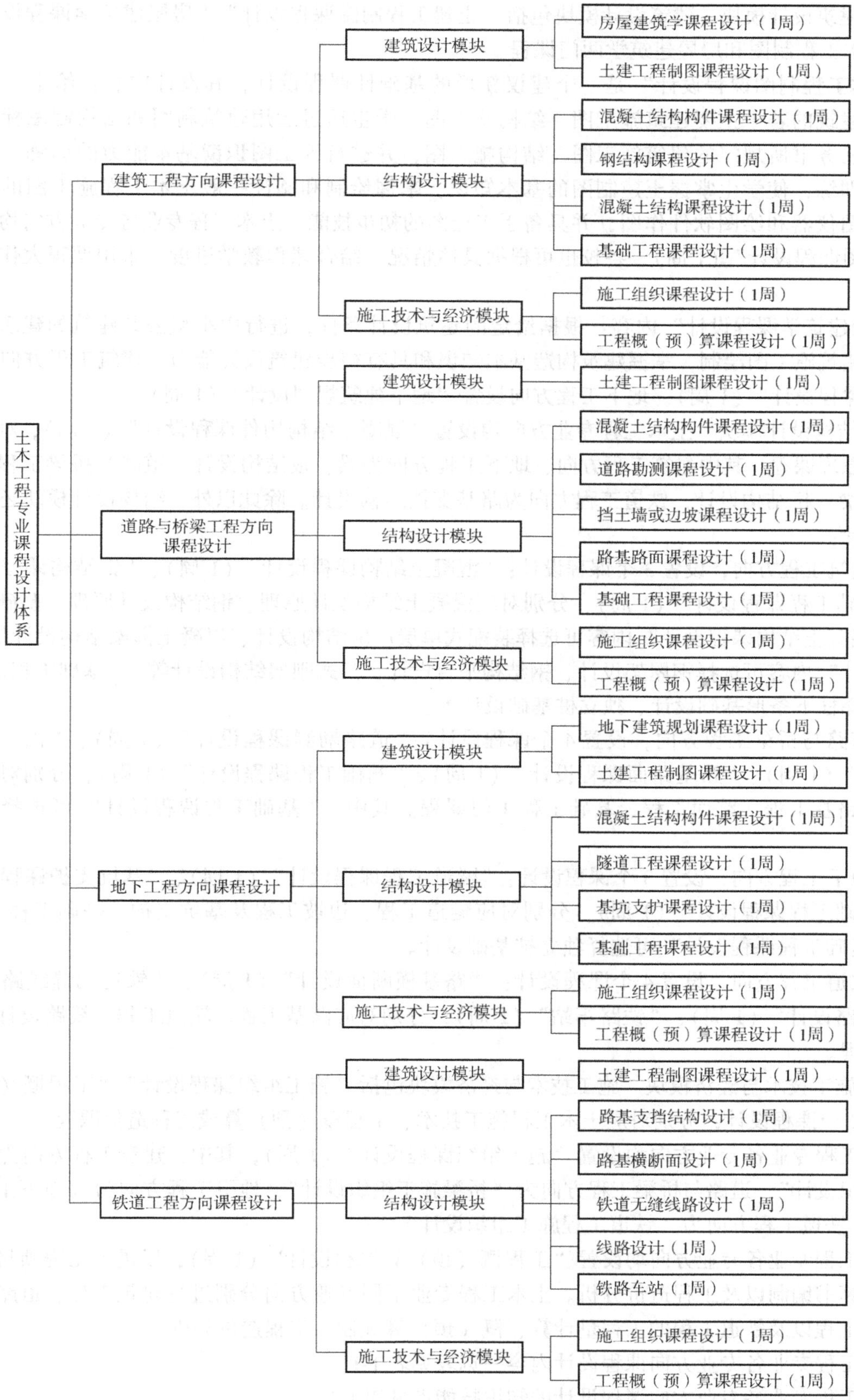

图1-1 土木工程专业课程设计体系

（1）建筑设计模块　建筑设计模块包括“土建工程制图课程设计”“房屋建筑学课程设计”其分别对应土木工程制图和房屋建筑学两门课程。

“土建工程制图课程设计”是一个建议新增的基础性课程设计，其设计内容：给定一栋民用建筑或工业建筑的若干主要建筑施工图、结构施工图，学生通过运用建筑制图和结构制图标准，手工绘制设计任务书所规定的建筑施工图、结构施工图，并进行施工图识读基本能力的训练。通过本课程设计的训练，使学生掌握土建制图的基本知识，掌握绘制和阅读一般土木工程施工图的方法，正确使用绘图仪器和绘图软件作图，并具备手工绘图的初步技能。土木工程专业各专业方向均设置“土建工程制图课程设计”（1周），各校也可根据具体情况，结合课程教学进度，采用课程大作业的形式进行。

“房屋建筑学课程设计”内容：根据给定的建筑设计条件，进行中小型公共建筑的建筑方案、功能布置、建筑施工图绘制，掌握建筑构造基本知识和具有初步建筑设计能力。建筑工程方向设置“房屋建筑学课程设计”（1周），地下工程方向设置“地下建筑规划设计”（1周）。

（2）结构设计模块　土木工程专业方向均设置“混凝土结构构件课程设计”（1周），对应混凝土结构设计原理课程。其中建筑工程方向、地下工程方向为梁、板结构设计，道路与桥梁工程方向为混凝土板（梁）桥结构设计，铁道工程方向为路基支挡结构设计。除此以外，结构设计模块还设置了以下课程设计：

1）建筑工程方向，设置3个课程设计：“混凝土结构课程设计”（1周）、“钢结构课程设计”（1周）、“基础工程课程设计”（1周），分别对应混凝土结构设计原理、钢结构设计原理、基础工程3门课程。“混凝土结构课程设计”内容可选择装配式单层厂房结构设计、混凝土框架结构设计等。“钢结构课程设计”内容可选择钢屋架设计、钢结构平台设计、门式刚架结构设计等。“基础工程课程设计”内容可选择柱下条形基础设计、独立桩基础设计等。

2）道路与桥梁工程方向，设置4个课程设计：“道路勘测课程设计”（1周）、“挡土墙或边坡课程设计”（1周）、“路基路面课程设计”（1周）、“基础工程课程设计”（1周），分别对应道路勘测设计、路基工程、路面工程、基础工程4门课程。其中，“基础工程课程设计”可选择桥梁桩基础设计。

3）地下工程方向，设置3个课程设计：“隧道工程课程设计”（1周）、“基坑支护课程设计”（1周）、“基础工程课程设计”（1周），分别对应隧道工程、边坡工程及基坑支护、基础工程3门课程。其中，“基础工程课程设计”可选择独立桩基础设计。

4）铁道工程方向，设置4个课程设计：“路基横断面设计”（1周）、“铁道无缝线路设计”（1周）、“线路设计”（1周）、“铁路车站”（1周），分别对应路基工程、轨道工程、线路设计、铁路车站4门课程。

（3）施工技术与经济模块　施工技术与经济模块包括“施工组织课程设计”“工程概（预）算课程设计”2个课程设计，分别对应土木工程施工技术、工程概（预）算或工程造价课程。

土木工程专业各专业方向均设置“施工组织课程设计”（1周），其中，建筑工程方向为“建筑工程施工组织设计”，道路与桥梁工程方向为“桥梁施工组织设计”，地下工程方向为“地下工程施工组织设计”，铁道工程方向为“铁道工程施工组织设计”。

土木工程专业各专业方向均设置“工程概（预）算课程设计”（1周），以进行工程项目的工程量计算、预算书编制以及工程造价分析。土木工程专业不同专业方向分别进行建筑工程、道路与桥梁工程、地下工程以及铁道工程的工程量计算、概（预）算编制、工程造价分析。

土木工程专业各专业方向课程设计内容一览表见表1-1。

土木工程专业各专业方向课程设计的知识技能点见表1-2。

表1-1 土木工程专业各专业方向课程设计内容一览表

序号	专业方向	课程设计名称	课程设计内容描述	对应课程	建议周数
1	建筑工程	土建工程制图课程设计	识图并手绘主要建筑施工图、结构施工图	土木工程制图	1周
2		房屋建筑学课程设计	中小型公共建筑方案设计	房屋建筑学	1周
3		混凝土结构构件设计	（单、双向板）肋梁楼盖梁、板构件设计	混凝土结构设计原理	1周
4		钢结构设计	钢屋架设计或钢平台结构设计	钢结构设计原理	1周
5		混凝土结构设计	装配式混凝土单层厂房结构设计或多层混凝土框架结构设计	混凝土结构设计原理	1周
6		基础工程课程设计	柱下条形基础或独立柱下桩基础设计	基础工程	1周
7		施工组织课程设计	民用建筑或工业建筑施工组织设计	建筑工程施工	1周
8		工程概（预）算	房屋建筑工程的工程量计算、概（预）算编制、工程造价分析	建筑工程造价	1周
1	道路与桥梁工程	土建工程制图课程设计	识图并手绘主要建筑施工图、结构施工图	土木工程制图	1周
2		混凝土结构构件设计	混凝土板（梁）桥结构设计	桥梁工程	1周
3		道路勘测设计	三级公路设计	道路勘测设计	1周
4		路基工程设计	挡土墙或边坡设计	路基路面工程	1周
5		路面工程设计	刚性路面或柔性沥青路面结构设计	路基路面工程	1周
6		基础工程课程设计	桥梁桩基础设计	基础工程	1周
7		施工组织课程设计	桥梁工程施工组织设计	道路与桥梁工程施工技术	1周
8		工程概（预）算	道路工程与桥梁工程的工程量计算、概（预）算编制、工程造价分析	道路与桥梁工程概（预）算	1周
1	地下工程	土建工程制图课程设计	识图并手绘主要建筑施工图、结构施工图	土木工程制图	1周
2		地下建筑规划设计	典型地下建筑工程的规划设计	地下建筑规划设计	1周
3		混凝土结构构件设计	地下建筑（单、双向板）肋梁楼盖梁、板构件设计	混凝土结构设计	1周
4		地下建筑结构设计	浅埋式框架结构设计或盾构隧道结构设计	地下建筑结构	1周
5		基坑支护设计	基坑支护设计	基坑支护	1周
6		基础工程课程设计	独立桩基设计	基础工程	1周
7		施工组织课程设计	地下建筑工程施工组织设计	地下工程施工技术	1周
8		工程概（预）算	地下建筑工程的工程量计算、概（预）算编制、工程造价分析	地下工程概（预）算	1周
1	铁道工程	土建工程制图课程设计	识图并手绘主要建筑施工图、结构施工图	土木工程制图	1周
2		路基支挡结构设计	挡土墙及边坡设计	路基工程	1周
3		路基横断面设计	铁道路基工程设计	路基工程	1周
4		铁道无缝线路设计	铁道无缝线路设计	轨道工程	1周
5		线路设计	普通铁道线路设计	线路设计	1周
6		铁路车站设计	铁路区段站设计	铁路车站	1周
7		施工组织课程设计	铁道工程施工组织设计	铁道工程施工技术	1周
8		工程概（预）算	铁道工程的工程量计算、概（预）算编制、工程造价分析	铁道工程概（预）算	1周

注：课程设计内容各学校可根据土木工程专业课程设置情况作适当的调整。

表 1-2　土木工程专业各专业方向课程设计知识技能点

实践单元			知识与技能点		
序号	描述		序号	描述	要求
1	建筑工程方向课程设计	土建工程制图课程设计（1 周）	1	建筑制图、结构制图的标准	熟悉
			2	绘制和阅读建筑施工图、结构施工图方法	掌握
2		房屋建筑学课程设计（1 周）	1	中小型公共建筑方案设计	熟悉
			2	绘制建筑施工图（平、立、剖面及局部大样图）的方法	掌握
3		混凝土结构构件设计（1 周）	1	楼盖结构梁板布置方法和构件截面尺寸估算方法	掌握
			2	按弹性理论、塑性理论设计计算混凝土梁、板构件	掌握
			3	楼盖结构施工图的绘制方法	掌握
4		钢结构设计（1 周）	1	钢屋架形式的选择和主要尺寸的确定	掌握
			2	钢屋架支撑系统体系的布置原则及表达方法	掌握
			3	钢屋架荷载、内力计算与组合方法	掌握
			4	钢屋架各杆件截面选择原则、验算的内容及计算方法	掌握
			5	钢屋架典型节点的设计计算方法及相关构造；焊缝的计算方法及构造	掌握
			6	钢屋架施工图的绘制方法及材料用量计算	熟悉
5		混凝土结构设计（1 周）	1	混凝土结构布置原则、构件截面尺寸估选方法	熟悉
			2	混凝土结构计算单元和计算简图的取用	掌握
			3	混凝土结构荷载、内力的计算和组合方法	掌握
			4	混凝土结构构件截面设计和构造要求	掌握
			5	绘制混凝土结构施工图	掌握
6		基础工程课程设计（1 周）	1	设计资料分析、基础方案及类型的选择	熟悉
			2	地基承载力验算及基础尺寸的拟定；地基变形及稳定验算	掌握
			3	基础结构设计计算方法	掌握
			4	绘制基础结构施工图	掌握
7		施工组织课程设计（1 周）	1	工程概况及施工特点分析；施工部署和施工方法概述	熟悉
			2	主要分部（分项）工程施工方法的选择	掌握
			3	施工进度计划、施工准备工作计划	掌握
			4	安全生产、质量工期保证措施和文明施工达标措施	掌握
			5	设计并绘制施工现场总平面布置图	掌握
8		工程概（预）算（1 周）	1	按照相应工程计价表中的计算规则进行详细的工程量计算	掌握
			2	按照相应工程计价表中的相应价格编制各分部（分项）工程的预算书	掌握
			3	按照相应地区的工程量清单计价程序和取费标准编制工程造价书	掌握

（续）

实践单元			知识与技能点		
序号	描述		序号	描述	要求
1	道路与桥梁方向课程设计	土建工程制图课程设计（1周）	1	建筑制图、结构制图的标准	熟悉
			2	绘制和阅读建筑施工图、结构施工图方法	掌握
2		混凝土结构构件设计（1周）	1	钢筋混凝土简支梁（板）桥结构布置原则和构件截面尺寸估选	掌握
			2	钢筋混凝土简支梁（板）的设计计算方法和构造要求	掌握
			3	结构施工图的绘制方法	掌握
3		道路勘测设计（1周）	1	道路选线的一般方法和要求	熟悉
			2	道路的线型设计（包括平面、纵断面、横断面）	掌握
			3	道路线形施工图的绘制方法	掌握
4		挡土墙或边坡设计（1周）	1	挡土墙结构类型选用	熟悉
			2	挡土墙结构设计计算方法	掌握
			3	绘制挡土墙结构施工图（包括挡土墙纵断面、平面、横断面详图）；计算有关工程数量	掌握
5		路基路面工程设计（1周）	1	路基设计计算方法	掌握
			2	路面结构设计参数确定方法	掌握
			3	路面结构设计计算方法	掌握
			4	路面结构施工图的绘制方法	掌握
6		基础工程课程设计（1周）	1	基础方案及类型的选择	熟悉
			2	地基承载力验算及基础尺寸的拟定；地基变形及稳定验算	掌握
			3	基础结构设计计算方法	掌握
			4	绘制基础结构施工图	掌握
7		施工组织课程设计（1周）	1	施工方案和施工方法的选择	熟悉
			2	下部、上部结构和特殊部位工艺流程及技术措施	掌握
			3	施工进度计划表；施工准备工作计划	掌握
			4	安全生产、质量工期保证措施和文明施工达标措施	掌握
			5	设计并绘制施工现场总平面布置图	掌握
8		工程概（预）算（1周）	1	按照相应工程计价表中的计算规则进行详细的工程量计算	掌握
			2	按照相应工程计价表中的相应价格编制各分部（分项）工程的预算书	掌握
			3	按照相应地区的工程量清单计价程序和取费标准编制工程造价书	掌握

（续）

实践单元			知识与技能点		
序号		描述	序号	描 述	要求
1	地下工程方向课程设计	土建工程制图课程设计（1周）	1	建筑制图、结构制图的标准	熟悉
			2	绘制和阅读建筑施工图、结构施工图方法	掌握
2		地下建筑规划设计（1周）	1	地下建筑工程的结构选型，主体工程的长度、宽度和高度等主要尺寸的估算	掌握
			2	通道、出口部分等主要附属工程的结构形式与净空尺寸的估算	掌握
			3	绘制地下建筑的建筑施工图	掌握
3		混凝土结构构件设计（1周）	1	主体建筑结构选择，衬砌（支护）结构形式选择	熟悉
			2	外部荷载计算，主要结构的力学计算及校核，配筋计算等	掌握
			3	梁、板、柱等主要构件的设计计算方法	掌握
			4	绘制结构施工图	掌握
4		隧道工程设计（1周）	1	隧道断面布置	掌握
			2	隧道主体结构设计方法	掌握
			3	绘制隧道结构施工图	掌握
5		基坑支护设计（2周）	1	基坑支护类型的选择方法	熟悉
			2	土钉墙设计计算方法	掌握
			3	护坡桩设计计算方法	掌握
			4	基坑施工要求及安全监测的设计	熟悉
			5	基坑施工图绘制方法	掌握
6		基础工程课程设计（1周）	1	选择桩的类型和几何尺寸	掌握
			2	确定单桩竖向承载力特征值；确定桩的数量、间距和布置方式	掌握
			3	验算桩基承载力；桩基沉降计算；承台设计	掌握
			4	桩基础结构施工图绘制方法	掌握
7		施工组织课程设计（1周）	1	掘进和支护工序施工方案的选择、施工工艺与方法的设计、施工设备的选择	熟悉
			2	提升、运输、压气供应、通风、供水、排水等辅助系统的设计方法	掌握
			3	编制工程质量与安全措施	掌握
			4	设计并绘制施工方案图	掌握
8		工程概（预）算（1周）	1	按照相应工程计价表中的计算规则进行详细的工程量计算	掌握
			2	按照相应工程计价表中的相应价格编制各分部（分项）工程的预算书	掌握
			3	按照相应地区的工程量清单计价程序和取费标准编制工程造价书	掌握

（续）

实践单元			知识与技能点		
序号	描述		序号	描 述	要求
1	铁道工程方向课程设计	土建工程制图课程设计（1周）	1	建筑制图、结构制图的标准	熟悉
			2	绘制和阅读建筑施工图、结构施工图方法	掌握
2		铁道无缝线路设计（1周）	1	路基、桥上无缝线路设计的基本原理、方法和步骤	掌握
			2	通过计算确定路基上无缝线路的允许降温和升温幅度、确定中和轨道温度（即无缝线路设计锁定轨温）	掌握
			3	计算单跨简支梁位于固定区的钢轨伸缩附加力，确定桥上无缝线路锁定轨温	掌握
3		线路设计（1周）	1	根据给定的客货运量，确定主要技术标准，求算区间需要的通过能力，计算站间的距离，进行车站分布计算	熟悉
			2	线路走向选择及平面、纵断面设计	掌握
			3	工程量和工程费用计算	掌握
			4	平面、纵断面图的绘制、编制设计说明书	掌握
4		路基横断面设计（1周）	1	设计资料分析、确定路基形式及高度	掌握
			2	确定路基面宽度及形状、基床厚度	掌握
			3	路基填料设计、路基边坡坡度确定	掌握
			4	路堤整体稳定性验算及路堤边坡稳定性验算	掌握
5		路基支挡结构设计（1周）	1	设计资料分析、确定路基横断面尺寸、初步拟定挡土墙高度	掌握
			2	支挡结构荷载分析、拟定挡土墙尺寸并进行土压力计算	掌握
			3	挡土墙的稳定性验算和截面应力验算	掌握
			4	绘制挡土墙结构施工图（包括挡土墙纵断面、平面、横断面详图）	掌握
6		铁路车站设计（1周）	1	分析资料、铁路区段站设计的各主要环节、分析区段站各项设备相互位置、选择车站类型	掌握
			2	确定各项运转设备数量、咽喉设计及计算	掌握
			3	坐标计算、绘图、编写说明书	掌握
7		施工组织课程设计（1周）	1	分析设计资料、工程概况及施工特点，按结构形式确定施工方案及施工方法	熟悉
			2	根据轨道或路基结构形式确定工艺流程和技术措施，编制资源需要量计划	掌握
			3	施工进度计划表、施工准备工作计划	掌握
			4	安全生产、质量工期保证措施和文明施工达标措施	掌握
			5	设计并绘制施工现场总平面图布置图	掌握
8		工程概（预）算（1周）	1	按照相应工程计价表中的计算规则进行详细的工程量计算	掌握
			2	按照相应工程计价表中的相应价格编制各分部（分项）工程的预算书	掌握
			3	按照相应地区的工程量清单计价程序和取费标准进行工程造价汇总	掌握

注：各学校可根据土木工程专业课程设置情况对课程设计内容作适当的调整。

1.4 课程设计成绩评定

一般课程设计成绩由以下4部分组成：①计算书（权重50%）；②图样（权重30%）；③设计答辩（权重10%）；④完成情况（权重10%），具体可参考表1-3。

表 1-3　课程设计成绩评定表

项目	权重	分值	评分标准	评分
计算书（X_1）	50%	90～100	结构计算的基本原理、方法、计算简图完全正确 导荷载概念、思路清楚，运算正确 计算书内容完整、系统性强、书写工整、图文并茂	
		80～89	结构计算的基本原理、方法、计算简图正确 导荷载概念、思路基本清楚，运算无误 计算书内容完整、计算书有系统性、书写清楚	
		70～79	结构计算的基本原理、方法、计算简图正确 导荷载概念、思路清楚，运算正确 计算书内容完整、系统性强、书写工整	
		60～69	结构计算的基本原理、方法、计算简图基本正确 导荷载概念、思路不够清楚，运算有错误 计算书无系统性、书写潦草	
		60 以下	结构计算的基本原理、方法、计算简图不正确 导荷载概念、思路不清楚，运算错误多 计算书内容不完整、书写不认真	
图样（X_2）	30%	90～100	正确表达设计意图 图例、符号、线条、字体、习惯做法完全符合制图标准 图面布局合理，图样无错误	
		80～89	正确表达设计意图 图例、符号、线条、字体、习惯做法完全符合制图标准 图面布局合理，图样有小错误	
		70～79	尚能表达设计意图 图例、符号、线条、字体、习惯做法基本符合制图标准 图面布局一般，有抄图现象，图样有小错误	
		60～69	能表达设计意图 图例、符号、线条、字体、习惯做法基本符合制图标准 图面布局不合理，有抄图不求甚解现象，图样有小错误	
		60 以下	不能表达设计意图 图例、符号、线条、字体、习惯做法不符合制图标准 图面布局不合理、有抄图不求甚解现象，图样错误多	
答辩（X_3）	10%	90～100	回答问题正确，概念清楚，综合表达能力强	
		80～89	回答问题正确，概念基本清楚，综合表达能力较强	
		70～79	回答问题基本正确，概念基本清楚，综合表达能力一般	
		60～69	回答问题错误较多，概念基本清楚，综合表达能力较差	
		60 以下	回答问题完全错误，概念不清楚	
完成任务（X_4）	10%	90～100	能熟练地综合运用所学的知识，独立全面出色完成设计任务	
		80～89	能综合运用所学的知识，独立完成设计任务	
		70～79	能运用所学的知识，按期完成设计任务	
		60～69	能在教师的帮助下运用所学的知识，按期完成设计任务	
		60 以下	不能按期完成设计任务	
总分（X）	$X=0.5X_1+0.3X_2+0.1X_3+0.1X_4$			

课程设计成绩采用优秀、良好、中等、及格和不及格五级制，五级制等级与百分制的对应关系见表1-4。

表1-4 五级制等级与百分制的对应关系

百分制分值	90～100	80～89	70～79	60～69	60分以下
五级制等级	优秀	良好	中等	及格	不及格

1.5 课程设计教学质量评估指标体系

1. 课程设计教学质量评价的特点

构建科学、合理的本科课程设计教学质量评价体系，准确地评价本科课程设计教学质量是准确地评价本科人才培养质量的基础性工作之一。本科课程设计工作涉及面广，从工作层面来看，涉及学校、学院、系（教研室）、教师、学生五个不同层次的工作；从工作性质来看，涉及教学管理部门、教师、学生三个不同主体的工作。因此，课程设计教学质量的评价应体现层次性、多元性和综合性。

2. 课程设计教学质量评价的体系

根据课程设计教学质量评价的层次性、多元性、综合性等特点，对不同工作层次和不同工作对象进行分层次、分对象的评价，形成层次化、多元化的评价体系。建议从制度建设、组织管理、设计成果、学生情况、指导教师、教学条件等六个方面对本科课程设计教学质量进行综合评价，形成综合性评价体系。具体评估指标体系见表1-5。

3. 课程设计评价的主要内容

（1）课程设计管理工作质量评价　课程设计管理工作质量包括学校、学院、系（教研室）在不同层面对课程设计工作的过程管理，以及指导教师对学生的具体指导工作，因此对课程设计管理工作质量的评价既是对学校、学院、系（教研室）工作的评价，又是对教师指导工作的评价。

在学校、学院、系（教研室）对课程设计工作的管理方面主要评价制度建设、教学条件、过程管理等对课程设计工作的作用。制度建设主要依据学校是否制定了有关课程设计工作的管理文件，学院是否制定了课程设计工作的具体实施计划或工作方案，学院或系（教研室）是否制定了符合本科教学要求的课程设计质量标准。教学条件是指课程设计工作在培养计划中的学时安排、经费支出、场地条件、图书资料等对于学生完成课程设计教学环节的支撑。过程管理主要评价从课程设计开始到课程设计答辩工作结束的整个过程中，学校、学院、系（教研室）对课程设计工作的常规管理，以及学生完成课程设计成果的归档管理。

对指导教师工作的评价，则侧重于课程设计任务书质量，计划进度和执行情况，评分的客观性、公正性，指导工作的到位情况，以及教师工作态度、方法、效果等，由学生评价的情况等。另外，指导教师的资格和指导学生的人数也作为评价的因素。

（2）课程设计成果质量评价　对课程设计成果的评价主要应对学生选题、动手能力、综合应用基本知识与基本技能能力以及规范要求的评价。选题的正确性主要反映在题目是否紧扣专业的培养目标。在学生实际动手能力的评价中，主要考虑学生的计算能力和制图能力。在综合应用基本理论与基本技能的能力评价中主要考虑学生综合运用基本理论与基本技能的熟练程度，表述概念是否清楚、正确。在规范要求方面主要评价图样是否符合国家现行的标准，计算书内容是否完整等。

另外，对学生工作的评价主要对学生独立工作能力以及学生纪律表现、工作态度、学风等，由教师评价。

表 1-5 课程设计教学质量评价指标体系

序号	一级指标		二级指标		评价内容
	内容	权重	内容	权重	
1	制度建设	0.1	制度建设	0.3	学校是否制定关于课程设计工作的管理文件
				0.3	学院是否制定课程设计工作的具体实施计划或工作方案
				0.4	学院或系（教研室）是否制定符合本科教学要求的课程设计质量标准
2	组织管理	0.1	常规管理	0.6	校、学院、系（教研室）对课程设计工作过程的管理
			教学资料	0.4	学生设计成果归档
3	设计成果	0.4	选题	0.1	选题是否紧扣专业的培养目标
			实际动手能力	0.1	设计能力：具有一定的工程技术实际问题的分析能力、设计能力
				0.1	计算能力：掌握计算方法的熟练程度以及计算结果的正确性
			综合应用知识能力	0.2	学生综合运用基本理论与基本技能的熟练程度，表述概念是否清楚、正确
			规范要求方面	0.3	图样质量：绘图、字体规范标准，符合国家标准
				0.2	计算书质量：内容完整、概念清楚，条理分明，书写工整
4	学生情况	0.15	独立工作能力	0.4	按进度要求独立完成设计任务
			教师评学生	0.6	学生纪律表现、工作态度、学风等（由教师评价）
5	指导教师	0.15	任务书质量	0.2	任务书内容完整、科学、合理
			进度计划及执行	0.2	进度计划合理，执行情况好
			学生评教师	0.4	教师工作态度、方法、效果等（由学生评价）
			指导教师资格和指导人数	0.2	符合学校有关指导教师资格和指导人数的规定
6	教学条件	0.1	教学经费	0.2	课程设计经费，且满足要求
			图书资料	0.6	能满足课程设计需要资料（规范、规程、标准、手册及工具书等）的要求
			教学场地	0.2	固定的设计教室、设计所需的制图工具

第 2 章　桥梁结构设计

【知识与技能点】

- 掌握钢筋混凝土简支板（梁）桥结构布置原则和构件截面尺寸估选。
- 掌握荷载横向分布的计算方法。
- 掌握钢筋混凝土简支板（梁）的设计计算方法和构造要求。
- 掌握结构施工图的绘制方法。

2.1　设计解析

土木工程专业各方向均设置“混凝土结构构件课程设计”（1 周），相对应混凝土结构设计原理课程，其中建筑工程、地下工程方向为梁、板结构设计，道路与桥梁工程方向为钢筋混凝土板（梁）桥结构设计。本章解析钢筋混凝土板桥结构设计和钢筋混凝土梁桥结构设计，并各给出一个完整的设计实例。

2.1.1　结构布置

（1）公路桥涵设计使用年限　公路桥涵应根据公路功能和技术等级，考虑因地制宜、就地取材、便于施工和养护等因素进行总体设计，在设计使用年限（表 2-1）内应满足规定的正常交通荷载通行的需要。

表 2-1　公路桥涵设计使用年限　　（单位：年）

公路等级	主体结构			可更换部件	
	特大桥、大桥	中桥	小桥、涵洞	斜拉索、吊索、系杆等	栏杆、伸缩装置、支座等
高速公路、一级公路	100	100	50	20	15
二级公路、三级公路	100	50	30		
四级公路	100	50	30		

（2）桥梁的跨度　特大桥、大桥、中桥、小桥及涵洞按单孔或多孔跨径总长分类规定见表 2-2。

表 2-2　桥梁涵洞分类

桥涵分类	多孔跨径总长 L/m	单孔跨径 L_k/m
特大桥	$L>1000$	$L_k>150$
大桥	$100\leqslant L\leqslant 1000$	$40\leqslant L_k\leqslant 150$
中桥	$30<L<100$	$20\leqslant L_k<40$
小桥	$8\leqslant L\leqslant 30$	$5\leqslant L_k<20$
涵洞	—	$L_k<5$

注：1. 单孔跨径 L_k 系指标准跨径。

2. 梁式桥、板式桥的多孔跨径总长为多孔标准跨径的总长；拱式桥为两端桥台内起拱线间的距离；其他形式桥梁为桥面系行车道长度。

3. 管涵及箱涵不论管径或跨径大小、孔数多少，均称为涵洞。

4. 标准跨径：梁式桥、板式桥以两桥墩中心线间距离或桥墩中线与台背前缘间距为准；拱式桥和涵洞以净跨径为准。

(3) 桥梁纵轴线宜与洪水主流向正交 对通航河流上的桥梁，其墩台沿水流方向的轴线应与最高通航水位时的主流方向一致。当斜交不能避免时，其交角不宜大于5°；当交角大于5°且斜桥正做时，墩（台）边缘净距宜按式(2-1) 计算，其计算简图如图2-1所示。

$$l_a = \frac{l + b\sin\alpha}{\cos\alpha} \tag{2-1}$$

式中 l_a——相当于计算水位的墩（台）边缘之间的净距（m）；

l——通航要求的有效跨径（m）；

b——墩（台）的长度（m）；

α——垂直于水流方向与桥纵轴线间的夹角（°）。

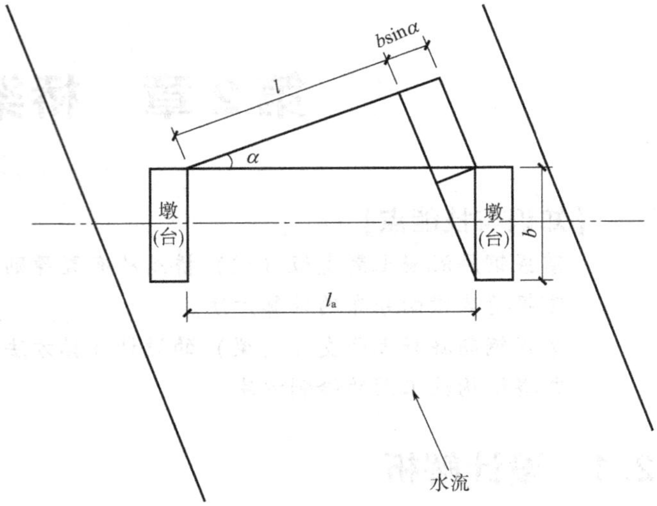

图2-1 墩（台）边缘净距计算简图

(4) 桥涵的孔径

1) 桥涵孔径的设计必须保证设计洪水以内的各级洪水及流冰、泥石流、漂流物等安全通过，并应考虑壅水、冲刷对上下游的影响，确保桥涵附近路堤的稳定。

桥涵孔径的设计应考虑桥位上下游已建或拟建桥涵和水工建筑物的状况及其对河床演变的影响。

桥涵孔径设计尚应注意河床地形，不宜过分压缩河道、改变水流的天然状态。

2) 小桥、涵洞的孔径，应根据设计洪水流量、河床地质、河床和锥坡加固形式等条件确定。当缺少水文资料时，可根据现场调查的多年洪水痕迹、泛滥范围和既有桥涵验算小桥、涵洞的孔径。当小桥、桥涵的上游条件许可积水时，依暴雨径流计算的流量可考虑减少，但减少的流量不宜大于总流量的1/4。

3) 特大、大、中桥的孔径布置应按设计洪水流量和桥位河段的特性进行设计计算，并对孔径大小、结构形式、墩台基础埋置深度、桥头引道及调治构筑物的布置等进行综合比较。

(5) 桥梁的全长 有桥台的桥梁其全长为两岸桥台侧墙或八字墙尾端间的距离；无桥台的桥梁其全长为桥面系长度。

当桥涵跨径在50m及以下时，宜采用标准化跨径。采用标准化跨径的桥涵宜采用装配式结构及机械化、工厂化施工。桥涵标准化跨径规定如下：0.75m、1.0m、1.25m、1.5m、2.0m、2.5m、3.0m、4.0m、5.0m、6.0m、8.0m、10m、13m、16m、20m、25m、30m、35m、40m、45m、50m。

(6) 行车道宽度 行车道宽度为车道数乘以车道宽度，并应计入所设置的加（减）速车道、紧急车道、爬坡车道、慢车道或错车道的宽度。不同设计速度对应的车道宽度见表2-3。

桥涵净宽应依据各级公路选用的设计速度（表2-4）来确定。

表2-3 不同设计速度对应的车道宽度

设计速度/(km/h)	120	100	80	60	40	30	20
车道宽度/m	3.75	3.75	3.75	3.5	3.5	3.25	3.00 (单车道为3.50)

表2-4 各级公路设计速度

公路等级	高速公路			一级公路			二级公路		三级公路		四级公路
设计速度/(km/h)	120	100	80	100	80	60	80	60	40	30	20

(7) 人行道与自行车道　高速公路上的桥梁不宜设人行道。一～四级公路上桥梁的桥上人行道和自行车道设置，应根据需要而定，并应与前后路线布置协调。人行道、自行车道与行车道之间，应设护栏或路缘石等分隔设施。

一个自行车道的宽度应为1.0m；当单独设置自行车道时，不宜小于两个自行车道的宽度。人行道的宽度宜为1.0m；大于1.0m时，按0.5m的级差增加。

当设路缘石时，路缘石高度可取用0.25～0.35m。

(8) 桥下净空要求　桥下净空应根据计算水位（设计水位计入壅水、浪高等）或最高流水水位加安全高度确定。

当河流有形成流冰阻塞的危险或有漂浮物通过时，应按实际调查的数据，在计算水位的基础上，结合当地具体情况酌留一定的富余量，作为确定桥下净空的依据。对于有淤积的河流，桥下净空应适当增加。

在不通航或无流放木筏河流及通航河流的不通航桥孔内，桥下净空不应小于表2-5的规定。

表2-5　非通航河流桥下最小净空

桥梁的部位		高出计算水位/m	高出最高流水面/m
梁底	洪水期无大漂流物	0.50	0.75
	洪水期有大漂流物	1.50	—
	有泥石流	1.00	—
支承垫石顶面		0.25	0.50
有铰拱拱脚		0.25	0.25

2.1.2 桥梁的作用及作用效应组合

1. 作用的分类及其代表值

《公路桥涵设计通用规范》(JTG D60—2015) 采用的作用包括永久作用、可变作用、偶然作用和地震作用四类。

(1) 永久作用　永久作用是指在结构使用期间，其量值不随时间而变化，或其变化值与平均值比较可忽略不计的作用。永久作用应采用标准值作为代表值。

永久作用主要包括结构重力（包括结构附加重力）、预加力、土的重力、土侧压力、混凝土收缩及徐变作用、水的浮力及基础变位作用。

1) 永久作用的标准值，对结构自重（包括结构附加重力），可按结构构件的设计尺寸与材料的重力密度（表2-6）计算确定。

表2-6　常用材料的重力密度

材料种类	重力密度/(kN/m³)	材料种类	重力密度/(kN/m³)
钢、铸钢	78.5	沥青混凝土	23.0～24.0
铸铁	72.5	沥青碎石	22.0
钢筋混凝土或预应力混凝土	25.0～26.0	碎（砾）石	21.0
混凝土或片石混凝土	24.0	填土	17.0～18.0
浆砌块石或料石	24.0～25.0	填石	19.0～20.0
浆砌片石	23.0	石灰三合土、石灰土	17.5
干砌块石或片石	21.0	—	—

2) 土的重力。静土压力标准值可按式(2-2)计算

$$e_j = \xi\gamma h \tag{2-2a}$$

$$E_j = \frac{1}{2}\xi\gamma H^2 \tag{2-2b}$$

式中 e_j——任一高度 h 处的静力压力强度（kN/m^2）；

ξ——压实土的静力压力系数，$\xi = 1 - \sin\varphi$，其中，φ 为土的内摩擦角（°）；

γ——土的重力密度（kN/m^3）；

h——填土顶面至任一点的高度（m）；

H——填土顶面至基底高度（m）；

E_j——高度 H 范围内单位宽度的静土压力标准值。

在计算倾覆和滑移稳定时，墩、台、挡土墙前侧地面以下不受冲刷部分土的侧压力可按静土压力计算。

（2）可变作用　可变作用是指在结构使用期间，其量值随时间变化，且其变化值与平均值比较不可忽略的作用。《公路桥涵设计通用规范》（JTG D60—2015）规定的可变作用包括汽车荷载、汽车荷载冲击力、汽车荷载离心力、汽车荷载引起的土侧压力、汽车荷载制动力、人群荷载、疲劳荷载、风荷载、流水压力、冰压力、波浪力、温度荷载、支座摩阻力等。

可变作用的代表值包括标准值、组合值、频遇值和准永久值。承载力极限状态设计及按弹性阶段计算结构强度时应采用标准值作为可变作用的代表值。正常使用极限状态按短期效应（频遇）组合设计时，应采用频遇值作为可变作用的代表值；按长期效应（准永久）组合设计时，应采用准永久值作为可变荷载的代表值。

可变作用的频遇值 = 可变作用标准值 × 频遇值系数 ψ_f；可变作用的准永久值 = 可变作用标准值 × 准永久值系数 ψ_q。

1）汽车荷载。公路桥涵设计时，汽车荷载的计算图式、荷载等级及其标准值、加载方法和纵横向折减等应符合下列规定：

①汽车荷载分为公路Ⅰ级和公路Ⅱ级两个等级。

②汽车荷载由车道荷载和车辆荷载组成。车道荷载由均布荷载和集中荷载组成。桥梁结构的整体计算采用车道荷载；桥梁结构的局部加载、涵洞、桥台和挡土墙土压力等的计算采用车辆荷载。车辆荷载与车道荷载的作用不得叠加。

③各级公路桥涵设计的汽车荷载等级应符合表 2-7 的规定。二级公路为干线公路且重型车辆较多时，其桥涵的设计可采用公路Ⅰ级汽车荷载。四级公路上重型车辆较少，其桥涵设计所采用的公路Ⅱ级车道荷载的效应可乘以 0.8 的折减系数，车辆荷载的效应可乘以 0.7 的折减系数。

表 2-7　各级公路桥涵设计的汽车荷载等级

公路等级	高速公路	一级公路	二级公路	三级公路	四级公路
汽车荷载等级	公路Ⅰ级	公路Ⅰ级	公路Ⅰ级	公路Ⅱ级	公路Ⅱ级

注：二级公路为集散公路且交通量小，重型车辆少时，其桥涵的设计可采用公路Ⅱ级汽车荷载。

④车道荷载的计算图式（图 2-2）。

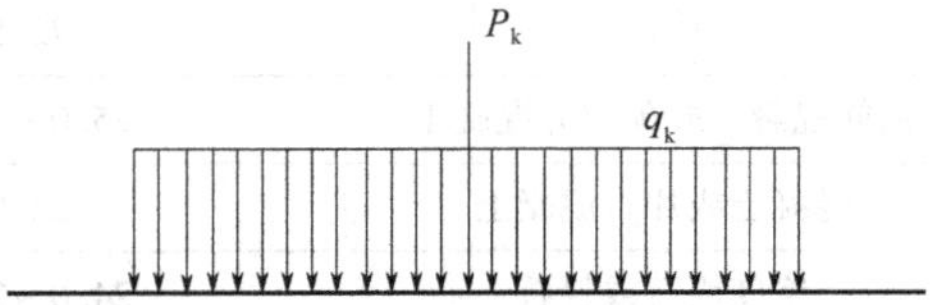

图 2-2　车道荷载

a）公路Ⅰ级车道荷载的均布荷载标准值为 q_k = 10.5kN/m，集中荷载标准值 P_k 按以下规定选取：

$P_k = 270kN$（当桥梁计算跨径 $L_0 \leqslant 5m$）

$P_k = 2(L_0 + 130)kN$（当桥梁计算跨径 L_0 在 5～50m 时，采用直线内插求得）

$P_k = 360kN$（当桥梁计算跨径 $L_0 \geqslant 50m$）

计算剪力效应时，上述集中荷载标准值 P_k 应乘以 1.2 的系数。

b）公路Ⅱ级车道荷载的均布荷载标准值 q_k 和集中荷载标准值 P_k 按公路Ⅰ级车道荷载的0.75倍计算。

c）车道荷载的均布荷载标准值应满布于使结构产生最不利效应的同号影响线上；集中荷载标准值只作用于相应影响线中一个最大影响线峰值处。

⑤车辆荷载的立面、平面尺寸如图2-3所示，主要技术指标规定见表2-8。公路Ⅰ级和公路Ⅱ级汽车荷载采用相同的车辆荷载标准值。

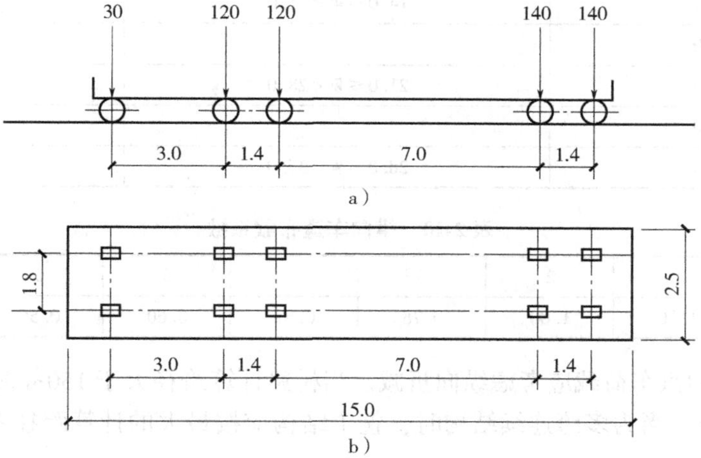

图2-3　车辆荷载的立面、平面尺寸（单位：m）

a）立面布置　b）平面尺寸

表2-8　车辆荷载的主要技术指标

项目	单位	技术指标	项目	单位	技术指标
车辆重力标准值	kN	550	轮距	m	1.8
前轴重力标准值	kN	30	前轮着地宽度及长度	m	0.3×0.2
中轴重力标准值	kN	2×120	中、后轮着地宽度及长度	m	0.6×0.2
后轴重力标准值	kN	2×140	车辆外形尺寸（长×宽）	m	15×2.5
轴距	m	3+1.4+7+1.4	—	—	—

⑥车辆荷载的横向分布系数应按设计车道数如图2-4所示的布置车辆荷载进行计算。

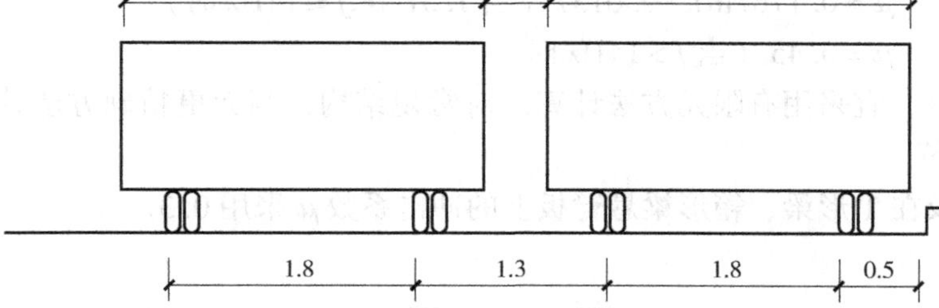

图2-4　车辆荷载横向布置（单位：m）

⑦桥涵设计车道数应符合表2-9的规定。横桥向布置多车道汽车荷载时，应考虑汽车荷载的折减；布置一条车道汽车荷载时，应考虑汽车荷载的提高。横向车道布载系数应符合表2-10的规定。多车道布载的荷载效应不得小于两条车道布载的荷载效应。

表 2-9 桥涵设计车道数

桥面宽度 W/m		桥涵设计车道数
车辆单向行驶时	车辆双向行驶时	
$W<7.0$		1
$7.0 \leqslant W<10.5$	$6.0 \leqslant W<14.0$	2
$10.5 \leqslant W<14.0$		3
$14.0 \leqslant W<17.5$	$14.0 \leqslant W<21.0$	4
$17.5 \leqslant W<21.0$		5
$21.0 \leqslant W<24.5$	$21.0 \leqslant W<28.0$	6
$24.5 \leqslant W<28.0$		7
$28.0 \leqslant W<31.5$	$28.0 \leqslant W<35.0$	8

表 2-10 横向车道布载系数

横向布载车道数/条	1	2	3	4	5	6	7	8
横向车道布载系数	1.20	1.00	0.78	0.67	0.60	0.55	0.52	0.50

⑧ 大跨径桥梁上的汽车荷载应考虑纵向折减。当桥梁计算跨径大于150m时，应按表2-11规定的纵向折减系数进行折减。当为多跨连续结构时，整个结构应按最大的计算跨径考虑汽车荷载效应的纵向折减。

表 2-11 纵向折减系数

计算跨径 L_0/m	纵向折减系数	计算跨径 L_0/m	纵向折减系数
$150<L_0<400$	0.97	$800 \leqslant L_0<1000$	0.94
$400 \leqslant L_0<600$	0.96	$L_0 \geqslant 1000$	0.93
$600 \leqslant L_0<800$	0.95	—	—

2）汽车荷载冲击力。汽车的冲击系数是汽车过桥时对桥梁结构产生的竖向动力效应的增大系数。钢桥、钢筋混凝土桥及预应力混凝土桥、混凝土拱桥等上部构造和钢支座、板式橡胶支座及钢筋混凝土柱式墩台，应计算汽车的冲击作用。填料厚度（包括路面厚度）大于或等于0.5m的拱桥、涵洞以及重力式墩台不计冲击力。

汽车荷载的冲击力标准值＝汽车荷载标准值×冲击系数μ。

$$\mu=0.05 \quad (\text{当} f<1.5\text{Hz 时})$$

$$\mu=0.1767\ln f-0.0157 \quad (\text{当} 1.5\text{Hz} \leqslant f \leqslant 14\text{Hz 时})$$

$$\mu=0.45 \quad (\text{当} f>14\text{Hz 时})$$

式中 f——结构基频（Hz），宜采用有限元方法计算。对常规结构，当无更精确方法计算时，可以采用下式进行估算。

汽车荷载的局部加载及在T形梁、箱形梁悬臂板上的冲击系数μ采用0.3。

①简支梁桥

$$f=\frac{\pi}{2l^2}\sqrt{\frac{EI_c}{m_c}}=\frac{\pi}{2l^2}\sqrt{\frac{EI_c}{G/g}} \tag{2-3}$$

式中 l——结构的计算跨径（m）；

E——结构材料的弹性模量（N/m^2）；

I_c——结构跨中截面的截面惯性矩（m^4）；

m_c——结构跨中处的单位长度质量（kg/m），$m_c=G/g$；

G——结构跨中处每延米结构重力（N/m）；

g——重力加速度，$g=9.81\text{m/s}^2$。

②连续梁桥

$$f_1=\frac{13.616}{2\pi l^2}\sqrt{\frac{EI_c}{m_c}} \tag{2-4a}$$

$$f_2=\frac{23.651}{2\pi l^2}\sqrt{\frac{EI_c}{m_c}} \tag{2-4b}$$

当计算连续梁桥的冲击力引起的正弯矩效应和剪力效应时，采用基频 f_1；当计算连续梁桥的冲击力引起的负弯矩效应时，采用基频 f_2。

3）汽车荷载离心力。桥梁离心力是一种伴随着车辆在弯道行驶时所产生的惯性力，其以水平力的形式作用于桥梁结构。曲线桥应计算汽车荷载引起的离心力。汽车荷载离心力的标准值为车辆荷载（不计冲击力）标准值乘以离心系数 C，即

汽车荷载离心力的标准值 = 车辆荷载标准值（不计冲击力）×离心系数 C。

$$C=\frac{V^2}{127R} \tag{2-5}$$

式中　V——设计速度（km/h），应按桥梁所在路线设计速度计算；

R——曲率半径（m）。

计算多车道桥梁的汽车荷载离心力时，车辆荷载标准值应乘以表2-10规定的横向车道布载系数。

离心力的着力点在桥面以上1.2m处；为计算简便可移至桥面，不计由此引起的作用效应。

4）汽车荷载引起的土侧压力。车辆荷载在桥台或挡土墙后填土的破坏棱柱体上引起的土侧压力，可按下式换算成等代均布土层厚度 h（m）

$$h=\frac{\sum G}{Bl_0\gamma} \tag{2-6}$$

式中　γ——土的重力密度（kN/m³）；

$\sum G$——布置在 $B\times l_0$ 面积内的车轮的总重力（kN），计算挡土墙的土压力时，车辆荷载应按图2-4规定的横向布置，车辆外侧车轮中线距路面边缘0.5m，计算中，当涉及多车道加载时，车轮总重力应按表2-11规定进行折减；

l_0——桥台或挡土墙后填土的破坏棱体长度（m），对于墙顶以上有填土的路堤式挡土墙，l_0 为破坏棱体范围内的路堤宽度部分；

B——桥台横向全宽或挡土墙的计算长度（m），挡土墙的计算长度 B（m）可按下式计算，但不应超过挡土墙分段长度：

$$B=13+H\tan 30° \tag{2-7}$$

式中　H——挡土墙的高度（m），对墙顶以上有填土的挡土墙，为两倍墙顶填土厚度加墙高。

当挡土墙分段长度小于13m时，B 取分段长度，并在该长度内按不利情况布置轮重。

计算涵洞顶上汽车荷载引起的竖向土压力时，车轮按其着地面积的边缘向下作30°角分布。当几个车轮的压力扩散角线相重叠时，扩散面积以最外边的扩散线为准。

5）汽车荷载制动力。汽车荷载制动力可按下列规定计算和分配：

①汽车荷载制动力按同向行驶的汽车荷载（不计冲击力）计算，并应按表2-11的规定，以使桥梁墩台产生最不利纵向力的加载长度进行纵向折减。

一个设计车道上，由汽车荷载产生的制动力标准值按车道荷载的标准值在加载长度上计算的总重力的10%计算，但公路Ⅰ级汽车荷载的制动力标准值不得小于165kN；公路Ⅱ级汽车荷载的制动力标准值不得小于90kN。

同向行驶双车道的汽车荷载制动力标准值应为一个设计车道制动力标准值的两倍；同向行驶三车道应为一个设计车道的 2.34 倍；同向行驶四车道应为一个设计车道的 2.68 倍。

②制动力的着力点在桥面以上 1.2m 处，计算墩台时，可移至支座铰中心或支座底座面上。计算钢构架、拱桥时，制动力的着力点可移至桥面上，但不计因此而产生的竖向力和力矩。

③设有板式橡胶支座的简支梁、连续桥面简支梁或连续梁排架式柔性墩台，应根据支座与墩台的抗推刚度的刚度集成情况分配和传递制动力。设有板式橡胶支座的简支梁刚性墩台，应按单跨两端的板式橡胶支座的抗推刚度分配制动力。

④设有固定支座、活动支座（滚动或摆动支座、聚四氟乙烯板支座）的刚性墩台传递的制动力，按表 2-12 的规定采用。每个活动支座传递的制动力，其值不应大于其摩阻力，当大于摩阻力时，按摩阻力计算。

表 2-12　刚性墩台各种支座传递的制动力

桥梁墩台及支座类型		应计的制动力	符号说明
简支梁墩台	固定支座	T_1	T_1——加载长度为计算跨径时的制动力 T_2——加载长度为相连两跨计算跨径之和时的制动力 T_3——加载长度为一联长度的制动力
	聚四氟乙烯板支座	$0.30T_1$	
	滚动（或摆动）支座	$0.25T_1$	
简支梁桥墩	两个固定支座	T_2	
	一个固定支座、一个活动支座	注	
	两个聚四氟乙烯板支座	$0.30T_2$	
	两个滚动（或摆动）支座	$0.25T_2$	
连续梁桥墩	固定支座	T_3	
	聚四氟乙烯板支座	$0.30T_3$	
	滚动（或摆动）支座	$0.25T_3$	

注：固定支座按 T_4 计算，活动支座按 $0.30T_5$（聚四氟乙烯板支座）或 $0.25T_5$（滚动或摆动支座）计算。T_4 和 T_5 分别为与固定支座或活动支座相应的单跨跨径的制动力，桥墩承受的制动力为上述固定支座与活动支座传递的制动力之和。

6）人群荷载。人群荷载标准值按下列规定计算：

①人群荷载标准值 = 3.0kN/m^2（桥梁计算跨径 $L_0 \leqslant 50$m）。

人群荷载标准值 $= \dfrac{650 - L_0}{500} \times 2.5\text{kN/m}^2 = 3.25 - 0.005L_0$（50m < 桥梁计算跨径 L_0 < 150m）。

人群荷载标准值 = 2.5kN/m^2（桥梁计算跨径 $L_0 \geqslant 150$m）。

对跨径不等的连续结构，以最大计算跨径为准。

行人密集地区的公路桥梁，人群荷载标准值取上述规定值的 1.15 倍。

专用人行桥梁，人群荷载标准值为 3.5kN/m^2。

②人群荷载在横向应布置在人行道的净宽度内，在纵向施加于使结构产生最不利荷载效应的区段内。

③人行道板（局部构件）可以一块板为单元，按标准值 4.0kN/m^2 的均布荷载计算。

④计算人行道栏杆时，作用在栏杆立柱顶上的水平推力标准值取 0.75kN/m；作用于栏杆扶手上的竖向力标准值取 1.0kN/m。

7）支座摩阻力。支座摩阻力标准值可按式（2-8）计算

$$F = \mu W \tag{2-8}$$

式中　W——作用于活动支座上由上部结构重力产生的效应；

　　μ——支座的摩擦系数，无实测数据时可按表 2-13 取用。

表 2-13　支座摩擦系数

支座种类		支座摩擦系数 μ
滚动支座或摆动支座		0.05
板式橡胶支座	支座与混凝土面接触	0.30
	支座与钢板接触	0.20
	聚四氟乙烯板与不锈钢板接触	0.06（加5201硅脂润滑后；温度低于－25℃时为0.078）
		0.12（不加5201硅脂润滑时；温度低于－25℃时为0.156）
盆式支座		加5201硅脂润滑后，常温型活动支座摩擦系数不大于0.03（支座适用温度为－25～60℃）
		加5201硅脂润滑后，耐寒型活动支座摩擦系数不大于0.06（支座适用温度为－40～60℃）
球形支座		加5201硅脂润滑后，活动支座摩擦系数不大于0.03（支座适用温度为－25～60℃）
		加5201硅脂润滑后，活动支座摩擦系数不大于0.05（支座适用温度为－40～60℃）

（3）偶然作用　偶然作用是指在设计基准期内不一定出现，而一旦出现其量值很大，且持续时间很短的作用，其包括船舶的撞击作用、漂流物的撞击作用和汽车撞击作用。偶然作用取其设计值作为代表值，可根据历史记载、现场观测和试验，并结合工程经验综合分析确定。

1）船舶的撞击作用。通航水域中的桥梁墩台，设计时应考虑船舶的撞击作用，其撞击作用设计值可按下列规定采用：船舶的撞击作用设计值宜按专题研究确定；四至七级内河航道当缺乏实际调查资料时，船舶撞击作用的设计值可按表2-14取值，航道内的钢筋混凝土桩墩、顺桥向撞击作用可按表2-14所列数值的50%取值。内河船舶的撞击作用点，假定为计算通航水位线以上2m的桥墩宽度或长度的中点。

表 2-14　内河航道船舶撞击作用设计值

内河航道等级	船舶等级 DWT/t	横桥向撞击作用/kN	顺桥向撞击作用/kN
四	500	550	450
五	300	400	350
六	100	250	200
七	50	150	125

2）漂流物的撞击作用。有漂流物的水域中的桥梁墩台，设计时应考虑漂流物的撞击作用，其横桥向撞击力设计值可按式（2-9）计算，漂流物的撞击作用点假定在计算通航水位线上桥墩宽度的中点：

$$F=\frac{Wv}{gT} \tag{2-9}$$

式中　W——漂流物重力（kN），应根据河流中漂流物情况，按实际调查确定；

v——水流速度（m/s）；

T——撞击时间（s），应根据实际资料估算，在无实际资料时，可用1s；

g——重力加速度，$g=9.81\text{m/s}^2$。

3）汽车撞击作用。桥梁结构必要时可考虑汽车的撞击作用。汽车撞击力设计值在车辆行驶方向应取1000kN，在车辆行驶垂直方向应取500kN，两个方向的撞击力不同时考虑。撞击力作用于行车道以上1.2m处，直接分布于撞击涉及的构件上。

对于设有防撞设施的结构构件，可视防撞设施的防撞能力，对汽车撞击力设计值予以折减，但折减后的汽车撞击力设计值不应低于上述规定值的1/6。

2. 作用效应组合

公路桥涵结构设计应考虑结构上可能同时出现的作用，按承载力极限状态和正常使用极限状态进行作用效应组合，取其最不利效应组合进行设计。

作用效应组合应注意的事项：

1）只有在结构上可能同时出现的作用，才进行组合。当结构或结构构件需做不同受力方向的验算时，则应以不同方向的最不利的作用组合效应进行计算。

2）当可变作用的出现对结构或结构构件产生有利影响时，该作用不应参与组合。实际不可能同时出现的作用或同时参与组合概率很小的作用，按表2-15规定不考虑其作用效应的组合。

表2-15 可变作用不同时组合表

作用名称	不与该作用同时参与组合的作用名称
汽车制动力	流水压力、冰压力、波浪力、支座摩阻力
流水压力	汽车制动力、冰压力、波浪力
波浪力	汽车制动力、流水压力、冰压力
冰压力	汽车制动力、流水压力、波浪力
支座摩阻力	汽车制动力

3）施工阶段的作用组合，应按计算需要及结构所处条件确定，结构上的施工人员和施工机具设备均应作为可变作用加以考虑。组合式桥梁，当把底梁作为施工支撑时，作用组合效应宜分两个阶段计算，底梁受荷为第一个阶段，组合梁受荷为第二个阶段。

4）多个偶然作用不同时参与组合。

5）地震作用不与偶然作用同时参与组合。

（1）按承载力极限状态设计时的作用效应组合 公路桥涵结构按承载力极限状态设计时，对持久设计状况和短暂设计状况应采用作用的基本组合，对偶然设计状况应采用作用的偶然组合，对地震设计状况应采用作用的地震组合。

1）基本组合。永久作用设计值与可变作用设计值相组合，其效应组合设计值表达式：

$$S_{ud}=\gamma_0 S\left(\sum_{i=1}^{m}\gamma_{G_i}G_{ik},\ \gamma_{Q_1}\gamma_L Q_{1k},\ \psi_c\sum_{j=2}^{n}\gamma_{Lj}\gamma_{Q_j}Q_{jk}\right) \tag{2-10a}$$

或

$$S_{ud}=\gamma_0 S\left(\sum_{i=1}^{m}G_{id},\ Q_{1d},\ \sum_{j=2}^{n}Q_{jd}\right) \tag{2-10b}$$

式中 S_{ud}——承载力极限状态下作用基本组合的效应组合设计值；

$S(\cdot)$——作用组合的效应函数；

γ_0——结构重要性系数，按表2-16规定的结构设计安全等级采用，设计安全等级一级、二级和三级分别取1.1、1.0和0.9；

γ_{G_i}——第i个永久作用效应的分项系数，按表2-17的规定采用；

G_{ik}、G_{id}——第i个永久作用的标准值和设计值；

γ_{Q_1}——汽车荷载（含汽车冲击力、离心力）的分项系数，采用车道荷载计算时，取$\gamma_{Q_1}=1.4$，采用车辆荷载计算时，其分项系数取$\gamma_{Q_1}=1.8$，当某个可变作用在组合中其效应值超过汽车荷载效应时，则该作用取代汽车荷载，其分项系数$\gamma_{Q_1}=1.4$；对专门为承受某作用而设置的结构或装置，设计时该作用的分项系数$\gamma_{Q_1}=1.4$；计算人行道板和人行道栏杆的局部荷载，其分项系数也取$\gamma_{Q_1}=1.4$；

Q_{1k}、Q_{1d}——汽车荷载（含汽车冲击力、离心力）的标准值和设计值；

γ_{Q_j}——在作用组合中除汽车荷载（含汽车冲击力、离心力）、风荷载外的其他第j个可变作用的分项系数，取$\gamma_{Q_j}=1.4$，但风荷载的分项系数取$\gamma_{Q_j}=1.1$；

Q_{jk}、Q_{jd}——在作用组合中除汽车荷载（含汽车冲击力、离心力）外的其他第 j 个可变作用的标准值和设计值；

ψ_c——在作用组合中除汽车荷载（含汽车冲击力、离心力）外的其他可变作用的组合系数，取 $\psi_c = 0.75$；

$\psi_c Q_{jk}$——在作用组合中除汽车荷载（含汽车冲击力、离心力）外的第 j 个可变作用的组合值；

γ_{Lj}——第 j 个可变作用的结构设计使用年限荷载调整系数，公路桥涵结构的设计使用年限按《公路工程技术标》JTG B01—2014）取值时，可变作用的设计使用年限荷载调整系数取 $\gamma_{Lj} = 1.0$；否则，γ_{Lj} 取值应按专题研究确定。

当作用和作用效应可按线性关系考虑时，作用基本组合的效应设计值 S_{ud} 可通过作用效应代数和计算；设计弯桥时，当离心力与制动力同时参与组合时，制动力标准值或设计值按 70% 取用。

表 2-16　公路桥涵结构设计安全等级

设计安全等级	破坏后果	适用对象
一级	很严重	（1）各等级公路上的特大桥、大桥、中桥 （2）高速公路、一级公路、二级公路、国防公路及城市附近交通繁忙公路上的小桥
二级	严重	（1）三、四级公路上的小桥 （2）高速公路、一级公路、二级公路、国防公路及城市附近交通繁忙公路上的涵洞
三级	不严重	三、四级公路上的涵洞

表 2-17　永久作用的分项系数

编号	作用类别		永久作用分项系数	
			对结构的承载能力不利时	对结构的承载能力有利时
1	混凝土和圬工结构重力（包括结构附加重力）		1.2	1.0
	钢结构重力（包括结构附加重力）		1.1 或 1.2	
2	预加力		1.2	1.0
3	土的重力		1.2	1.0
4	混凝土的收缩及徐变作用		1.0	1.0
5	土侧压力		1.4	1.0
6	水的浮力		1.0	1.0
7	基础变位作用	混凝土和圬工结构	0.5	0.5
		钢结构	1.0	1.0

注：编号 1 中，当钢桥采用钢桥面板时，永久作用分项系数取 1.1；当采用混凝土桥面板时，取 1.2。

2）偶然组合。永久作用标准值与可变作用某种代表值、一种偶然作用标准值相组合；与偶然作用同时出现的可变作用，可根据观测资料和工程经验取用频遇值或准永久值。

作用偶然组合的效应设计值可按式（2-11）计算：

$$S_{ud} = S\left[\sum_{i=1}^{n} G_{ik},\ A_d,\ (\psi_{f_1} \text{或} \psi_{q_1}) Q_{1k},\ \sum_{j=2}^{n} \psi_{q_j} Q_{jk}\right] \tag{2-11}$$

式中　S_{ud}——承载力极限状态下作用偶然组合的效应设计值；

A_d——偶然作用的设计值；

ψ_{f_1}——汽车荷载（含汽车冲击力、离心力）的频遇值系数，取 $\psi_{f_1} = 0.7$；当某个可变作用在组合中其效应值超过汽车荷载效应时，则该作用取代汽车荷载，人群荷载 $\psi_f = 1.0$，风荷载 $\psi_f = 0.75$，温度梯度作用 $\psi_f = 0.80$，其他作用 $\psi_f = 1.0$；

$\psi_{f_1} Q_{ik}$——汽车荷载的频遇值；

ψ_{q_1}、ψ_{q_j}——分别为第 1 个和第 j 个可变作用的准永久值系数，汽车荷载（含汽车冲击力、离心力）$\psi_q=0.4$，人群荷载 $\psi_q=0.4$，风荷载 $\psi_q=0.75$，温度梯度作用 $\psi_q=0.80$，其他作用 $\psi_q=1.0$；

$\psi_{q_1}Q_{1k}$、$\psi_{q_j}Q_{jk}$——分别为第 1 个和第 j 个可变作用的准永久值。

当作用和作用效应可按线性关系考虑时，作用偶然组合的效应设计值 S_{ud} 可通过作用效应代数和计算。

（2）按正常使用极限状态设计时的作用效应组合　公路桥涵结构按正常使用极限状态设计时，应根据不同的设计要求，采用作用的频遇组合或准永久组合，并应符合下列规定：

1）频遇组合：永久作用标准值与汽车荷载频遇值、其他可变作用的准永久值组合。

作用频遇组合的效应设计值可按式（2-12）计算：

$$S_{fd}=S(\sum_{i=1}^{m}G_{ik},\ \psi_{f_1}Q_{1k},\ \sum_{j=2}^{n}\psi_{q_j}Q_{jk}) \tag{2-12}$$

式中　S_{fd}——作用频遇组合的效应设计值；

ψ_{f_1}——汽车荷载（不计汽车冲击力）频遇值系数，取 0.7。

当作用和作用效应可按线性关系考虑时，作用频遇组合的效应设计值 S_{fd} 可通过作用效应代数和计算。

2）准永久组合：永久作用标准值与可变作用准永久值相组合。

作用准永久组合的效应设计值可按式（2-13）计算：

$$S_{qd}=S(\sum_{i=1}^{m}G_{ik},\ \sum_{j=1}^{n}\psi_{q_j}Q_{jk}) \tag{2-13}$$

式中　S_{qd}——作用准永久组合的效应设计值；

ψ_{q_j}——汽车荷载（不计汽车冲击力）准永久值系数，取 0.4。

当作用和作用效应可按线性关系考虑时，作用准永久组合的效应设计值 S_{qd} 可通过作用效应代数和计算。

钢结构构件抗疲劳设计时，除特别指明外，各作用应采用标准值，作用分项系数应取为 1.0。

结构构件当需进行弹性阶段截面应力计算时，除特别注明外，各作用应采用标准值，作用分项系数应取为 1.0，各项应力限值按各设计规范规定采用。

验算结构的抗倾覆、滑动稳定时，稳定系数、各作用的分项系数及摩擦系数，应根据不同结构按各有关桥涵设计规范的规定确定，支座的摩擦系数可按表 2-13 规定采用。

构件在吊装、运输时，构件重力应乘以动力系数 1.2（对结构不利时）或 0.85（对结构有利时），并可视构件具体情况作适当增减。

2.1.3　荷载横向分布计算

桥梁的桥跨结构一般由主梁、横隔梁和桥面板构成，多榀主梁通过横隔梁和桥面板连接成空间结构。主梁的内力计算应采用空间分析法。

为了简化计算，在主梁内力计算时引入荷载横向分布系数，把空间问题转化为平面问题，进而求出单榀主梁的内力。

荷载横向分布系数的实质是单榀主梁所分担车辆荷载的比例，作用于单榀主梁上的荷载为车道荷载乘以横向分布系数。最常用的荷载横向分布系数计算方法有：杠杆原理法、偏心压力法、修正偏心压力法、铰接板（梁）法、刚接板（梁）法、比拟正交异形板法（G-M 法）等。

1. 荷载横向分布计算方法

（1）杠杆原理法

1）基本假定。忽略主梁之间横向结构的联系作用，假定桥面板在主梁梁肋处断开并与主梁铰接，桥面板视为横向支撑在主梁上的简支板或带悬臂的简支板，如图 2-5 所示。

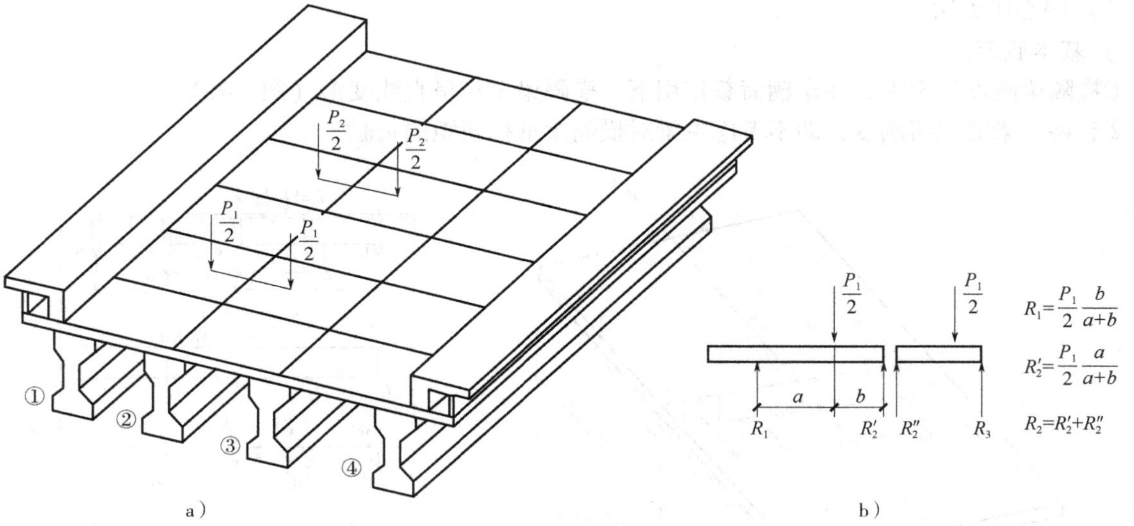

图 2-5　杠杆原理法受力图

2）适用条件。杠杆原理法适用于计算荷载位于靠近主梁支点时的荷载横向分布系数，也适用于双主梁桥和横向联系很弱的无中间横隔梁的桥梁。

3）计算方法。应用杠杆原理法计算荷载横向分布系数的步骤如下：

①根据杠杆原理法确定各主梁的荷载分布影响线（图 2-6b、c）。

②按最不利原则布置车辆荷载和人群荷载等各种可变荷载，并求得相应汽车车轮的影响线坐标 η_{q_i} 和相应人群荷载集度的影响线坐标 η_r。

③计算荷载的横向分布影响系数 m_{0q} 和 m_{0r}：

$$m_{0q}=\frac{1}{2}\sum_i \eta_{q_i}$$

$$m_{0r}=\eta_r$$

鉴于每根梁的横向分布系数均不同，故需要确定受载最大的主梁的最大内力作为设计的依据。因此，采用杠杆原理法计算时，应当计算几根主梁的横向分布系数。

对于双主梁，采用杠杆原理法相当精确，但对于多梁式桥是近似的，对于荷载位于主梁支点时，一般采用杠杆原理法求解偏于安全。对于无中间横隔梁的桥梁，应用杠杆原理法计算的 m 对中间主梁将偏大，对边梁则偏小。

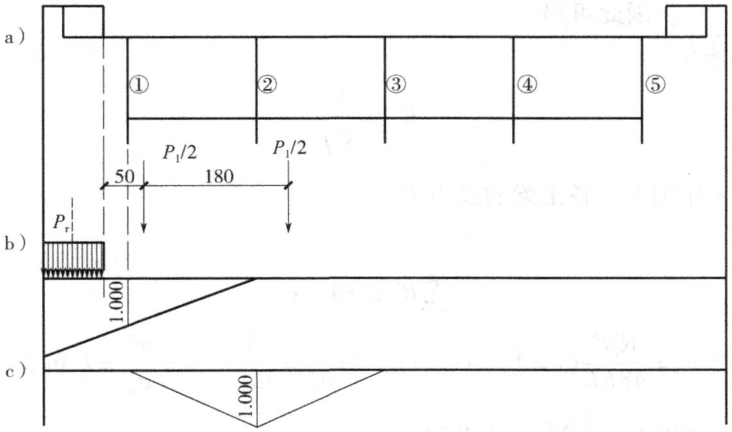

图 2-6　按杠杆原理法计算横向分布系数

（2）偏心压力法

1）基本假定。

①横隔梁刚度无穷大，在车辆荷载作用下，横隔梁全长呈直线变形（图 2-7a）。

②忽略主梁的抗扭刚度，即不考虑主梁对横隔梁抵抗扭矩的贡献。

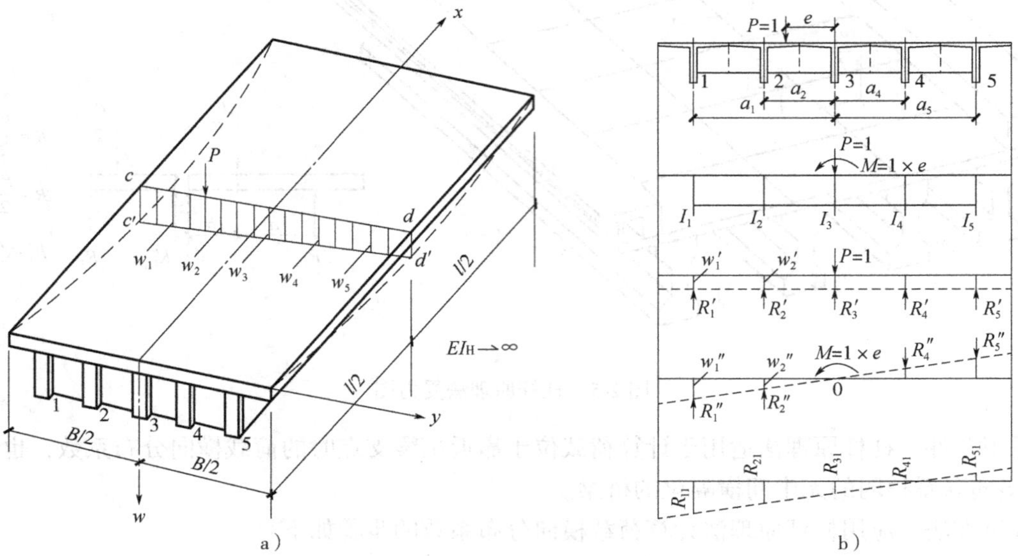

图 2-7　偏心压力法计算原理图

2）适用条件。适用于计算具有可靠的横向连接（如设有多道横隔梁）且宽度与跨度的比值小于或等于 0.5 的窄桥跨中区域的荷载横向分布。

3）计算原理。当作用于桥上的荷载相对于桥梁中线存在偏心时，可将其简化为作用于桥梁中心的集中荷载（P）和偏心矩（$M=P\times e$）。为了便于求各梁的荷载横向分布影响线，偏心荷载设为 $P=1$，偏心距 $M=1\times e$，如图 2-7b 所示。

在集中荷载 $P=1$ 作用下，各主梁的反力 R_i'：

由 $\sum Y=0$ 可得

$$\sum_{i=1}^{n} R_i' = 1 \tag{2-14}$$

各主梁的跨中挠度 $w_i' = \dfrac{R_i' l^3}{48EI_i}(i=1,\ \cdots,\ n)$，由 $w_1'=w_2'=\cdots=w_n'$ 可得 $\dfrac{R_1'}{I_1}=\dfrac{R_2'}{I_2}=\cdots=\dfrac{R_n'}{I_n}=k$，代入式（2-14）可得，$k=\dfrac{1}{\sum\limits_{i=1}^{n} I_i}$，因此可得

$$R_i' = \frac{I_i}{\sum\limits_{i=1}^{n} I_i} \tag{2-15}$$

在偏心矩 $M=1\times e$ 作用下，各主梁的反力 R_i''

由 $\sum M=0$ 可得

$$\sum_{i=1}^{n} R_i'' a_i = 1\times e \tag{2-16}$$

各主梁的跨中挠度 $w_i'' = \dfrac{R_i'' l^3}{48EI_i}(i=1,\ \cdots,\ n)$，由 $\dfrac{w_1''}{a_1}=\dfrac{w_2''}{a_2}=\cdots=\dfrac{w_n''}{a_n}=k$ 可得，$\dfrac{a_i R_i''}{a_i^2 I_i}=k(i=1,\ \cdots,\ n)$，代入式（2-16）整理得 $k=\dfrac{1\times e}{\sum\limits_{i=1}^{n} a_i^2 I_i}$，由此可得

$$R_i'' = \frac{(1 \times e)a_i I_i}{\sum_{i=1}^{n} a_i^2 I_i} \tag{2-17}$$

将式（2-15）和式（2-17）叠加，即得在集中荷载 $P=1$ 和偏心矩 $M=1\times e$ 作用下主梁的总反力 R_{ie}

$$R_{ie} = \frac{I_i}{\sum_{i=1}^{n} I_i} + \frac{e a_i I_i}{\sum_{i=1}^{n} a_i^2 I_i} \tag{2-18}$$

式中　e——荷载的偏心距离（m）；

I_i——各主梁的惯性矩（m^4）；

a_i——主梁中心与桥梁中心的距离（m）。

式（2-18）的值即为 i 号梁的荷载横向分布影响线在荷载 P 位置处的反力影响线坐标 η_{ie}。

同理，当 $P=1$ 作用于 k 号梁中心（$e=a_k$）时，对 i 号主梁总作用为

$$\eta_{ik} = R_{ik} = \frac{I_i}{\sum_{i=1}^{n} I_i} \pm \frac{a_k a_i I_i}{\sum_{i=1}^{n} a_i^2 I_i} \tag{2-19}$$

其中，荷载偏心距离 e 和主梁中心与桥梁中心的距离 a_i 位于同一侧时取正号，反之则取负号。

由式（2-19）可见，当主梁的截面尺寸确定后，i 号主梁的荷载横向分布影响线在各处的坐标 η_{ie} 只与荷载偏心距有关，且呈直线变化。因此，只要计算荷载 P 作用在两根主梁上的纵坐标就可得到 i 号主梁的荷载横向分布 i 号主梁影响线。

例如，1 号主梁的荷载横向分布影响线即可通过求 η_{11} 和 η_{1n} 得到。

$$\eta_{11} = R_{11} = \frac{I_1}{\sum_{i=1}^{n} I_i} + \frac{a_1^2 I_1}{\sum_{i=1}^{n} a_i^2 I_i}$$

$$\eta_{1n} = R_{1n} = \frac{I_1}{\sum_{i=1}^{n} I_i} - \frac{a_n^2 I_1}{\sum_{i=1}^{n} a_i^2 I_i}$$

当各主梁的截面尺寸均相同时，上式可简化为

$$\eta_{11} = R_{11} = \frac{1}{n} + \frac{a_1^2}{\sum_{i=1}^{n} a_i^2} \tag{2-20a}$$

$$\eta_{1n} = R_{1n} = \frac{1}{n} - \frac{a_n^2}{\sum_{i=1}^{n} a_i^2} \tag{2-20b}$$

由式（2-20）可见，计算 1 号梁的横向分布影响线时，只用到了梁的片数 n 和主梁中心与桥梁中心的距离 a_i 两个参数，所以在给定梁片数 n 时，就可以对式（2-20）进行简化。

假定梁的片数 n 为偶数（图 2-8）主梁间距为 d，则

$$\sum_{i=1}^{n} a_i^2 = 2 \times d^2 \left[\left(\frac{1}{2}\right)^2 + \left(\frac{3}{2}\right)^2 + \cdots + \left(\frac{n-1}{2}\right)^2 \right]$$

$$= \frac{n(n-1)(n+1)}{12} \times d^2$$

代入式（2-20）得

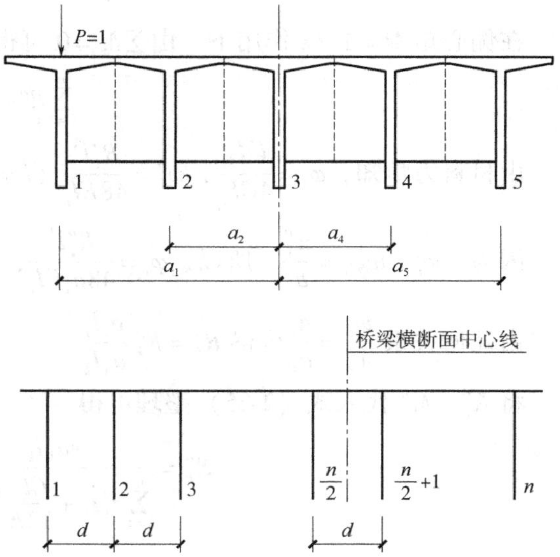

图 2-8　偶数片梁公式推导简图

$$\eta_{11}=\frac{4n-2}{n(n+1)} \quad (2\text{-}21a)$$

$$\eta_{1n}=\frac{4-2n}{n(n+1)} \quad (2\text{-}21b)$$

可以证明，当梁的片数为奇数时，式（2-21a）和式（2-21b）同样适用。由此可得任意一片梁（从左向右第 k 片）的影响线计算公式

$$\eta_{k1}=\frac{4(n+1)-6k}{n(n+1)} \quad (2\text{-}22a)$$

$$\eta_{kn}=\frac{6k-2(n+1)}{n(n+1)} \quad (2\text{-}22b)$$

这样可得到第 k 片梁的影响线计算方程

$$y=\frac{12k-6(n+1)}{n(n+1)(n-1)d}x+\frac{4(n+1)-6k}{n(n+1)} \quad (2\text{-}23)$$

（3）修正偏心压力法

1）基本假定。

①横隔梁刚度无穷大，在车辆荷载作用下，横隔梁全长呈直线变形（图 2-9）。

②考虑主梁的抗扭刚度，即考虑主梁对横隔梁抵抗扭矩的贡献。

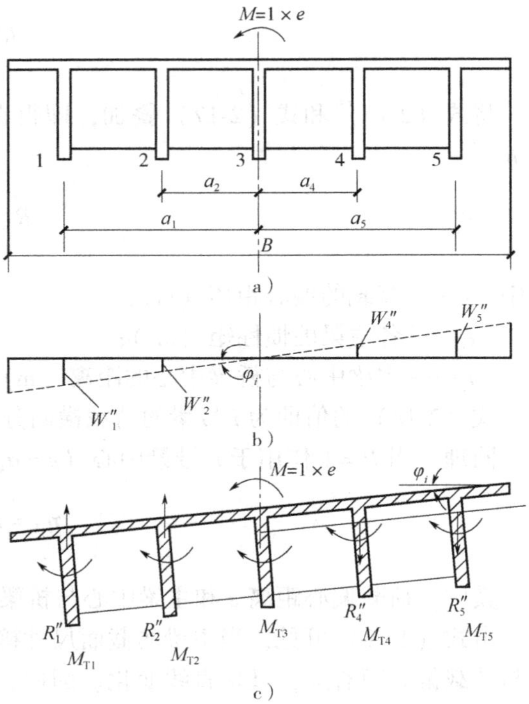

图 2-9 考虑主梁抗扭的计算图示

2）适用条件。适用于计算桥的宽跨比≤0.5，且主梁间具有可靠连接时桥跨中区域的荷载横向分布。

3）计算原理。

在集中荷载 $P=1$ 作用下，各主梁的反力 R_i' 同偏心压力法，即

$$R_i'=\frac{I_i}{\sum_{i=1}^{n}I_i} \quad (2\text{-}24)$$

在偏心矩 $M=1\times e$ 作用下，由 $\sum M=0$ 可得

$$\sum_{i=1}^{n}R_i''a_i+\sum_{i=1}^{n}M_{T_i}''=1\times e \quad (2\text{-}25)$$

由材料力学知，$\varphi_i=\dfrac{lM_{T_i}}{4GI_{T_i}}$，$w_i''=\dfrac{R_i''l^3}{48EI_i}$（$i=1$，…，$n$）。

因为，$\varphi_i=\mathrm{tg}\varphi_i=\dfrac{w_i''}{a_i}$，所以，$\varphi_i=\dfrac{R_i''l^3}{48a_iEI_i}$，则 $M_{T_i}''=\dfrac{4GI_{T_i}\varphi_i}{l}=\dfrac{l^2GI_{T_i}}{12a_iEI_i}R_i''$。

由几何关系 $\dfrac{w_i''}{w_k''}=\dfrac{a_i}{a_k}$ 可得 $R_i''=R_k''\dfrac{a_iI_i}{a_kI_k}$。

将 R_i''、M_{T_i}'' 代入式（2-25）整理可得

$$R_k''=\frac{ea_kI_k}{\sum_{i=1}^{n}a_i^2I_i+\frac{Gl^2}{12E}\sum_{i=1}^{n}I_{T_i}}=\frac{ea_kI_k}{\sum_{i=1}^{n}a_i^2I_i}\cdot\frac{1}{1+\frac{Gl^2}{12E}\frac{\sum_{i=1}^{n}I_{T_i}}{\sum_{i=1}^{n}a_i^2I_i}}$$

令 $\beta=\dfrac{1}{1+\dfrac{Gl^2}{12E}\dfrac{\sum I_{T_i}}{\sum a_i^2I_i}}$，则上式可表示为

$$R''_k = \beta \frac{(1 \times e) a_k I_k}{\sum_{i=1}^{n} a_i^2 I_i} \tag{2-26}$$

式中　e——荷载的偏心距离（m）；

I_i——各主梁的惯性矩（m^4）；

β——抗扭修正系数，且 $\beta < 1$；

l——简支梁的跨度（m）；

I_{T_i}——主梁的抗扭惯性矩（m^4）；

G——材料的剪切模量（N/m^2）；

E——材料的弹性模量（N/m^2）；

a_i——主梁中心与桥梁中心的距离（m）。

将式（2-24）和式（2-26）叠加，即得在集中荷载 $P = 1$ 和偏心矩 $M = 1 \times e$ 作用下主梁的总反力 R_{ie}

$$R_{ie} = \frac{I_i}{\sum_{i=1}^{n} I_i} + \beta \frac{e a_i I_i}{\sum_{i=1}^{n} a_i^2 I_i} \tag{2-27}$$

式（2-27）的值即为 i 号梁的荷载横向分布影响线在荷载 P 位置处的反力影响线坐标 η_{ie}。

同理，当 $P = 1$ 作用于 k 号梁中心（$e = a_k$）时，对 i 号主梁总作用为

$$\eta_{ik} = R_{ik} = \frac{I_i}{\sum_{i=1}^{n} I_i} \pm \beta \frac{a_k a_i I_i}{\sum_{i=1}^{n} a_i^2 I_i} \tag{2-28}$$

其中，荷载的偏心距离 e 和主梁中心与桥梁中心的距离 a_i 位于同一侧时取正号，反之则取负号。

1 号主梁的荷载横向分布影响线即可通过求 η_{11} 和 η_{1n} 得到，即

$$\eta_{11} = R_{11} = \frac{I_1}{\sum_{i=1}^{n} I_i} + \beta \frac{a_1^2 I_1}{\sum_{i=1}^{n} a_i^2 I_i}$$

$$\eta_{1n} = R_{1n} = \frac{I_1}{\sum_{i=1}^{n} I_i} - \beta \frac{a_n^2 I_1}{\sum_{i=1}^{n} a_i^2 I_i}$$

如果各主梁的截面均相同，即 $I_i = I$，$I_{T_i} = I_T$，则集中荷载 $P = 1$ 作用于 1 号梁时（$e = a_1$），1 号梁荷载横向分布影响线的两个坐标：

当各主梁的截面尺寸均相同时，上式可简化为

$$\eta_{11} = R_{11} = \frac{1}{n} + \beta \frac{a_1^2}{\sum_{i=1}^{n} a_i^2}$$

$$\eta_{1n} = R_{1n} = \frac{1}{n} - \beta \frac{a_n^2}{\sum_{i=1}^{n} a_i^2}$$

此时

$$\beta = \frac{1}{1 + \frac{G l^2}{12E} \frac{\sum I_{T_i}}{\sum a_i^2 I_i}} = \frac{1}{1 + \frac{n G I_T l^2}{12 E I \sum a_i^2}} \tag{2-29}$$

当主梁间距相等时

$$\frac{n}{12 \sum a_i^2} = \frac{\xi}{B^2} \tag{2-30}$$

式中　n——主梁根数；

B——桥宽（m）；

ξ——与主梁根数有关的系数，见表2-18。

表2-18 系数ξ取值

n	4	5	6	7
ξ	1.067	1.042	1.028	1.021

将式（2-30）代入式（2-29）可得

$$\beta = \frac{1}{1+\xi\frac{GI_T}{EI}\left(\frac{l}{B}\right)^2} \tag{2-31}$$

由式（2-31）可见，l/B越大，β值越小，反映其抗扭刚度对横向分布系数的影响越大。计算中，$G=0.425E$。对于由矩形组合而成的T形或I形梁。其抗扭惯性矩I_T可近似等于各个矩形截面的抗扭惯性矩之和（图2-10）。

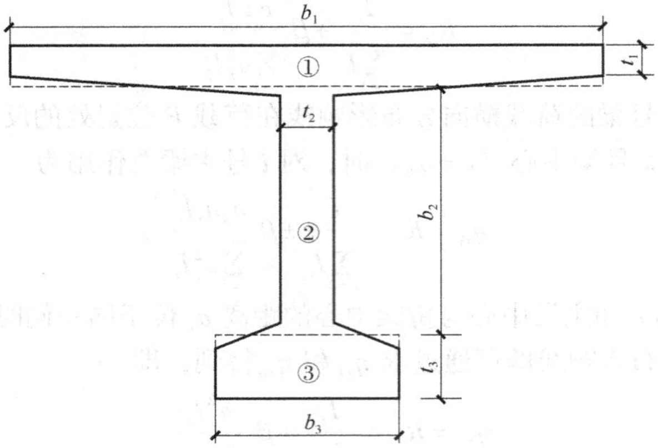

图2-10 主梁抗扭惯性矩计算

$$I_T = \sum_{i=1}^{m} c_i b_i t_i^3 \tag{2-32}$$

式中 b_i、t_i——分别为单个矩形截面的宽度和高度；

c_i——矩形截面的抗扭刚度系数，根据比值t_i/b_i按表2-19确定；

m——梁截面划分的单个矩形截面个数。

表2-19 系数c取值

t/b	1.0	0.9	0.8	0.7	0.6	0.5	0.4	0.3	0.2	0.1	<0.1
c	0.141	0.155	0.171	0.180	0.209	0.229	0.250	0.270	0.291	0.312	1/3

（4）铰接板（梁）法

1）基本假定。

①在竖向荷载作用下，板接缝只传递竖向剪力。

②用理想半波荷载来分析跨中荷载的横向分布规律。

2）适用条件。适用于计算用现浇混凝土纵向企口缝连接的装配式板桥以及仅在翼板间用焊接钢板或伸出交叉钢筋连接的无中间横隔梁的装配式桥的跨中荷载横向分布系数。

3）计算方法。

①铰接板桥的荷载横向分布。

a. 跨中荷载横向分布影响线的计算。

在 $P(x)=P\sin\frac{\pi x}{l}$作用下，各铰缝处也产生铰接力 $g_i(x)=g_i\sin\frac{\pi x}{l}$。铰接板桥的受力如图 2-11 所示。取跨中单位长度和截割段进行研究，此时各板条铰接力可用正弦分布铰接力 g_i 表示（图 2-12）。

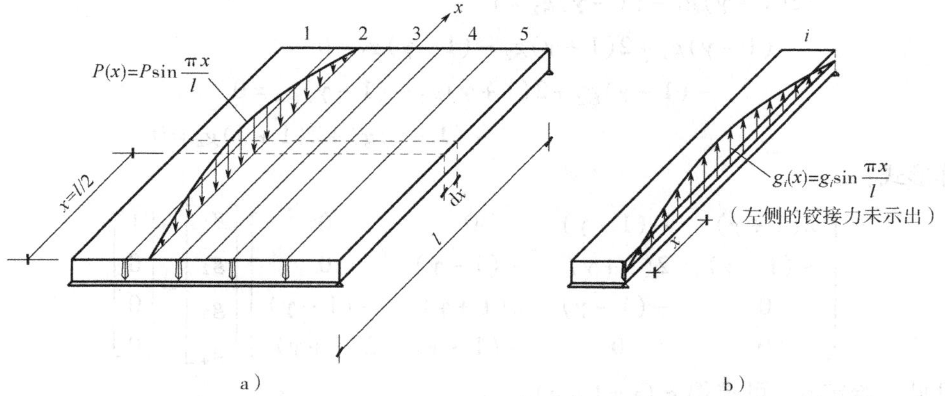

图 2-11　铰接板桥受力图式

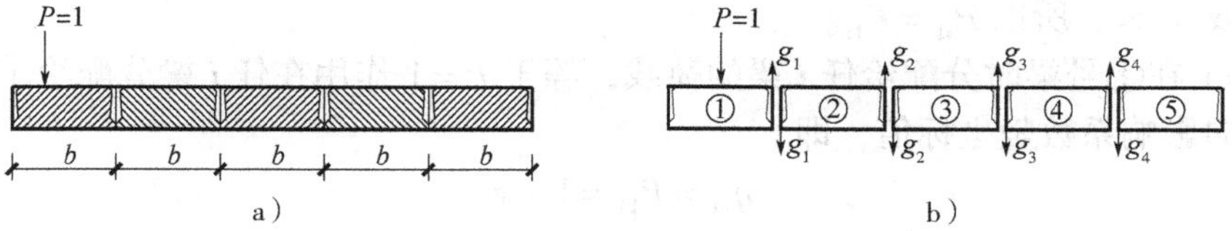

图 2-12　铰接板桥计算图式

由力的平衡，可得每块板的分配荷载 P_{i1}（向下）：

①号板　$P_{11}=1-g_1$

②号板　$P_{21}=g_1-g_2$

③号板　$P_{31}=g_2-g_3$

④号板　$P_{41}=g_3-g_4$

⑤号板　$P_{51}=g_4$

变形协调条件：接缝处的竖向位移为零，基本方程有（$n-1$）个。

$$\delta_{11}g_1+\delta_{12}g_2+\delta_{13}g_3+\delta_{14}g_4+\delta_{1p}=0$$

$$\delta_{21}g_1+\delta_{22}g_2+\delta_{23}g_3+\delta_{24}g_4+\delta_{2p}=0$$

$$\delta_{31}g_1+\delta_{32}g_2+\delta_{33}g_3+\delta_{34}g_4+\delta_{3p}=0$$

$$\delta_{41}g_1+\delta_{42}g_2+\delta_{43}g_3+\delta_{44}g_4+\delta_{4p}=0$$

偏心单位正弦铰接力可简化为 $g_i=1$ 和 $m_i=\frac{b}{2}$，在板块左侧位移为$\left(w+\frac{b}{2}\varphi\right)$，右侧位移为$\left(w-\frac{b}{2}\varphi\right)$。符号规定：$\delta_{ik}$与 g_i 一致时取正号，反之取负号。

$\delta_{11}=\delta_{22}=\delta_{33}=2\times\left(w+\frac{b}{2}\varphi\right)$

$\delta_{12}=\delta_{23}=\delta_{34}=\delta_{21}=\delta_{32}=\delta_{43}=-\left(w-\frac{b}{2}\varphi\right)$（相邻缝）

$\delta_{13}=\delta_{14}=\delta_{24}=\delta_{31}=\delta_{41}=\delta_{42}=0$（隔开缝）

$\delta_{1p}=-w$（单位力在跨中产生的挠度）

$\delta_{2p}=\delta_{3p}=\delta_{4p}=0$

令 $\gamma=\frac{\frac{b}{2}\varphi}{w}$，得

$$2(1+\gamma)g_1-(1-\gamma)g_2=1$$
$$-(1-\gamma)g_1+2(1+\gamma)g_2-(1-\gamma)g_3=0$$
$$-(1-\gamma)g_2+2(1+\gamma)g_3-(1-\gamma)g_4=0$$
$$-(1-\gamma)g_3+2(1+\gamma)g_4=0$$

写成矩阵形式：

$$\begin{bmatrix} 2(1+\gamma) & -(1-\gamma) & 0 & 0 \\ -(1-\gamma) & 2(1+\gamma) & -(1-\gamma) & 0 \\ 0 & -(1-\gamma) & 2(1+\gamma) & -(1-\gamma) \\ 0 & 0 & -(1-\gamma) & 2(1+\gamma) \end{bmatrix}\begin{bmatrix} g_1 \\ g_2 \\ g_3 \\ g_4 \end{bmatrix}=\begin{bmatrix} 1 \\ 0 \\ 0 \\ 0 \end{bmatrix}$$

由上式可见，给定 γ，可求得 $g_i(i=1\sim n)$。

因为荷载与挠度成正比，即 $P_{i1}=\alpha_1 w_{i1}$，以及 $P_{1i}=\alpha_2 w_{1i}$，由变位互等定理得 $w_{i1}=w_{1i}$，且假定每块板截面相等，即 $\alpha_1=\alpha_2$，所以 $P_{i1}=P_{1i}$。

这表明，$P=1$ 在①号梁时分配给任 i 梁的荷载，等于 $P=1$ 作用在任 i 梁分配给①号梁的荷载，也即为①号梁的横向影响系数竖坐标值，即

$$\eta_{11}=P_{11}=1-g_1$$
$$\eta_{12}=P_{21}=g_1-g_2$$
$$\eta_{13}=P_{31}=g_2-g_3$$
$$\eta_{14}=P_{41}=g_3-g_4$$
$$\eta_{15}=P_{51}=g_4$$

实际设计时，可利用有关铰接板（梁）桥荷载横向分布系数影响线表确定 η_{ik}。

b. 荷载横向分布系数的计算。

对于汽车荷载

$$m_{oq}=\frac{1}{2}\sum_i \eta_{q_i} \tag{2-33a}$$

对于人群荷载

$$m_{or}=\eta_r \tag{2-33b}$$

式中 η_{q_i}——对应汽车车轮的影响线坐标；

η_r——对应人群荷载集度的影响线坐标。

c. γ 值计算（图 2-13）。在 $P(x)=P\sin\frac{\pi x}{l}$作用时，微分方程为

$$EI\frac{d^4w(x)}{dx^4}=P(x)=P\sin\frac{\pi x}{l}$$

$$EI\frac{d^3w(x)}{dx^3}=\frac{Pl}{\pi}\cos\frac{\pi x}{l}+A$$

$$EI\frac{d^2w(x)}{dx^2}=\frac{Pl^2}{\pi^2}\sin\frac{\pi x}{l}+Ax+B$$

$$EI\frac{dw(x)}{dx}=\frac{Pl^3}{\pi^3}\cos\frac{\pi x}{l}+A\frac{x^2}{2}+Bx+C$$

$$EIw(x)=\frac{Pl^4}{\pi^4}\sin\frac{\pi x}{l}+A\frac{x^3}{6}+B\frac{x^2}{2}+Cx+D$$

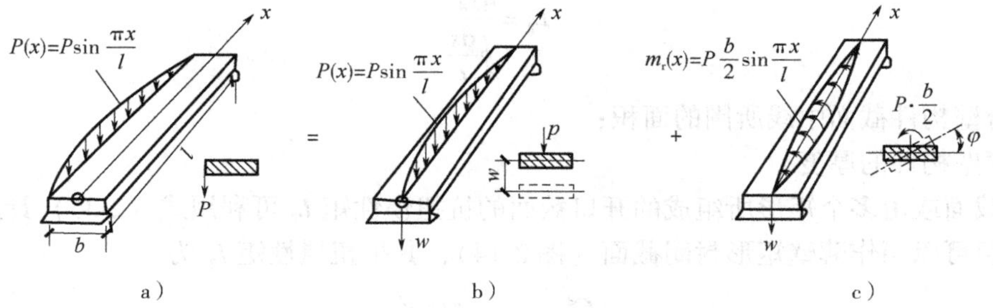

图 2-13 γ 值计算图式

边界条件

由 $x=0$，$w(0)=0$、$\dfrac{d^2w(0)}{dx^2}=0$，得 $B=0$，$D=0$。

由 $x=l$，$w(l)=0$、$\dfrac{d^2w(l)}{dx^2}=0$，得 $A=0$，$C=0$。

所以，$w(x)=\dfrac{Pl^4}{EI\pi^4}\sin\dfrac{\pi x}{l}$，当 $x=\dfrac{l}{2}$时，$w\left(\dfrac{l}{2}\right)=\dfrac{Pl^4}{EI\pi^4}$。

在 $m_T(x)=\dfrac{b}{2}P\sin\dfrac{\pi x}{l}$作用下，由扭曲理论得

$$GI_T\frac{d^2\varphi(x)}{dx^2}=-m_T(x)=-\frac{b}{2}P\sin\frac{\pi x}{l}$$

$$GI_T\frac{d\varphi(x)}{dx}=\frac{b}{2}\frac{l}{\pi}P\cos\frac{\pi x}{l}+A$$

$$GI_T\varphi(x)=\frac{b}{2}\frac{l^2}{\pi^2}P\sin\frac{\pi x}{l}+Ax+B$$

边界条件

由 $x=0$，$\varphi(0)=0$，得 $B=0$。

由 $x=l$，$\varphi(l)=0$，得 $A=0$。

所以，$\varphi(x)=\dfrac{b}{2}\dfrac{l^2}{GI_T\pi^2}P\sin\dfrac{\pi x}{l}$，当 $x=\dfrac{l}{2}$时，$\varphi\left(\dfrac{l}{2}\right)=\dfrac{Pbl^2}{2GI_T\pi^2}$。

$$\gamma=\frac{\frac{b}{2}\varphi}{w}=\frac{\frac{b}{2}\times\frac{Pbl^2}{GI_T\pi^2}}{\frac{Pl^4}{EI\pi^4}}=\frac{\pi^2EI}{4GI_T}\left(\frac{b}{l}\right)^2$$

取 $G=0.425E$ 代入上式，可得

$$\gamma=5.8\frac{I}{I_T}\left(\frac{b}{l}\right)^2 \tag{2-34}$$

式中 b——单块板宽度（m）；

l——梁的计算跨度（m）；

I——板截面的抗弯惯性矩（m^4）；

I_T——板截面的抗扭惯性矩（m^4）。

d. I_T 的计算。

封闭式薄壁构件截面的抗扭惯性矩 I_T 可按式（2-35）计算：

$$I_T = \frac{4\Omega^2}{\oint \frac{ds}{t}} \tag{2-35}$$

式中　Ω——薄壁构件截面中线所围的面积；

t——薄壁构件的厚度。

对于矩形截面或由多个矩形所组成的开口截面的抗扭惯性矩 I_T 可利用式（2-35）计算。

对于空心板可以当作薄壁矩形封闭截面（图 2-14），其抗扭惯性矩 I_T 为

$$I_T = \frac{4\Omega^2}{\oint \frac{ds}{t}} = \frac{4b^2h^2}{b\left(\frac{1}{t_1}+\frac{1}{t_2}\right)+\frac{2h}{t}} \tag{2-36}$$

对于箱形截面加挑檐的截面（图 2-15）的抗扭惯性矩 I_T 为

$$I_T = \frac{4\Omega^2}{\oint \frac{ds}{t}} + 2\times c\times b_1\times t_4^3 = \frac{4b^2h^2}{b\left(\frac{1}{t_1}+\frac{1}{t_2}\right)+\frac{2h}{t_3}} + 2cb_1t_4^3 \tag{2-37}$$

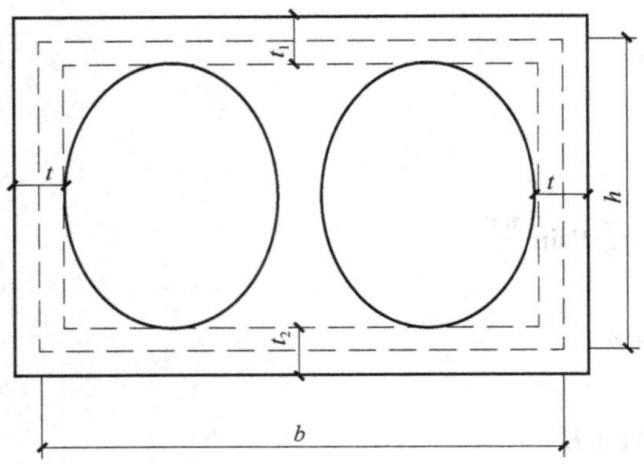

图 2-14　薄壁矩形封闭截面

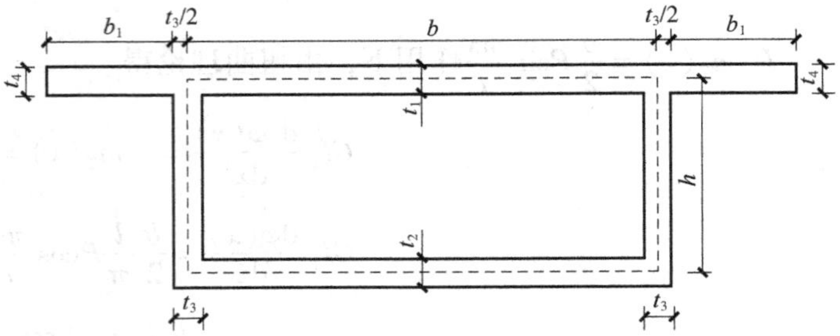

图 2-15　箱形截面加挑檐的截面

②铰接 T 形梁桥的荷载横向分布。在实际工程中，小跨径的钢筋混凝土 T 形梁桥，一般不设置横隔梁，只通过板面的连接来提高横向连接，此时可作为铰接方案考虑。

铰接 T 形桥梁的计算图式如图 2-16 所示。

每块板的分配荷载 P_{i1}（向下）表达式相同，即

1 号板　$P_{11} = 1 - g_1$

2 号板　$P_{21} = g_1 - g_2$

3 号板　$P_{31} = g_2 - g_3$

4 号板　$P_{41} = g_3 - g_4$

5 号板　$P_{51} = g_4$

但在计算 g_i 时，应增加考虑 T 形梁悬臂端的弹性挠度 f，其 $f(x) = f\sin\frac{\pi x}{l}$。

在 $g_i = 1$ 作用下，T 形梁悬臂端的弹性挠度

$$f = \frac{d_1^3}{3EI_1}$$

由于板厚度是变化的，取板厚 h_1 为 $\frac{d_1}{3}$ 处的板厚，则 $I_1 = \frac{h_1^3}{12}$，代入上式得

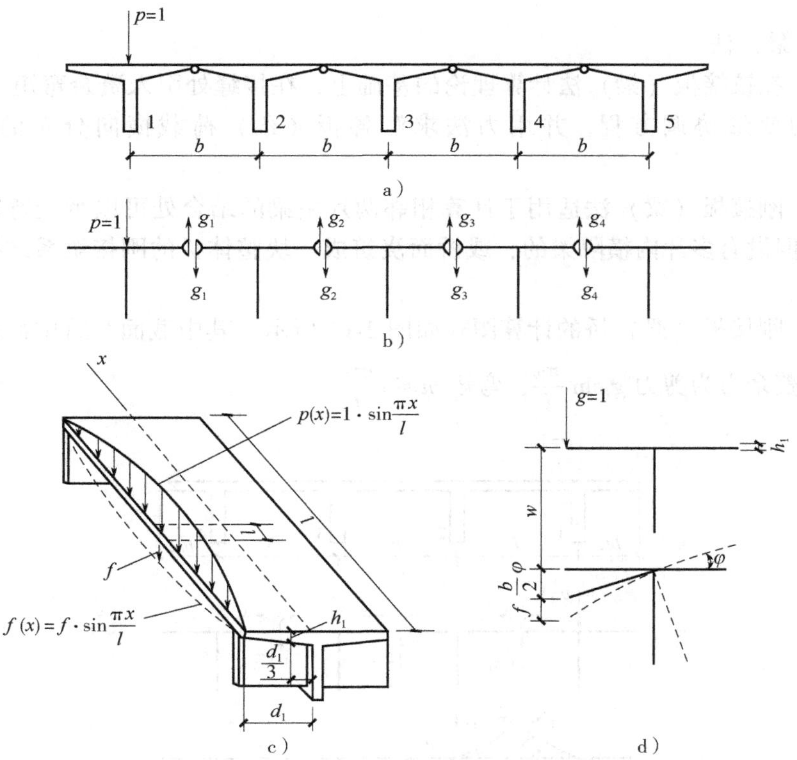

图 2-16　铰接 T 形桥梁的计算图式

$$f=\frac{4d_1^3}{Eh_1^3}$$

将铰接板桥的正则方程中 δ_{ii} 改为

$$\delta_{11}=\delta_{22}=\delta_{33}=2\times\left(w+\frac{b}{2}\varphi+f\right)$$

令 $\beta=\dfrac{f}{w}=\dfrac{\dfrac{4d_1^3}{Eh_1^3}}{\dfrac{l^4}{\pi^4 EI}}=390\,\dfrac{I}{l^4}\left(\dfrac{d_1}{h_1}\right)^3$，$\gamma=\dfrac{\dfrac{b}{2}\varphi}{w}=5.8\,\dfrac{I}{I_{\mathrm{T}}}\left(\dfrac{b}{l}\right)^2$，则铰接 T 形梁桥的正则方程：

$$
\begin{aligned}
2(1+\gamma+\beta)g_1-(1-\gamma)g_2&=1\\
-(1-\gamma)g_1+2(1+\gamma+\beta)g_2-(1-\gamma)g_3&=0\\
-(1-\gamma)g_2+2(1+\gamma)g_3-(1-\gamma)g_4&=0\\
-(1-\gamma)g_3+2(1+\gamma+\beta)g_4&=0
\end{aligned}
$$

写成矩阵形式：

$$
\begin{bmatrix}
2(1+\gamma+\beta) & -(1-\gamma) & 0 & 0\\
-(1-\gamma) & 2(1+\gamma+\beta) & -(1-\gamma) & 0\\
0 & -(1-\gamma) & 2(1+\gamma) & -(1-\gamma)\\
0 & 0 & -(1-\gamma) & 2(1+\gamma+\beta)
\end{bmatrix}
\begin{bmatrix} g_1\\ g_2\\ g_3\\ g_4\end{bmatrix}
=
\begin{bmatrix}1\\0\\0\\0\end{bmatrix}
$$

由上式可见，给定 γ，可求得 $g_i(i=1\sim n)$。应该指出，对于悬臂不长（在 0.7～0.8m 之间）和跨度不小于 10m 时，γ 要比 β 大得多，$\dfrac{\beta}{\gamma+\beta}<5\%$，故一般可忽略各 β 的影响，可直接按铰接板桥的计算

用表。

(5) 刚接板(梁)法

1) 基本假定。在铰接板(梁)法计算理论的基础上，在接缝处引入赘余弯矩 m_i，可建立计及横向刚性连接特点的变形协调方程，并用力法求解各板(梁)荷载横向分布的方法称为刚接板(梁)法。

2) 适用条件。刚接板(梁)法适用于计算相邻两片主梁的结合处可以承受弯矩的，或桥面虽没有经过构造处理，但设有多片内横隔梁的，或桥面浇筑成一块整体板的刚接梁系结构的跨中截面荷载横向分布系数。

3) 计算原理。刚接板(梁)桥的计算图式如图 2-17 所示。其中截面为跨中截面，荷载为正弦荷载，相应的接缝处赘余力为剪力 $g_i\sin\frac{\pi x}{l}$，弯矩 $m_i\sin\frac{\pi x}{l}$。

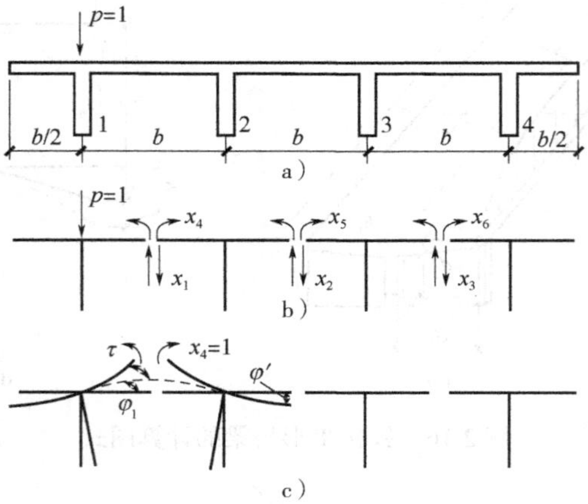

图 2-17 刚接板(梁)桥的计算图式

由力法得到的正则方程为

$$\delta_{11}g_1+\delta_{12}g_2+\delta_{13}g_3+\delta_{14}m_1+\delta_{15}m_2+\delta_{16}m_3+\delta_{1p}=0$$
$$\delta_{21}g_1+\delta_{22}g_2+\delta_{23}g_3+\delta_{24}m_1+\delta_{25}m_2+\delta_{26}m_3+\delta_{2p}=0$$
$$\delta_{31}g_1+\delta_{32}g_2+\delta_{33}g_3+\delta_{34}m_1+\delta_{35}m_2+\delta_{36}m_3+\delta_{3p}=0$$
$$\delta_{41}g_1+\delta_{42}g_2+\delta_{43}g_3+\delta_{44}m_1+\delta_{45}m_2+\delta_{46}m_3+\delta_{4p}=0$$
$$\delta_{51}g_1+\delta_{52}g_2+\delta_{53}g_3+\delta_{54}m_1+\delta_{55}m_2+\delta_{56}m_3+\delta_{5p}=0$$
$$\delta_{61}g_1+\delta_{62}g_2+\delta_{63}g_3+\delta_{64}m_1+\delta_{65}m_2+\delta_{66}m_3+\delta_{6p}=0$$

$\delta_{11}=\delta_{22}=\delta_{33}=2\times\left(w+\frac{b}{2}\varphi+f\right)$

$\delta_{12}=\delta_{23}=\delta_{21}=\delta_{32}=-\left(w-\frac{b}{2}\varphi\right)$(相邻缝)

$\delta_{13}=\delta_{31}=0$(隔开缝)

$\delta_{44}=\delta_{55}=\delta_{66}=2\times(\varphi'+\tau)$

$\delta_{45}=\delta_{56}=\delta_{54}=\delta_{65}=-\varphi'$

$\delta_{46}=\delta_{64}=0$

$\delta_{14}=\delta_{25}=\delta_{36}=\delta_{41}=\delta_{52}=\delta_{63}=0$(接缝两侧不发生相对挠度和转角)

$\delta_{34}=\delta_{16}=\delta_{43}=\delta_{61}=0$

$\delta_{15}=\delta_{26}=\delta_{51}=\delta_{62}=\frac{b}{2}\varphi'$

$\delta_{24}=\delta_{35}=\delta_{42}=\delta_{53}=-\dfrac{b}{2}\varphi'$

$\delta_{1p}=-w$（单位力在跨中产生的挠度）

$\delta_{2p}=\delta_{3p}=\delta_{4p}=\delta_{5p}=\delta_{6p}=0$

$$\begin{bmatrix} 2(1+\gamma+\beta) & -(1-\gamma) & 0 & 0 & \frac{b}{2}\varphi' & 0 \\ -(1-\gamma) & 2(1+\gamma+\beta) & -(1-\gamma) & -\frac{b}{2}\varphi' & 0 & \frac{b}{2}\varphi' \\ 0 & -(1-\gamma) & 2(1+\gamma+\beta) & 0 & -\frac{b}{2}\varphi' & 0 \\ 0 & -\frac{b}{2}\varphi' & 0 & 2(\varphi'+\tau) & -\varphi' & 0 \\ \frac{b}{2}\varphi' & 0 & -\frac{b}{2}\varphi' & -\varphi' & 2(\varphi'+\tau) & -\varphi' \\ 0 & \frac{b}{2}\varphi' & 0 & 0 & -\varphi' & 2(\varphi'+\tau) \end{bmatrix} \begin{Bmatrix} g_1 \\ g_2 \\ g_3 \\ m_1 \\ m_2 \\ m_3 \end{Bmatrix} = \begin{Bmatrix} 1 \\ 0 \\ 0 \\ 0 \\ 0 \\ 0 \end{Bmatrix} \tag{2-38}$$

式中　φ'——接缝处单位弯矩作用所引起的主梁扭转角；

τ——接缝处单位弯矩作用所引起的翼板局部挠曲角。

在 $m_i(x)=\sin\dfrac{\pi x}{l}$ 作用下，由扭曲理论得

$$GI_{\mathrm{T}}\frac{\mathrm{d}^2\varphi'(x)}{\mathrm{d}x^2}=-m_i(x)=-\sin\frac{\pi x}{l}$$

$$GI_{\mathrm{T}}\frac{\mathrm{d}\varphi'(x)}{\mathrm{d}x}=\frac{l}{\pi}\cos\frac{\pi x}{l}+A$$

$$GI_{\mathrm{T}}\varphi'(x)=\frac{l^2}{\pi^2}\sin\frac{\pi x}{l}+Ax+B$$

由边界条件 $x=0$，$\varphi'(0)=0$，得 $B=0$。

由 $x=l$，$\varphi'(l)=0$，得 $A=0$。

所以，$\varphi'(x)=\dfrac{l^2}{GI_{\mathrm{T}}\pi^2}\sin\dfrac{\pi x}{l}$，当 $x=\dfrac{l}{2}$时，$\varphi'\left(\dfrac{l}{2}\right)=\dfrac{l^2}{GI_{\mathrm{T}}\pi^2}$。

在 $m_i=1$ 作用下，T形梁悬臂端的弹性挠度

$$f=\frac{d_1^2}{2EI_1}$$

由于板厚度是变化的，取板厚 h_1 为$\dfrac{d_1}{3}$处的板厚，则 $I_1=\dfrac{h_1^3}{12}$，代入上式得

$$f=\frac{6d_1^2}{Eh_1^3}$$

所以，$\tau=\dfrac{f}{d_1}=\dfrac{6d_1}{Eh_1^3}$。

（6）比拟正交异形板法（G-M法）

1）基本概念。将主梁的抗弯惯性矩和抗扭惯性矩分摊于主梁间距内，将横隔梁的抗弯惯性矩和抗扭惯性矩分摊于横隔梁之间，将桥梁视为等效的两向刚度不同的比拟正交平板（图2-18），然后按照古典弹性理论进行分析，利用实用的图表计算主梁跨中的荷载横向分布系数，称为“比拟正交异形板法”，也称为“G-M法”。

2）适用条件。适用于计算宽度与其跨度的比值大于0.5，且桥面板连续并设有多道横隔梁的桥梁

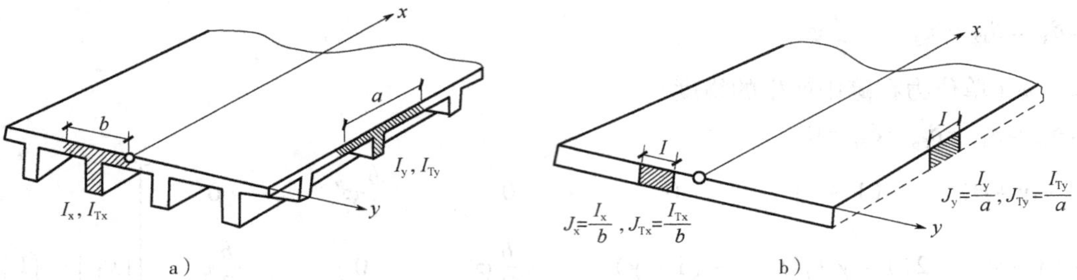

图 2-18 实际结构换算成比拟正交异形板

a）实际结构 b）换算后的比拟异形板

的跨中截面荷载横向分布系数。

3）计算方法。

①截面抗弯和抗扭刚度计算。

a. 抗弯惯性矩。主梁的抗弯惯性矩 I_x 按翼缘宽度（取主梁间距 b）的 T 形截面计算，比拟单位宽度抗弯惯性矩 $J_x=\frac{I_x}{b}$。

横隔梁的抗弯惯性矩 I_y 按翼缘的有效工作宽度 $b_e=2\lambda+\delta$ 的 T 形截面计算（图 2-19），比拟单位宽度抗弯惯性矩 $J_y=\frac{I_y}{a}$（a 为横隔梁的间距）。

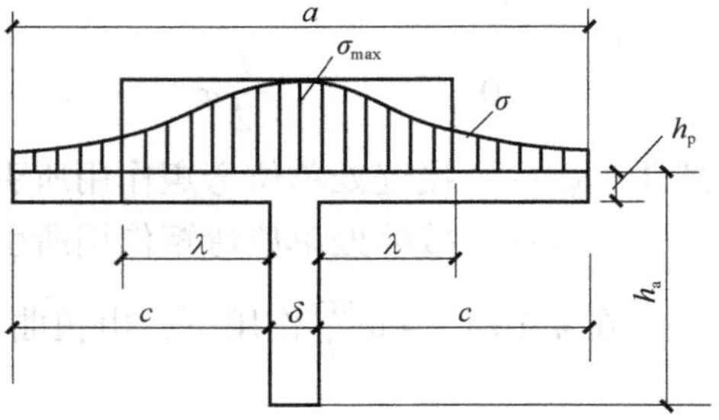

图 2-19 沿桥横向翼板内的应力分布

翼板内的压应力沿宽度 a 的分布很不均匀，为了考虑这一因素的影响，引入受压翼板有效宽度的概念。每侧翼板有效宽度就相当于把实际应力图形换算成以最大应力 σ_{max} 为基准的矩形图形的长度 λ。λ 值可按 c/l 值由表 2-20 确定，其中 l 为横隔梁的长度，可取两根边主梁的中心距离计算。

表 2-20 依据 c/l 的 λ 值计算表

c/l	0.05	0.10	0.15	0.20	0.25	0.30	0.35	0.40	0.45	0.50
λ/c	0.983	0.936	0.867	0.789	0.710	0.635	0.568	0.509	0.459	0.416

b. 抗扭抵抗矩。抗扭抵抗矩的计算可分成梁肋和翼板两部分计算：

梁肋部分的抗扭抵抗矩可按图 2-10 和表 2-19 来计算。

翼板部分的抗扭抵抗矩的计算，应考虑图 2-20 所示的两种情况。

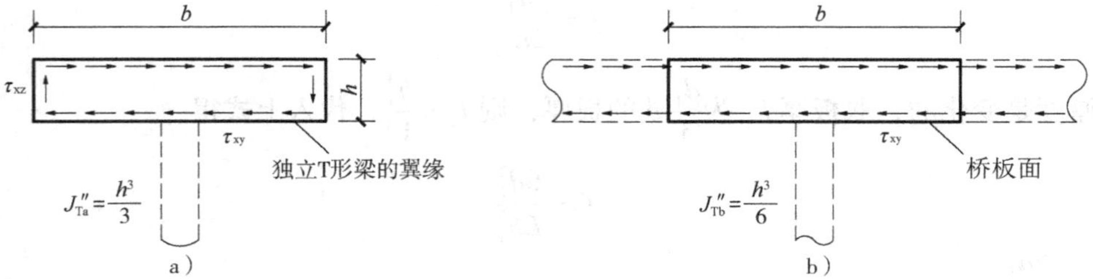

图 2-20 翼板抗扭惯性矩计算图式

图 2-20a 所示独立的宽扁矩形截面（b/h 较大），其单位宽度的抗扭抵抗矩

$$J''_{Ta}=\frac{I''_{Ta}}{b}=\frac{1}{b}\times\frac{bh^3}{3}=\frac{h^3}{3} \tag{2-39a}$$

图 2-20b 所示连续桥面板单位宽度的抗扭抵抗矩

$$J''_{Tb}=(1-\upsilon)\frac{D}{G}=\frac{h^3}{6} \tag{2-39b}$$

其中，$G=\dfrac{E}{2(1-v)}$，$D=\dfrac{Eh^3}{12(1-\nu^2)}$。

因此，对于连续桥面板的整体式桥梁以及翼板刚性连接的装配式桥梁，纵横向截面单位宽度抗扭惯性矩之和可按下式（2-40）计算

$$J_{Tx}+J_{Ty}=\left(\frac{I_{Tx}}{b}+\frac{h^3}{6}\right)+\left(\frac{I_{Ty}}{a}+\frac{h^3}{6}\right)=\frac{I_{Tx}}{b}+\frac{I_{Ty}}{a}+\frac{h^3}{3} \tag{2-40}$$

式中　h——桥面板的厚度；

I_{Tx}、I_{Ty}——分别为主梁梁肋和内横隔梁梁肋的截面抗扭抵抗矩。

②计算参数 θ 和 α。θ 表示桥梁纵横方向的抗弯刚度比例，可利用下式（2-41）计算

$$\theta=\frac{B}{l}\sqrt[4]{\frac{J_x}{J_y}} \tag{2-41}$$

式中　B——桥面板宽度的一半（m），若单梁翼缘宽度为 b，梁片数为 n，则 $B=bn/2$；

l——梁的计算跨度（m）；

J_x、J_y——x、y 方向的比拟单位宽度抗弯惯性矩（m^4）。

α 表示抗扭参数，表示比拟板两个方向的单位宽度抗扭刚度代数平均值与单位宽度抗弯刚度几何平均值之比，可按下式（2-42）计算：

$$\alpha=\frac{\dfrac{G(J_{Tx}+J_{Ty})}{2}}{E\sqrt{J_xJ_y}}=\frac{G(J_{Tx}+J_{Ty})}{2E\sqrt{J_xJ_y}} \tag{2-42}$$

式中　G——材料的切变模量（N/m^2），一般取 $0.425E$；

E——材料的弹性模量（N/m^2）；

J_x、J_y——分别为 x、y 方向的比拟单位宽度抗弯惯性矩（m^4）；

J_{Tx}、J_{Ty}——分别为 x、y 方向的比拟单位宽度抗扭惯性矩（m^4）。

$(J_{Tx}+J_{Ty})$ 按式（2-40）计算。

注意：当 $\alpha<0.3$ 时，横断面的挠曲线接近于直线，即可以认为同“偏心压力法”中横向刚度无穷大假定一致，故可认为 $\alpha<0.3$ 为窄桥，$\alpha>0.3$ 为宽桥。

③各主梁横向影响线坐标计算。

a. 根据 θ 值从 G-M 法计算图表上查影响系数 K_0 和 K_1。这里应说明，系数 K_0 和 K_1 的计算图表是按将桥宽八等分共九个点的位置来计算的。以桥宽中间为 0，向左（或向右）依次为正的（或负的）$\frac{1}{4}B$、$\frac{1}{2}B$、$\frac{3}{4}B$ 和 B，若主梁位置不是正好在这九个点上，可根据其相邻两个点的 K 值内插法求得。

对于如图 2-21 所示的桥梁，各主梁的 K 值：

①号梁（$f=\xi B$）介于$\frac{3}{4}B\sim B$ 之间，其 $K_{\xi B}$ 值按 $K_{\frac{3}{4}B_i}$、K_{B_i} 内插求得，即

$$K_{\xi B}=K_{\frac{3}{4}B_i}+(K_{B_i}-K_{\frac{3}{4}B_i})\times\frac{\xi B-\frac{3}{4}B}{\frac{1}{4}B}=K_{\frac{3}{4}B_i}+(K_{B_i}-K_{\frac{3}{4}B_i})\times(4\xi-3)$$

②号梁（$f=\xi B$）介于$\frac{1}{4}B\sim\frac{1}{2}B$ 之间，其 $K_{\xi B}$ 值按 $K_{\frac{1}{4}B_i}$、$K_{\frac{1}{2}B_i}$ 内插求得，即

$$K_{\xi B}=K_{\frac{1}{4}B_i}+(K_{\frac{1}{2}B_i}-K_{\frac{1}{4}B_i})\times\frac{\xi B-\frac{1}{4}B}{\frac{1}{4}B}$$

$$=K_{\frac{1}{4}B_i}+(K_{\frac{1}{2}B_i}-K_{\frac{1}{4}B_i})\times(4\xi-1)$$

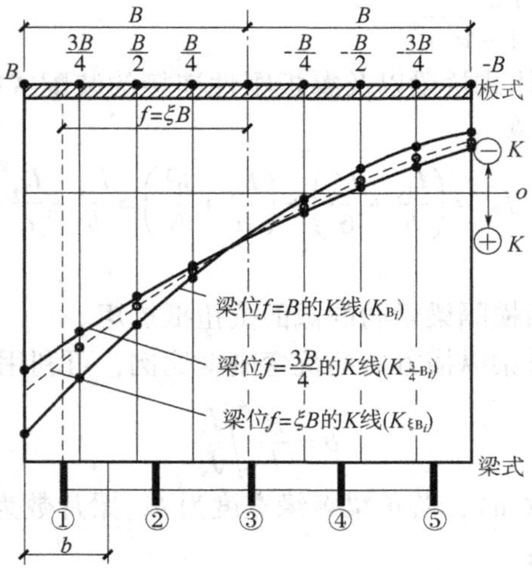

图 2-21 梁位 $f=\xi B$ 的 K 值计算

③号梁（$f=\xi B$）位于0点，即

$$K_{\xi B}=K_0$$

b. 依据上述求得的虚线 $K_{\xi B}$，用内插法求得实际梁位处的 K_0' 和 K_1' 值。在算出九个点的 K 值后，可按下列方法进行校核：

由功的互等定理可知

$$P\times\overline{w}=\frac{1}{8}\sum_{i=1}^{8}w_i+\frac{1}{16}(w_1+w_2) \tag{2-43}$$

式中 P——单位集中荷载，$P=1$（图 2-22a）；

$\overline{w}$——平均位移（图 2-22b）。

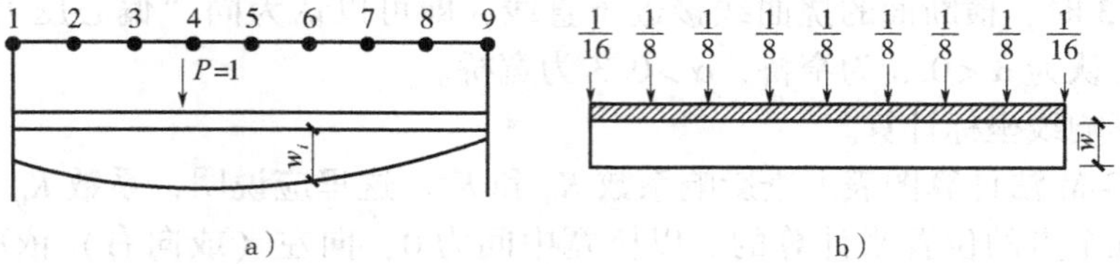

图 2-22 跨中截面的挠曲图式

$$\sum_{i=1}^{8}\frac{w_i}{\overline{w}}+\frac{1}{2}\left(\frac{w_1}{\overline{w}}+\frac{w_2}{\overline{w}}\right)=8$$

即

$$\sum_{i=1}^{8}K_i+\frac{1}{2}(K_1+K_9)=8 \tag{2-44}$$

c. 依据 α 值（$0<\alpha<1$）和 $K_\alpha=K_0+(K_1-K_0)\sqrt{\alpha}$ 求出 K_α。

d. 用公式 $\eta_{ki}=\dfrac{K_\alpha}{n}$ 求出影响线坐标，其中 n 为梁片数，k 为梁号，i 为荷载作用点位置编号。

e. 计算各主梁横向影响线坐标。在影响线上沿桥宽按最不利位置布置车辆荷载，从而算出桥梁跨中的荷载横向分布系数。

对于汽车荷载

$$m_{oq}=\frac{1}{2}\sum_i\eta_{q_i} \tag{2-45a}$$

对于人群荷载

$$m_{or} = \eta_r \tag{2-45b}$$

式中　η_{q_i}——对应于汽车车轮的影响线坐标；

η_r——对应人群荷载集度的影响线坐标。

2. 荷载横向分布系数沿桥跨的变化

用杠杆原理法可计算桥梁支点处的荷载横向分布系数，用偏心压力法、修正偏心压力法、铰接板（梁）法、刚接板（梁）法（G-M法）可计算桥梁跨中的荷载横向分布系数。对于桥梁纵向其他位置的横向分布系数的计算，可采用如图2-23所示的方法来处理。

对于图2-23a所示的无横隔梁或仅有一根横隔梁的情况，跨中部分可采用不变的横向分布系数 m_c，在离支点 $l/4$ 起至支点的区段内按线性关系从 m_c 过渡到 m_0。

对于图2-23b所示的有多根横隔梁的情况，跨中部分可采用不变的横向分布系数 m_c，在第一根横隔梁起至支点的区段内按线性关系从 m_c 过渡到 m_0。

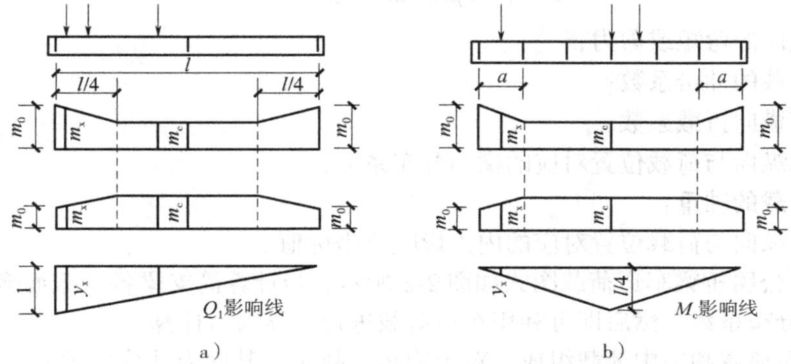

图2-23　荷载横向分布系数沿桥跨的变化图

a）无横隔梁或仅有一根横隔梁　b）有多根横隔梁

在实际应用中，当计算简支梁的跨中弯矩时，一般可不考虑荷载横向分布系数的变化，均按不变化的 m_c 来处理。但在计算主梁各截面的剪力时，应考虑横向分布系数沿桥梁跨径变化的影响。

2.1.4　主梁内力计算

在确定了主梁横向分布系数及其沿桥跨方向的分布值后，即可进行主梁内力计算。在进行主梁内力计算时，对于跨度较小（跨度在10m以内）的简支梁桥，只需计算跨中截面的最大弯矩以及支座截面和跨中截面的剪力，跨中和支座之间各截面的剪力可近似看作呈直线规律变化，弯矩可假定按照二次抛物线规律进行变化。对于跨度较大（跨度在10m以上）的简支梁桥，一般还需要计算桥梁总长1/4处、1/8处和3/8处截面以及主梁截面变化处的内力。

在截面内力确定后，即可根据钢筋混凝土和预应力混凝土结构计算原理进行主梁的截面配筋设计以及对结构的强度、刚度、抗裂度等进行验算。

1. 恒载内力计算

混凝土桥梁的恒载一般占全部设计荷载的比重较大（60%～90%），为了简化计算，在设计中通常将横隔梁、铺装层、人行道、栏杆以及灯柱等重量平均分配给各个主梁承担。

主梁自重标准值 g_{1k} 根据主梁截面设计尺寸和材料标准重度计算。

横隔梁自重标准值 g_{2k} 根据横隔梁截面设计尺寸和材料标准重度计算。

桥面铺板自重标准值 g_{3k} 根据桥面铺板的构造和材料重度计算。

人行道、栏杆自重标准值 g_{4k} 按人行道板横向分布系数分配给各梁。

主梁荷载设计值 $g=\sum_{i=1}^{n}\gamma_{G_i}g_{ik}$。

按材料力学公式计算主梁各截面的弯矩 M_x 和剪力 V_x

$$M_x=\frac{1}{2}gx(l-x)$$

$$V_x=\frac{1}{2}g(l-2x)$$

2. 活荷载内力计算

公路桥梁活荷载主要包括汽车荷载（包括车辆荷载和车道荷载）和人群荷载等部分，在确定了主梁的横向分布系数后，即可确定各榀主梁所承担的活荷载，采用结构力学方法计算各榀主梁的活荷载内力。

1）车辆荷载。公路桥梁设计中，车辆荷载的图式如图 2-3 和图 2-4 所示，主梁截面由车辆荷载产生的内力计算一般公式为

$$S=(1+\mu)\xi\max\{\sum_i m_iP_iy_i\} \tag{2-46}$$

式中 S——所求截面的弯矩或剪力；

$1+\mu$——汽车荷载的冲击系数；

ξ——多车道横向折减系数；

m_i——沿桥跨纵向与荷载位置对应的横向分布系数；

P_i——车辆荷载的轴重；

y_i——沿桥跨纵向与荷载位置对应的内力影响线坐标值。

2）车道荷载。公路桥梁车道荷载图式如图 2-2 所示，当计算简支梁各个截面最大弯矩时，可近似取跨中截面的横向分布系数，然后即可利用车道荷载进行主梁内力计算。

车道荷载由均布荷载和集中荷载组成，对于均布荷载 q_k，其内力计算公式为

$$S=(1+\mu)\xi m_c q_k\Omega \tag{2-47}$$

式中 Ω——弯矩、剪力影响线的面积。

当进行人群荷载的内力计算时，只需将式（2-47）中的 q_k 用每延米的荷载集度代替即可。

对于车道荷载中的集中荷载 P_k，计算内力时应将其布置在最不利的位置：当计算跨中弯矩时，应将其布置在跨中截面处，按式（2-46）计算剪力；当计算端部最大剪力时，应将其布置在两端部，并考虑横向分布系数在梁端处的变化；对布置在荷载横向分布系数过渡段内的车轮集中荷载，按式（2-46）计算剪力。若端部荷载横向分布系数 m_0 明显小于跨中荷载横向分布系数 m_c，按照剪力影响系按的最不利位置布置荷载，其剪力值不一定是最大值，此时需要经试算确定。

3. 内力组合

在仅考虑简支梁自重效应 S_G、汽车荷载效应 S_Q 以及人群荷载效应 S_r 的情况下，各种组合计算公式为：

按承载力极限状态设计时

$$\gamma_0S_{ud}=\gamma_0(1.2S_G+1.4S_Q+0.75\times1.4S_r) \tag{2-48}$$

按正常使用极限状态设计时

频遇效应组合

$$S_{sd}=1.0S_G+0.7S_Q+1.0S_r \tag{2-49}$$

准永久效应组合

$$S_{ld}=1.0S_G+0.4S_Q+0.4S_r \tag{2-50}$$

2.1.5 横隔梁内力计算

对于多个横隔梁的桥梁，由于跨中截面处的横隔梁具有最大的内力，因此，在计算中只需对该横

隔梁进行设计，其他横隔梁可以采用相同的设计。

1. 确定横隔梁上的计算荷载

计算跨中位置处横隔梁的荷载时，除了要考虑直接作用在跨中横隔梁上的轮重外，还要考虑前后车轮的重量对其产生的影响。可假定车轮重量在相邻横隔梁之间按杠杆原理法进行计算（图2-24）。计算时可以采用车道荷载布置方式，也可采用车辆荷载布置方式。若认为横隔梁的内力计算属于局部加载计算，只需采用车辆荷载进行计算即可，而采用车道荷载和车辆荷载两种方式的比较结果，是偏于安全的设计思路。

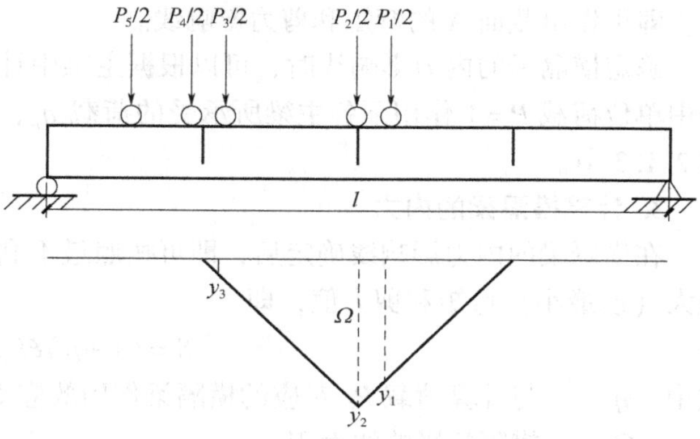

图2-24　横隔梁荷载计算图式

按照车道荷载计算时

$$P_0 = P_k + q_k \Omega \tag{2-51}$$

按照车辆荷载计算时

$$P_0 = \frac{1}{2}\sum_i P_i y_i \tag{2-52}$$

人群荷载

$$q_0 = q_r \Omega \tag{2-53}$$

式中　Ω——影响线面积（图2-24）。

2. 确定横隔梁的内力影响线

在确定横隔梁的内力影响线时，可将中横隔梁近似看作支承在多根主梁上的多跨弹性支承连续梁。当跨中存在单位荷载 $P=1$ 作用时，各主梁所承担的荷载，即主梁对横梁的支反力为 η_{ij}（η_{ij}为跨中单位荷载 $P=1$ 作用在 j 号梁上时，i 号梁所受的竖向力）。

由平衡条件可得截面A的弯矩计算公式（图2-25）：

当 $P=1$ 作用在截面A左侧时，截面A的弯矩和剪力为

$$M_{A,j} = \eta_{1j}b_{1A} + \eta_{2j}b_{2A} + \eta_{3j}b_{3A} + \cdots + \eta_{kj}b_{kA} - 1 \times e_A = \eta_{A,j} \tag{2-54}$$

$$V_{A,j} = \eta_{1j} + \eta_{2j} + \eta_{3j} + \cdots + \eta_{kj} - 1 = \eta^V_{A,j} \tag{2-55}$$

式中　k——截面A左侧的主梁数量；

b_{kA}——k 号梁轴线到截面A的距离；

e_A——单位荷载 $P=1$ 作用位置到截面A的距离；

$\eta_{A,j}$、$\eta^V_{A,j}$——单位荷载 $P=1$ 作用在 j 号梁上时截面A的弯矩和剪力值。

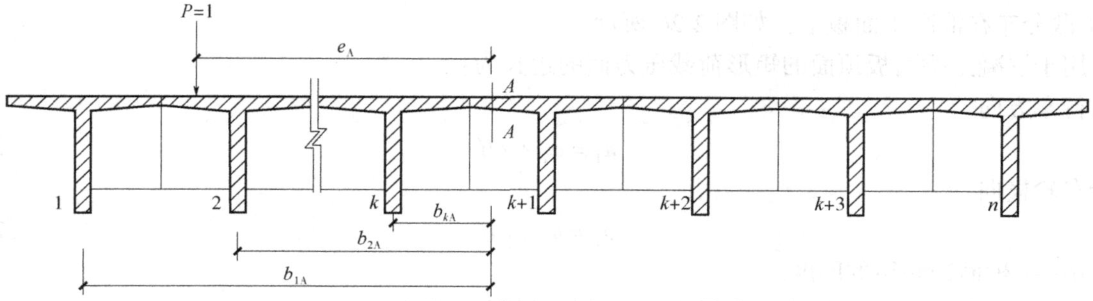

图2-25　横隔梁的计算图式

同理，可以求得当 $P=1$ 作用在截面A的右侧时，截面A的弯矩和剪力。

此时，只需求得 η_{ij}的值，即可求得单位荷载 $P=1$ 作用在 j 号梁上时截面 A 的弯矩 $\eta_{A,j}$和剪力 $\eta_{A,j}^{V}$值，即可作出截面 A 的弯矩和剪力影响线。

确定横隔梁的内力影响线时，可以根据主梁中计算荷载横向分布系数的方法及其结果，以确定在跨中单位荷载 $P=1$ 作用下各主梁所承受的荷载 η_{ij}，主梁荷载横向分布系数的求解方法和计算过程见第 2.1.3 节。

3. 计算横隔梁的内力

在横隔梁的内力影响线确定后，即可按照最不利位置布置荷载，从而求得横隔梁在对应截面处的最大（或最小）弯矩和剪力值，即

$$S=(1+\mu)\xi P_0\sum\eta_i+q_0\Omega_1 \tag{2-56}$$

式中 η_i——与计算荷载 P_0 对应的横隔梁作用效应影响线的竖坐标值；

Ω_1——横隔梁影响线面积。

通过求解横隔梁的内力值（正负弯矩以及剪力值）后，即可进行截面配筋设计，并进行正截面、斜截面的相关验算。

2.1.6 行车道板内力计算

在钢筋混凝土肋式梁桥中，直接承受车辆轮压的桥面板又称行车道板，其在构造上与主梁梁肋和横隔梁联系在一起，既保证了梁的整体作用，又将活荷载传递给主梁。

整体现浇的 T 形梁桥，梁肋和横隔梁之间的矩形桥面板属于四边支承板，当其长度（桥梁纵向）与宽度（桥梁横向）的比值≥2 时，称为单向板，可近似按仅由短跨承受荷载的单向受力板来设计，而长边方向只配置适当的构造钢筋即可；当长度与宽度的比值小于 2 时，称为双向板，需按两个方向的内力分别配置受力钢筋。

装配式 T 形梁桥，若两主梁之间的翼缘板短边自由或者采用钢板连接时，则可将梁外侧的翼缘板作为沿短跨一端固定另一端自由的悬臂板分析。当相邻翼缘板之间采用不承担弯矩的铰接缝连接时，则可简化为铰接悬臂板。

因此，在实际工程中，桥面板有四边支承板（单向板或双向板）、悬臂板和铰接悬臂板三种。

1. 车轮荷载在板上的分布

作用于桥面上的车辆荷载的车轮压力，通过桥面铺装层分布在钢筋混凝土板面上，由于板的计算跨径相对于分布宽度来讲一般不大，所以在计算中应将轮压作为分布荷载来处理，以免造成较大的计算误差，增加桥面板的材料用量。

车轮与桥面的接触面实际接近于椭圆，为了简化计算一般假定为 a_2（车轮沿行车方向的着地长度）$\times b_2$（车轮的着地宽度）的矩形，对于车辆荷载，其前轮取 $a_2\times b_2=0.2\text{m}\times0.3\text{m}$，其后轮 $a_2\times b_2=0.2\text{m}\times0.6\text{m}$。作用于混凝土或者沥青混凝土铺装面层上的车轮荷载，一般可以偏安全地假定按 45°角扩散分布在混凝土面板上，如图 2-26 所示。

作用于混凝土桥面板顶面的矩形荷载压力面的边长为：

沿行车方向

$$a_1=a_2+2H \tag{2-57a}$$

沿车轮横向

$$b_1=b_2+2H \tag{2-57b}$$

式中 H——桥面铺装层的厚度。

因此，当车辆的一个车轮作用在桥面板上时的局部分布荷载 p：

$$p=\frac{P}{2a_1b_1} \tag{2-58}$$

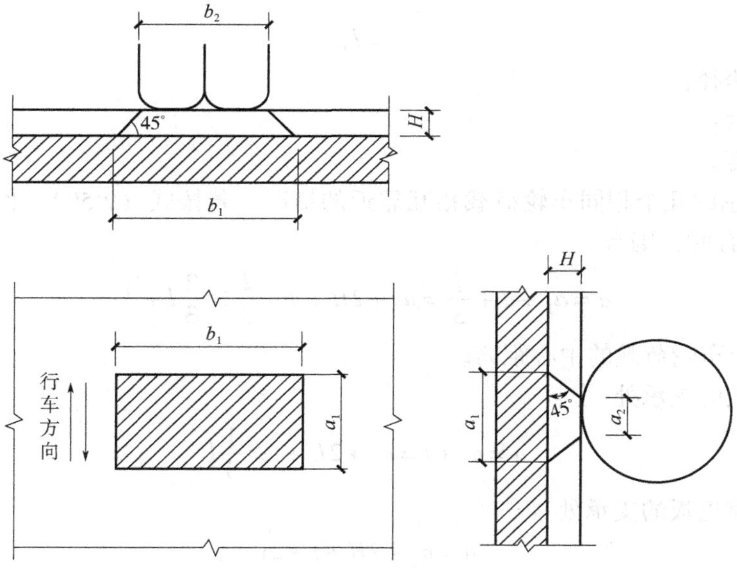

图 2-26 车轮荷载在板上的分布图

式中 P——车辆一个轴的轴重（kN），按表 2-8 取用。

2. 行车道板的有效工作宽度

当车轮荷载作用于桥面上时，除了直接承受荷载的板条外，沿纵向与之相邻的板也分担一部分荷载，共同参与工作，因此桥面板的计算中要确定板的有效工作宽度。

板的有效工作宽度为板所承担的总弯矩除以弯矩的最大值，规范基于大量的理论研究，对板的有效工作宽度规定如下：

（1）单向板的荷载有效分布宽度

1）荷载作用在板跨中间。对于单独一个车轮荷载（图 2-27a）为

$$a = a_1 + \frac{l}{3} = a_2 + 2H + \frac{l}{3} \geqslant \frac{2}{3}l \tag{2-59}$$

式中 l——两梁肋之间板的计算跨径（m）。

计算弯矩时

$$l = l_0 + t \leqslant l_0 + b$$

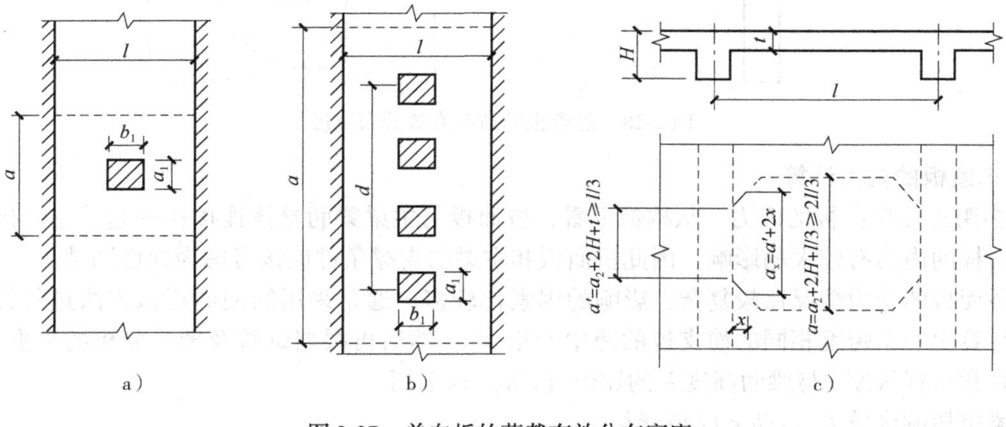

图 2-27 单向板的荷载有效分布宽度

计算剪力时

$$l = l_0$$

式中 l_0——板的净跨径；

t——板的厚度；

b——梁肋宽度。

对于图2-27b所示的几个相同车轮荷载相互靠近的情况，若按式（2-59）计算所得各相邻荷载的有效分布宽度发生重合时，则有

$$a = a_1 + d + \frac{l}{3} = a_2 + 2H + d + \frac{l}{3} \geqslant \frac{2}{3}l + d \tag{2-60}$$

式中 d——最外两个车轮荷载的中心距离。

2）荷载作用在板的支承处

$$a = a_1 + t = a_2 + 2H + t \geqslant \frac{1}{3}l \tag{2-61}$$

3）荷载作用在靠近板的支承处

$$a = a_2 + 2H + t + 2x \tag{2-62}$$

式中 x——荷载离支撑边缘的距离。

即荷载由支点处向跨中移动时，相应的有效分布宽度可近似地按45°线过渡，如图2-27c所示。

（2）悬臂板的荷载有效分布宽度 《公路钢筋混凝土及预应力混凝土桥涵设计规范》（JTG 3362—2018）规定的悬臂板荷载的有效分布宽度（图2-28）为

$$a = a_1 + 2b' = a_2 + 2H + 2b' \tag{2-63}$$

式中 b'——承重板上荷载压力面外侧边缘根部的距离。对于分布荷载靠近板边的最不利情况，b'就等于悬臂板的净跨径 l_0，因此

$$a = a_1 + 2l_0 \tag{2-64}$$

当多个车轮相互靠近，即各车轮荷载有效分布宽度相互重叠时，有

$$a = a_1 + d + 2l_0 \tag{2-65}$$

式中 d——最外侧两个车轮荷载的中心距离。

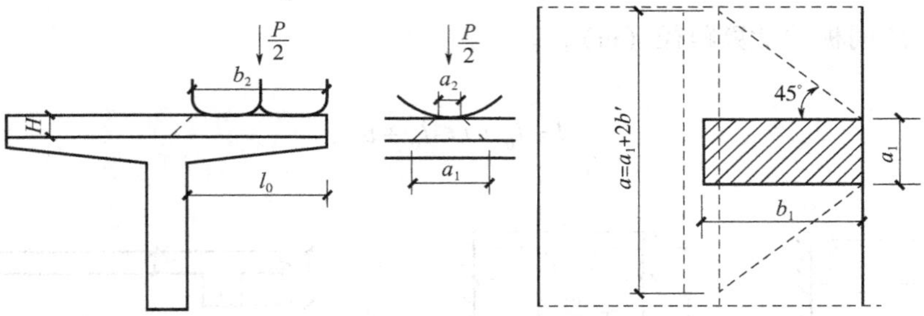

图2-28 悬臂板的荷载有效分布宽度

3. 行车道板的内力计算

（1）多跨连续单向板的内力 从构造上看，桥面板与主梁梁肋整体连接在一起，主梁抗扭刚度的大小对桥面板的内力有较大的影响，因此桥面板和主梁的支撑条件应该考虑为弹性固结。

鉴于桥面板的受力情况比较复杂，影响的因素比较多，通常采用简便的近似方法进行计算。对于弯矩，先计算出一个跨度相同的简支板的跨中弯矩 M_0，然后再根据试验及理论分析的数据加以修正。弯矩修正系数可视板厚 t 与梁肋高度 h 的比值（t/h）来选用。

当主梁抗扭刚度较大（$t/h < 1/4$）时

跨中弯矩：

$$M_{中} = +0.5M_0$$

支点弯矩：

$$M_{支} = -0.7M_0 \tag{2-66}$$

当主梁抗扭刚度较小（$t/h \geqslant 1/4$）时

跨中弯矩：

$$M_{中} = +0.7M_0$$

支点弯矩：

$$M_{支} = -0.7M_0 \tag{2-67}$$

式中 M_0——单位宽度（1m）简支板条上的跨中最大设计弯矩，按下式（2-68）计算

$$M_0 = M_{0g} + M_{0P} \tag{2-68}$$

式中 M_{0P}——单位宽度（1m）简支板条上的跨中活荷载产生的弯矩；

M_{0g}——单位宽度（1m）简支板条上的跨中恒载产生的弯矩。

对于车辆荷载（图2-29a），板条跨中活荷载引起的弯矩 M_{0P}：

$$M_{0P} = (1+\mu) \times \frac{P}{8a}\left(l - \frac{b_1}{2}\right) \tag{2-69}$$

式中 P——轴重（kN），对于车辆荷载应取加重车后轴的轴重计算；

a——板的有效工作宽度；

l——板的计算跨径，当梁肋不宽时（如窄肋T形梁），可取梁肋中距；当主梁的梁肋宽度较大时（如箱形梁），可取梁肋间的净距加板的厚度，即 $l = l_0 + t \leqslant l_0 + b$，这里，$l_0$ 为板的净跨径，t 为板厚，b 为梁肋宽度；

b_1——平行于板的跨度方向的荷载分布宽度，如图2-29所示；

$1+\mu$——冲击系数，汽车荷载的局部加载在T形梁、箱形梁悬臂板上的冲击系数采用1.3。

跨中恒载产生的弯矩 M_{0g} 按下式计算：

$$M_{0g} = \frac{1}{8}gl^2 \tag{2-70}$$

式中 g——单位宽度（1m）板条每延米的恒载强度（kN/m）。

计算单向板的支点剪力时，一般不考虑板与主梁的弹性固接作用，此时荷载必须靠近梁肋边缘布置。对于跨径内只有一个车轮荷载的情况，考虑了荷载的有效工作宽度后，每米板宽承受的分布荷载如图2-29b所示。此时，汽车荷载引起的支点剪力为

$$V_{支P} = (1+\mu)(A_1y_1 + A_2y_2) \tag{2-71}$$

其中，矩形部分荷载的合力$\left(以\ p = \frac{P}{2ab_1}代入\right)$为

$$A_1 = pb_1 = \frac{P}{2ab_1} \times b_1 = \frac{P}{2a} \tag{2-72}$$

三角形部分荷载的合力$\left(以\ p' = \frac{P}{2a'b_1}代入\right)$为

$$A_2 = \frac{1}{2}(p'-p) \times \frac{1}{2}(a-a') = \frac{1}{2}\left(\frac{P}{2a'b_1} - \frac{P}{2ab_1}\right) \times \frac{1}{2}(a-a') = \frac{P}{8aa'b_1}(a-a') \tag{2-73}$$

式中 p、p'——有效工作宽度 a 和 a' 处的荷载强度（kN/m）；

y_1、y_2——荷载合力 A_1 和 A_2 的支点剪力影响线竖坐标。

支点恒载剪力可按下式（2-74）计算

$$V_{支g} = \frac{1}{2}gl_0 \tag{2-74}$$

支点剪力 $V_{支}$ 为 $V_{支g}$ 和 $V_{支P}$ 两部分的作用效应组合。

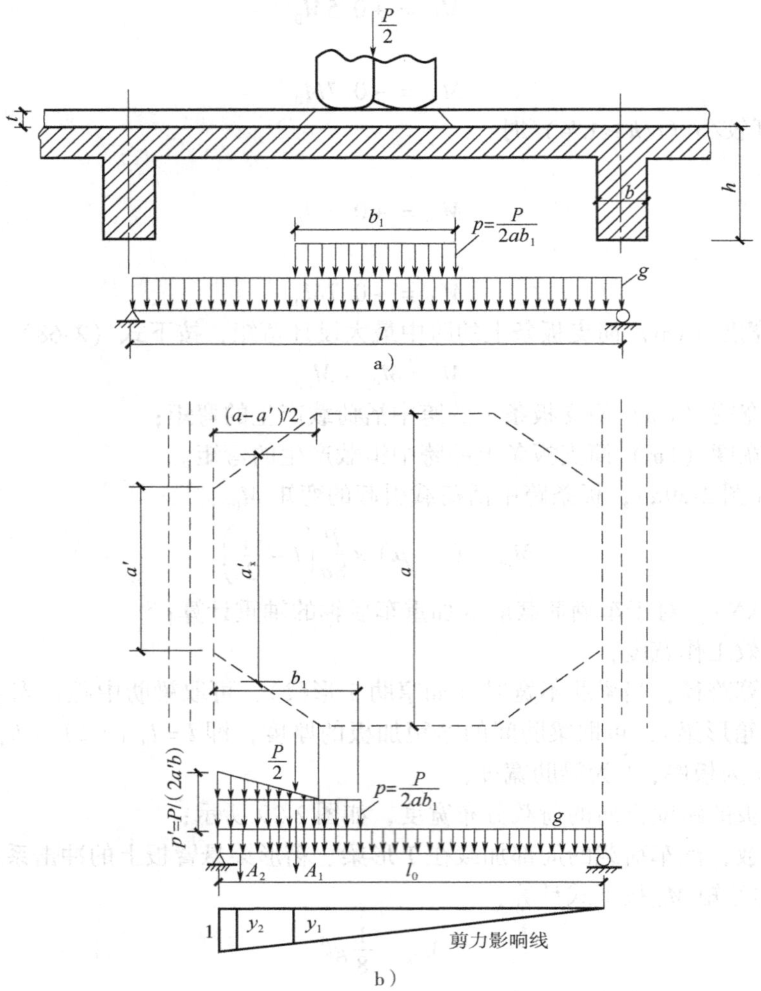

图 2-29　单向板内力计算图式

当跨径内不止一个车轮进入时，还应计及其他车轮的影响。

（2）铰接悬臂板的内力　对于铰接在一起的 T 形梁翼板，其最大弯矩在悬臂根部。计算活荷载弯矩 M_{AP}时，最不利的荷载位置应把车轮荷载对称布置在铰接缝处，根据对称条件，此时铰内的剪力为零，两相邻悬臂板各承受半个车轮荷载，即 $P/4$，如图 2-30a 所示。因此，每米宽悬臂板根部的活荷载引起的弯矩

$$M_{AP} = -(1+\mu)\frac{P}{4a}\left(l_0 - \frac{b_1}{4}\right) \tag{2-75}$$

式中　a——荷载的纵向有效分布宽度（m）；

l_0——板的净跨径（m）。

每米板宽的恒载引起的弯矩

$$M_{Ag} = -\frac{1}{2}gl_0^2 \tag{2-76}$$

此时，单位宽度（1m）板条悬臂根部最大设计弯矩 M_A 为 M_{AP}和 M_{Ag}两部分的作用效应组合。

铰接悬臂板根部的剪力一般偏安全的按下面将介绍的自由悬臂板来计算。

（3）自由悬臂板的内力　对于沿纵缝不相连的悬臂板，在计算根部最大弯矩时，应将车轮荷载靠板的边缘布置，如图 2-30b 所示。

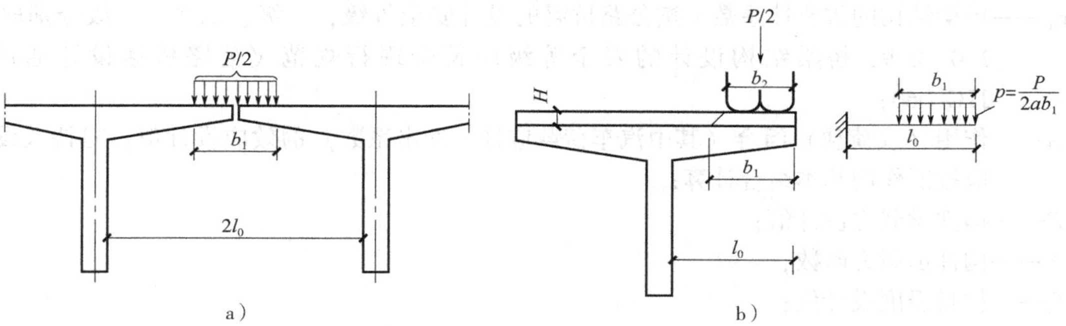

图 2-30　铰接悬臂板和自由悬臂板的内力计算图式

活荷载和恒载引起的弯矩可由下列公式求得：

活荷载引起的弯矩 M_{AP}

当 $b_1 \geqslant l_0$ 时

$$M_{AP} = -(1+\mu) \times \frac{1}{2}pl_0^2 = -(1+\mu) \times \frac{P}{4ab_1}l_0^2 \quad (2\text{-}77a)$$

当 $b_1 < l_0$ 时

$$M_{AP} = -(1+\mu) \times pb_1 \times \left(l_0 - \frac{b_1}{2}\right) = -(1+\mu) \times \frac{P}{2a}l_0^2 \times \left(l_0 - \frac{b_1}{2}\right) \quad (2\text{-}77b)$$

恒载引起的弯矩 M_{Ag}

$$M_{Ag} = -\frac{1}{2}gl_0^2$$

最后可得单位宽度（1m）板条悬臂根部最大设计弯矩 M_A 为 M_{AP}和 M_{Ag}两部分的作用效应组合。

由图 2-30b 可以看出，一个车轮的荷载（$P/2$）全部由一个悬臂板承受，此时活荷载引起的剪力为

$$V_{AP} = (1+\mu) \times \frac{P}{2ab_1}l_0 (b_1 \geqslant l_0) \quad (2\text{-}78a)$$

或

$$V_{AP} = (1+\mu) \times \frac{P}{2ab_1}b_1 = (1+\mu) \times \frac{P}{2a} (b_1 < l_0) \quad (2\text{-}78b)$$

2.1.7　钢筋混凝土简支梁桥设计计算

公路桥涵的持久状况设计应按承载力极限状态的要求，对构件进行承载力及稳定性计算，必要时尚应进行结构的倾覆和滑移的验算。同时应该考虑正常使用极限状态的要求，对构件的抗裂、裂缝宽度和挠度进行验算。

在承载力极限状态计算时，作用（或荷载）的效应（其中汽车荷载应计入冲击系数）应采用其组合设计值，结构材料性能采用其强度设计值。

在正常使用极限状态验算时，作用（或荷载）的短期效应组合、长期效应组合或短期效应组合并考虑长期效应组合的影响，结构材料性能采用其强度标准值。在上述各种组合中，汽车荷载效应可不计冲击系数。

桥梁构件的承载力极限状态计算，应采用下式：

$$\gamma_0 S \leqslant R = R(f_d, a_d) \quad (2\text{-}79)$$

式中 γ_0——桥梁结构的重要性系数，按公路桥涵的设计安全等级，一级、二级、三级分别取用 1.1、1.0、0.9，桥梁结构设计的安全等级应符合现行规范《公路桥涵设计通用规范》JTG D60；

S——作用（或荷载）组合（其中汽车荷载应计入冲击系数）的效应设计值；对持久设计状况应按照作用基本组合计算；

R——构件承载力设计值；

$R(\cdot)$——构件承载力函数；

f_d——材料强度设计值；

a_d——几何参数设计值，当无可靠数据时，可采用几何参数标准值 a_k，即设计文件规定值。

1. 受弯构件正截面承载力计算

（1）空心板截面的换算。空心板截面可换算成等效工字形截面来考虑。换算的原则是面积相等，惯性矩相等。

面积相等

$$2b_k h_k = n\frac{1}{4}\pi d^2 \tag{2-80}$$

惯性矩相等

$$\frac{1}{12}(2b_k)h_k^3 = n\frac{1}{64}\pi d^4 \tag{2-81}$$

联立求解上述两式可得

$$b_k = \frac{\sqrt{3}}{2}d;\ h_k = \frac{\sqrt{3}}{12}(n\pi d) \tag{2-82}$$

式中 d——圆孔的直径；

n——空心板的圆孔数量。

b_k、h_k 的含义如图 2-31 所示。

等效工字形截面的上翼缘板厚度

$$h_f' = \frac{h}{2} - \frac{h_k}{2}$$

等效工字形截面的下翼缘板厚度

$$h_f = \frac{h}{2} - \frac{h_k}{2}$$

等效工字形截面的腹板厚度

$$b = b_f' - 2b_k$$

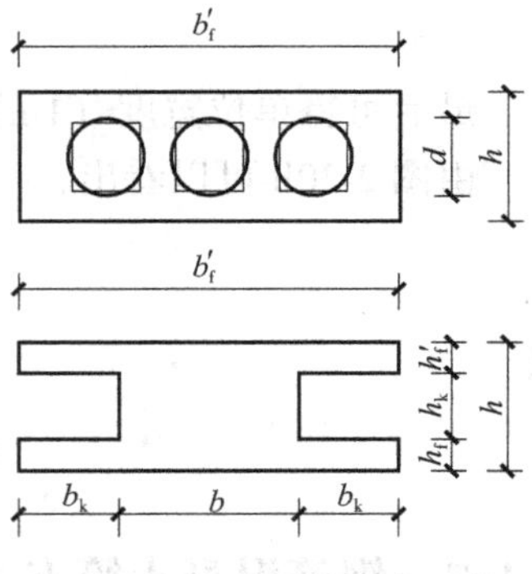

图 2-31 空心板等效工字形截面

（2）T 形截面或工字形截面梁受压翼缘有效宽度 b_f' 的确定

1）内梁的翼缘有效宽度取下列三者的最小值：

①简支梁：取计算跨径的 1/3。连续梁：各中间跨正弯矩区段，取该计算跨径的 0.2 倍；边跨正弯矩区，取该跨计算跨径的 0.27 倍；各中间支点负弯矩区段，取该支点相邻两计算跨径之和的 0.07 倍。

②相邻两梁的平均间距。

③ $(b+2b_h+12h_f')$，此处 b 为梁的腹板宽度，b_h 为承托长度，h_f' 为受压区翼缘处板的厚度。当 $h_h/b_h<1/3$ 时，上式 b_h 应以 $3h_h$ 代替，此处 h_h 为承托根部厚度。

2）外梁翼缘的有效宽度取相邻内梁翼缘有效宽度的一半，加上腹板宽度的 1/2，再加上外侧悬臂板平均厚度的 6 倍或外侧悬臂板实际宽度两者中的较小者。

箱形截面梁在腹板两侧上、下翼缘的有效宽度 b_{mi} 可按下列规定计算（图 2-32 和表 2-21）：

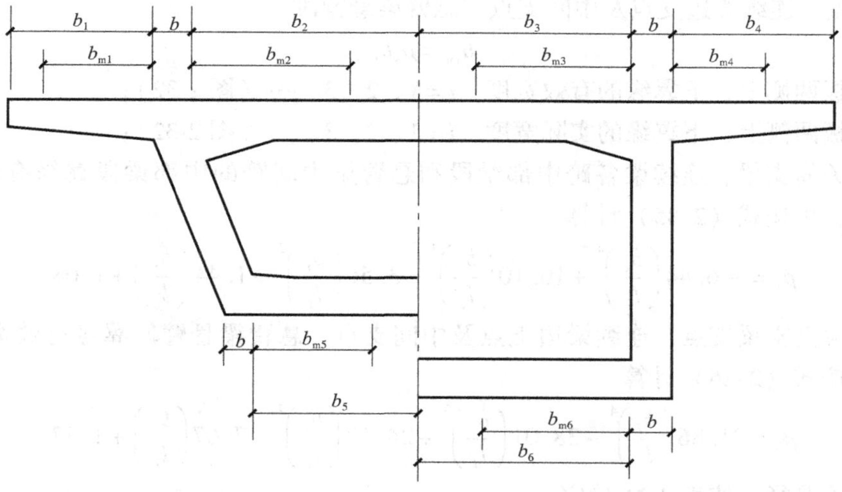

图 2-32　箱形截面梁翼缘有效宽度

表 2-21　ρ_f、ρ_s 的应用位置和理论跨径 l_i

结构体系			理论跨径 l_i
简支梁		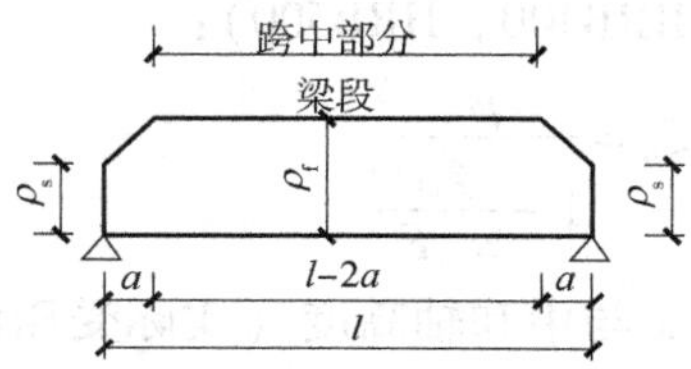	$l_i = l$
连续梁	边跨	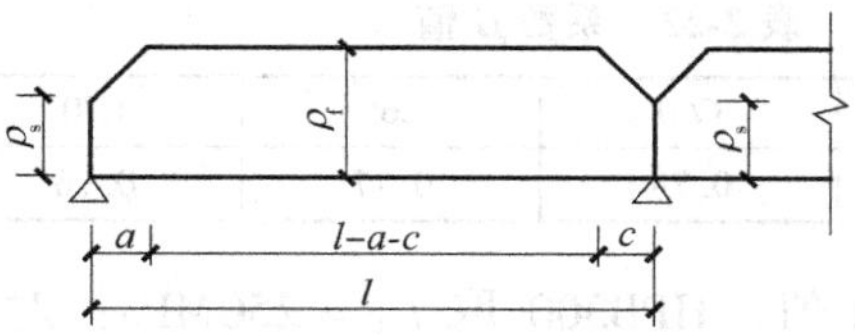	边支点或跨中部分梁段 $l_i = 0.8l$
	中间跨	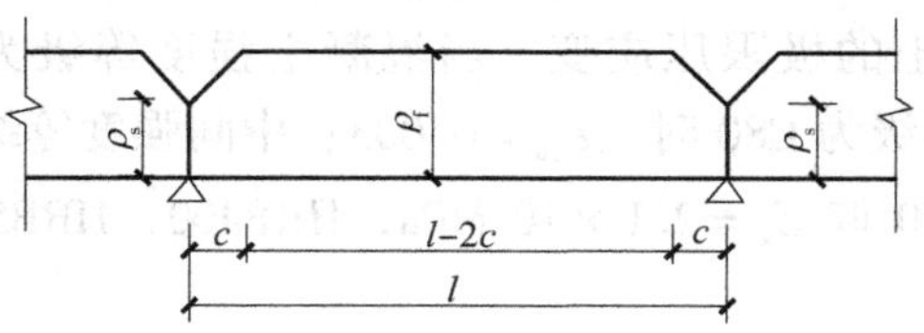	跨中部分梁段 $l_i = 0.6l$，中间支点 l_i 取 0.2 倍两相邻跨径之和
悬臂梁		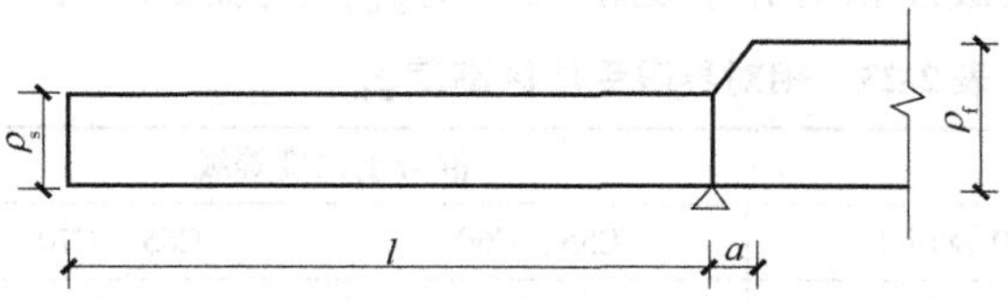	$l_i = 1.5l$

注：1. a 为与所求的翼缘有效宽度 b_{mi} 相应的翼缘实际宽度 b_i，但 a 不应大于 $0.25l_i$。

2. l 为梁的计算跨径。

3. $c = 0.1l_i$。

4. 在长度 a 或 c 的梁段内，有效宽度可用直线插入法在 $\rho_s b_i$ 与 $\rho_f b_i$ 之间求取。

①简支梁和连续梁各跨中部梁段，悬臂梁中间跨的中部梁段

$$b_{mi} = \rho_f b_i \tag{2-83}$$

②简支梁支点、连续梁边支点及中间支点，悬臂梁悬臂段

$$b_{mi}=\rho_s b_i \tag{2-84}$$

式中 b_{mi}——腹板两侧上、下翼缘的有效宽度，$i=1$、2、3、…（图2-32）；

b_i——腹板两侧上、下翼缘的实际宽度，$i=1$、2、3、…（图2-32）；

ρ_f——有关简支梁、连续梁各跨中部梁段和悬臂梁中间跨的中部梁段翼缘有效宽度的计算系数，可按式（2-85）计算

$$\rho_f=-6.44\left(\frac{b_i}{l_i}\right)^4+10.10\left(\frac{b_i}{l_i}\right)^3-3.56\left(\frac{b_i}{l_i}\right)^2-1.44\left(\frac{b_i}{l_i}\right)+1.08 \tag{2-85}$$

ρ_s——有关简支梁支点、连续梁边支点及中间支点，悬臂梁悬臂段翼缘有效宽度的计算系数，可按式（2-86）计算

$$\rho_s=21.86\left(\frac{b_i}{l_i}\right)^4-38.01\left(\frac{b_i}{l_i}\right)^3+24.57\left(\frac{b_i}{l_i}\right)^2-7.67\left(\frac{b_i}{l_i}\right)+1.27 \tag{2-86}$$

l_i——理论跨径，按表2-21确定。

当梁高 $h\geqslant b_i/0.3$ 时，翼缘有效宽度应采用翼缘实际宽度。

（3）相对界限受压区高度 ξ_b 相对界限受压区高度为纵向受力钢筋和受压区混凝土同时到达其强度设计值时的受压区高度 ξ_b。

对热轧普通钢筋（HRB400、HRBF400、RRB400、HRB500）：

$$\xi_b=\frac{\beta}{1+\dfrac{f_{sd}}{\varepsilon_{cu}E_s}} \tag{2-87}$$

式中 β——受弯构件受压区矩形应力块高度 x 与中和轴高度（实际受压区高度）x_b 的比值，按表2-22取值；

表2-22 系数 β 值

混凝土强度等级	C50及以下	C55	C60	C65	C70	C75	C80
β	0.80	0.79	0.78	0.77	0.76	0.75	0.74

f_{sd}——普通钢筋的抗拉强度设计值，HPB300 取 $f_{sd}=250\text{MPa}$；对于 HRB400、HRBF400 和 RRB400，取 $f_{sd}=330\text{MPa}$；对于 HRB500，取 $f_{sd}=415\text{MPa}$；

ε_{cu}——截面非均匀受压时混凝土的极限压应变，当混凝土强度等级为C50及以下时，$\varepsilon_{cu}=0.0033$；当混凝土强度等级为C80时，$\varepsilon_{cu}=0.003$；中间强度等级用直线插入求得；

E_s——钢筋的弹性模量，HPB300 取 $E_s=2.1\times10^5\text{MPa}$，HRB400、HRB500、HRBF400、RRB400 取 $E_s=2.0\times10^5\text{MPa}$。

根据式（2-87）可得受弯构件正截面相对界限受压区高度 ξ_b，按表2-23取值。

表2-23 相对界限受压区高度 ξ_b

钢筋种类	混凝土强度等级			
	C50及以下	C55、C60	C65、C70	C75、C80
HPB300	0.58	0.56	0.54	—
HRB400、HRBF400、RRB400	0.53	0.51	0.49	—
HRB500	0.49	0.47	0.46	—

注：对于截面受拉区内配置不同种类钢筋的受弯构件，其 ξ_b 值应选用相应于各种钢筋的较小者。

（4）两类T形截面的判别方法

1）截面设计时（M_d 已知）：

当 $\gamma_0 M_d \leqslant f_{cd} b_f' h_f' \left(h_0 - \frac{h_f'}{2}\right)$ 时，为第一类 T 形截面。

当 $\gamma_0 M_d > f_{cd} b_f' h_f' \left(h_0 - \frac{h_f'}{2}\right)$ 时，为第二类 T 形截面。

2）承载力校核时（A_s 已知）：

当 $f_{sd} A_s \leqslant f_{cd} b_f' h_f'$ 时，为第一类 T 形截面。

当 $f_{sd} A_s > f_{cd} b_f' h_f'$ 时，为第二类 T 形截面。

对于第一类 T 形截面，可按 $b_f' \times h$ 的单筋矩形截面设计或承载力校核；对于第二类 T 形截面，可按 $b \times h$ 的双筋矩形截面设计和承载力校核，此时，$A_s' = f_{cd}(b_f' - b) h_f' / f_y'$，$a_s' = h_f'/2$。

2. 受弯构件斜截面承载力计算中应注意的问题

（1）受弯构件斜截面抗剪承载力计算位置　计算受弯构件斜截面抗剪承载力时，其计算位置应按下列规定采用（图 2-33）。

1）简支梁和连续梁近边支点梁段。

①距支座中心 $h/2$ 处截面，如图 2-33a 中截面 1-1。

②受拉区弯起钢筋弯起点处截面，如图 2-33a 中截面 2-2 和截面 3-3。

③锚于受拉区的纵向钢筋开始不受力处的截面，如图 2-33a 中截面 4-4。

④箍筋数量或间距改变处的截面，如图 2-33a 中截面 5-5。

⑤构件腹板宽度变化处的截面。

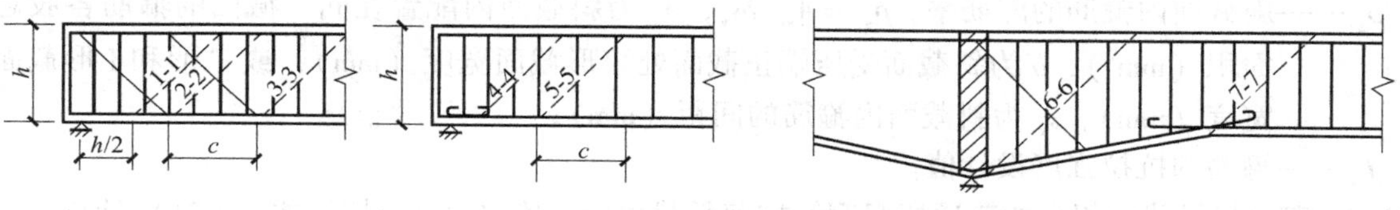

a）　　b）

图 2-33　简支梁斜截面抗剪承载力验算位置示意图

a）简支梁和连续梁近边支点梁段　b）连续梁和悬臂梁近中间支点梁段

2）连续梁、悬臂梁近中间支点梁段。

①支点横隔梁边缘处截面，如图 2-33b 中截面 6-6。

②变高度梁高度突变处截面，如图 2-33b 中截面 7-7。

③参照简支梁要求，需要进行验算的截面。

（2）受弯构件中，其箍筋和弯起钢筋计算及配置要求　矩形、T 形和 I 形截面的受弯构件，当配置箍筋和弯起钢筋时，其斜截面抗剪承载力应符合下列规定（图 2-34）：

1）V_d 表示斜截面受压端上由作用（或荷载）效应所产生的最大剪力组合设计值（kN），按斜截面剪压区对应正截面处取值。对变高度（承托）的连续梁和悬臂梁，当该截面处于变高度梁段时，则应考虑作用于截面的弯矩引起的附加剪应力的影响，其换算剪力设计值按下式（2-88）计算

$$V_d = V_{cd} - \frac{M_d}{h_0} \tan\alpha \qquad (2\text{-}88)$$

式中　V_{cd}——按等高度梁计算的计算截面的剪力组合

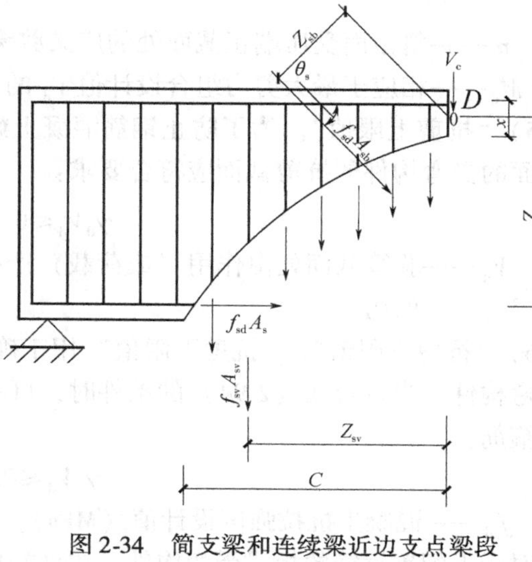

图 2-34　简支梁和连续梁近边支点梁段

设计值；

M_d——相应于剪力组合设计值的弯矩组合设计值；

h_0——计算截面的有效高度；

α——计算截面处梁下缘切线与水平线的夹角。

当弯矩绝对值增加而梁高减小时，公式中的“－”改为“＋”。

$$\gamma_0 V_d \leqslant V_{cs} + V_{sb} \tag{2-89}$$

2）V_{cs}表示斜截面内混凝土和箍筋共同的抗剪承载力设计值（kN），按下式（2-90）计算

$$V_{cs} = 0.45 \times 10^{-3} \alpha_1 \alpha_2 \alpha_3 b h_0 \sqrt{(2 + 0.6P)\sqrt{f_{cu,k}}(\rho_{sv} f_{sv})} \tag{2-90}$$

式中 α_1——异号弯矩影响系数，对于简支梁和连续梁近边支点梁段没有异号弯矩，计算简支梁和连续梁近边支点梁段的抗剪承载力时，取 $\alpha_1 = 1.0$；对于连续梁近中间支点梁段，由于存在异号弯矩的影响，其抗剪承载力有所降低（平均降低约10%），规范取 $\alpha_1 = 0.9$，此值对剪跨比较小的情况略为偏小，而对剪跨比较大的情况略为偏大；

α_2——预应力提高系数，对钢筋混凝土受弯构件，取 $\alpha_2 = 1.0$；

α_3——受压翼缘的影响系数，试验表明，受压翼缘的存在可以提高梁的抗剪承载力，对矩形截面，取 $\alpha_3 = 1.0$；对T形和I形截面，取 $\alpha_3 = 1.1$；

P——斜截面内纵向受拉钢筋的配筋百分率，$P = 100\rho$，$\rho = A_s / b h_0$，当 $P > 2.5$ 时，取 $P = 2.5$；

$f_{cu,k}$——边长为150mm的混凝土立方体抗压强度标准值（MPa）；

ρ_{sv}——斜截面内箍筋的配筋率，$\rho_{sv} = A_{sv} / b s_v$，$A_{sv}$为斜截面内配置在同一截面的箍筋各肢总截面面积（$mm^2$），$b$为斜截面受压端正截面处矩形截面宽度（mm），或T形和I形截面腹板宽度（mm），s_v为斜截面内箍筋的间距（mm）；

f_{sv}——箍筋的抗拉强度设计值。

3）V_{sb}表示与斜截面相交的普通弯起钢筋抗剪承载力设计值（kN），按下式（2-91）计算

$$V_{sb} = 0.75 \times 10^{-3} f_{sd} \sum A_{sd} \sin\theta_s \tag{2-91}$$

式中 A_{sd}——斜截面内在同一截面的普通弯起钢筋的截面面积（mm^2）；

θ_s——普通弯起钢筋的切线与水平线的夹角。

4）斜截面水平投影长度 C 确定。进行斜截面承载力验算时，斜截面水平投影长度 C 应按下式（2-92）计算

$$C = 0.6 m h_0 \tag{2-92}$$

式中 m——斜截面受压端正截面处的广义剪跨比，$m = M_d / (V_d h_0)$，当 $m > 3.0$ 时，取 $m = 3.0$；

M_d——相应于最大剪力组合设计值 V_d 的弯矩组合设计值。

5）“抗剪上限值”。为了防止钢筋混凝土梁的裂缝开展过宽或出现斜压破坏，对于矩形、T形和I形截面的受弯构件的抗剪截面应符合要求：

$$\gamma_0 V_d \leqslant 0.51 \times 10^{-3} \sqrt{f_{cu,k}} b h_0 \tag{2-93}$$

式中 V_d——验算截面处由作用（或荷载）产生的剪力组合设计值（kN），按验算斜截面的最不利值取用。

6）“抗剪下限值”。“抗剪下限值”用于确定有腹筋梁与无腹筋梁的界限。矩形、T形和I形截面的受弯构件，当符合式（2-94）的条件时，可不进行斜截面抗剪承载力的验算，仅需按规范构造要求配置箍筋：

$$\gamma_0 V_d \leqslant 0.50 \times 10^{-3} \alpha_2 f_{td} b h_0 \tag{2-94}$$

式中 f_{td}——混凝土抗拉强度设计值（MPa）。

对于不配置箍筋的板式受弯构件，式（2-94）右侧计算值可乘以提高系数1.25。

（3）受弯构件斜截面抗剪承载力验算方法　钢筋混凝土矩形、T形和I形截面受弯构件的斜截面抗剪承载力计算中，其箍筋和弯起钢筋应按下列规定进行计算和配置：

1）绘制剪力设计值包络图，用作抗剪配筋设计的最不利剪力组合设计值应按以下规定取值：简支梁和连续梁近边支点梁段取离支点 $h/2$ 处的剪力设计值 V_d'（图2-35a）；等高度连续梁和悬臂梁近中间支点梁段取支点上横隔梁边缘处的剪力设计值 V_d'（图2-35b）。V_d' 或 V_d^0 中应按不少于60%由混凝土和箍筋共同承担，不超过40%由弯起钢筋承担，并且用水平线将剪力设计值包络图分割为两部分。

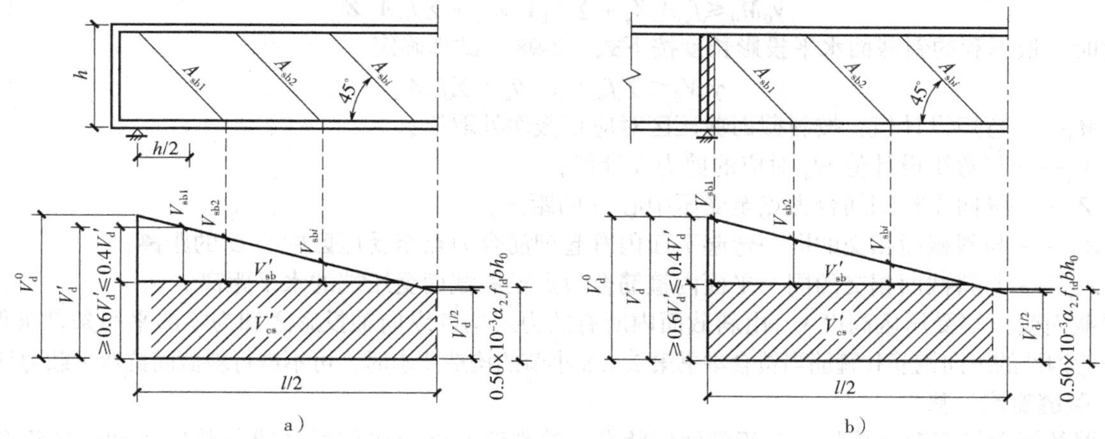

图2-35　斜截面抗剪承载力配筋设计计算图

a）简支梁和连续梁近边支点梁段　b）等高度连续梁和悬臂梁中间支点梁段

在图2-35中，V_d^0 为由作用（或荷载）引起的最大剪力组合设计值；V_d' 为用于配筋设计的最大剪力组合设计值，对于简支梁取距支点中心 $h/2$ 处的量值；$V_d^{l/2}$ 为跨中截面剪力设计值；V_{cs}'为由混凝土和箍筋共同承担的总剪力设计值（如图2-35中的阴影部分）；V_{sb}'为由弯起钢筋承担的总剪力设计值；V_{sb1}、V_{sb2}、V_{sbi}均为简支梁由弯起钢筋承担的剪力设计值；A_{sb1}、A_{sb2}、A_{sbi}分别为简支梁从支点算起的第一、第二、第 i 排弯起钢筋的截面面积；h 为等高度简支梁的梁高；l 为梁的计算跨径。

2）预先选定箍筋种类和直径，可按下式（2-95）计算箍筋的间距 s_v

$$s_v=\frac{0.2\times10^{-6}\alpha_1^2\alpha_3^2(2+0.6P)\sqrt{f_{cu,k}}A_{sv}f_{sv}bh_0^2}{(\xi\gamma_0 V_d)^2} \tag{2-95}$$

式中　V_d——用于抗剪配筋设计的最不利剪力设计值（kN），计算简支梁和连续梁近边支点梁段和等高度连续梁、悬臂梁近中间支点梁段的箍筋间距时，令 $V_d=V_d'$（图2-35a、b）；

ξ——用于抗剪配筋设计的最不利剪力设计值分配于混凝土和箍筋共同承担的分配系数，取 $\xi\geqslant0.6$；

h_0——用于抗剪配筋设计的最大剪力截面的有效高度（mm）；

b——用于抗剪配筋设计的最大剪力截面的梁腹宽度（mm），当梁的腹板厚度有变化时，取设计梁段最小腹板厚度；

A_{sv}——配置在同一截面内箍筋总截面面积（mm^2）。

3）计算第一排弯起钢筋 A_{sb1}时，对于简支梁和连续梁近边支点梁段，取用距支点中心 $h/2$ 处由弯起钢筋承担的那部分剪力 V_{sb1}（图2-35a）；对于等高度连续梁和悬臂梁近中间支点梁段，取用支点上横隔梁边缘处由弯起钢筋承担的那部分剪力 V_{sb1}（图2-35b）。

4）计算第一排弯起钢筋以后的每一排弯起钢筋 $A_{sb2}\cdots A_{sbi}$时，取用前一排弯起钢筋下面弯点处由弯起钢筋承担的那部分剪力 $V_{sb2}\cdots V_{sbi}$（图2-35a、b）。

5）每排弯起钢筋的截面面积按下式（2-96）计算

$$A_{sb}=\frac{\gamma_0 V_{sb}}{0.75\times10^{-3}f_{sb}\sin\theta_s} \tag{2-96}$$

式中 A_{sb}——每排弯起钢筋的总截面面积，即为图2-35中的A_{sb1}、A_{sb2}、A_{sbi}；

V_{sb}——由每排弯起钢筋承担的剪力设计值（kN），即为图2-35中的V_{sb1}、V_{sb2}、V_{sbi}。

3. 受弯构件斜截面抗弯承载力验算方法

矩形、T形和I形截面的受弯构件，其斜截面抗弯承载力应按下式（2-97）进行验算（图2-34）

$$\gamma_0 M_d \leqslant f_{sd}A_s Z_s+\sum f_{sd}A_{sb}Z_{sb}+\sum f_{sv}A_{sv}Z_{sv} \tag{2-97}$$

此时，最不利的斜截面水平投影长度按下式（2-98）试算确定

$$\gamma_0 V_d \leqslant \sum f_{sd}A_{sd}\sin\theta_s+\sum f_{sv}A_{sv} \tag{2-98}$$

式中 M_d——弯矩设计值，按斜截面剪压区对应正截面处取值；

V_d——与弯矩设计值M_d对应的剪力设计值；

Z_s——纵向受拉钢筋合力点至受压中心O的距离；

Z_{sb}——与斜截面相交的同一弯起平面内弯起钢筋合力点至受压区中心O的距离；

Z_{sv}——与斜截面相交的同一平面内箍筋合力点至斜截面受压端的水平距离。

斜截面受压端受压区高度x，由斜截面内所有的力对构件纵向轴投影之和为零的平衡条件求得。

受弯构件的纵向钢筋和箍筋当符合本书第2.1.8小节的构造要求时，可不进行斜截面抗弯承载力计算。

4. 裂缝宽度计算

公路桥涵钢筋混凝土构件，在正常使用状态下的裂缝宽度应按作用（或荷载）短期效应组合并考虑长期效应影响进行验算。

1）最大裂缝宽度限值。钢筋混凝土构件的最大裂缝宽度不应超过下列规定的限值：Ⅰ类和Ⅱ类环境不超过0.20mm；Ⅲ类和Ⅳ类环境不超过0.15mm。

2）裂缝宽度的计算。矩形、T形和I形截面钢筋混凝土受弯构件的最大裂缝宽度W_{cr}可按下式（2-99）计算

$$W_{cr}=C_1C_2C_3\frac{\sigma_{ss}}{E_s}\left(\frac{c+d}{0.30+1.4\rho_{te}}\right) \tag{2-99}$$

①系数C_1、C_2、C_3取值。

a. C_1表示钢筋表面形状系数，对光面钢筋$C_1=1.40$；对带肋钢筋，$C_1=1.00$。

b. C_2表示长期效应影响系数，$C_2=1+0.5\frac{M_l}{M_s}$，其中M_l和M_s分别为作用（或荷载）准永久组合和频遇组合计算的弯矩设计值。

c. C_3表示与构件受力性质有关的系数，当为钢筋混凝土板式受弯构件时，$C_3=1.15$，其他受弯构件$C_3=1.0$。

②纵向受拉钢筋的有效配筋率ρ_{te}。纵向受拉钢筋的有效配筋率ρ_{te}应按下式（2-100）计算，当$\rho_{te}>0.1$时，取$\rho_{te}=0.1$；当$\rho_{te}<0.01$时，取$\rho_{te}=0.01$

$$\rho_{te}=\frac{A_s}{A_{te}} \tag{2-100}$$

式中 A_s——受弯构件受拉区纵向钢筋的截面面积；

A_{te}——有效受拉混凝土截面面积，对受弯构件取$A_{te}=2a_s b$，a_s为受拉钢筋重心至受拉区边缘的距离，对矩形截面，b为截面宽度，对翼缘位于受拉区的T形、I形截面，b为受拉区有效翼缘宽度。

③混凝土保护层厚度c。最外排纵向受拉钢筋的混凝土保护层厚度（mm），当$c>50$mm时，取50mm。

④纵向受拉钢筋直径d。当用不同直径的钢筋时，d应改用换算直径d_e，$d_e=\frac{\sum n_i d_i^2}{\sum n_i d_i}$，其中$n_i$为受拉区第$i$种钢筋的根数，$d_i$为受拉区第$i$种钢筋的直径，按表2-24取值。

表2-24　受拉区钢筋直径 d_i

受拉区钢筋种类	单根普通钢筋	普通钢筋的束筋	钢绞线束	钢丝束
d_i 取值	公称直径 d	等代直径 d_{se}	等代直径 d_{pe}	

注：1. $d_{se}=\sqrt{n}d$，n 为组成束筋的普通钢筋根数，d 为单根普通钢筋公称直径。

2. $d_{pe}=\sqrt{n}d_p$，n 为钢丝束中钢丝根数或钢绞线束中钢绞线根数，d_p 为单根钢丝或钢绞线公称直径。

对于钢筋混凝土构件中的焊接骨架，考虑到钢筋与混凝土的接触面积减少，应将其直径 d 或等效直径 d_e 乘以系数1.3。

⑤开裂截面纵向受拉钢筋的应力 σ_{ss}。由作用（或荷载）频遇组合引起的开裂截面纵向受拉钢筋的应力 σ_{ss} 可按下式（2-101）计算

$$\sigma_{ss}=\frac{M_s}{0.87A_sh_0} \tag{2-101}$$

式中　M_s——按作用（或荷载）频遇组合计算的弯矩值；

A_s——受拉区纵向钢筋截面面积。

5. 挠度计算

1）开裂构件等效截面的抗弯刚度 B。将一根带裂缝的受弯构件视为一根不等刚度的构件（图2-36a），裂缝处刚度最小，梁裂缝间刚度最大。图2-36b实线表示截面刚度变化规律。为便于分析，取一个其长度为 l_{cr} 的裂缝区段，近似地分解为 $\alpha_1 l_{cr}$ 整体截面区段和 $\alpha_2 l_{cr}$ 开裂截面区段（图2-36c）。

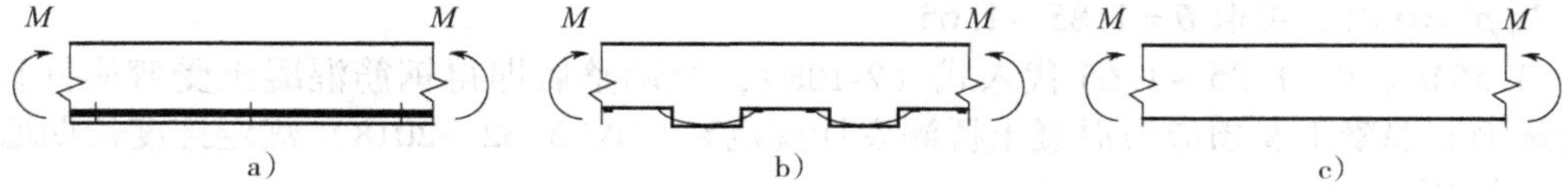

图2-36　构件截面等效示意图

根据试验分析，α_1 和 α_2 与开裂弯矩 M_{cr} 和截面上所受弯矩 M_s 的比值有关，可按下式（2-102）和式（2-103）确定

$$\alpha_1=\left(\frac{M_{cr}}{M_s}\right)^2 \tag{2-102}$$

$$\alpha_2=1-\left(\frac{M_{cr}}{M_s}\right)^2 \tag{2-103}$$

将图2-36b中的变刚度构件等效为等刚度杆件（图2-36c），采用结构力学方法，按在端部弯矩作用下构件转角相等的原则，可求得等刚度受弯构件的等效刚度 B。

根据图2-36b所示的变截面构件，求出裂缝区段两端截面的相对转角 θ_1

$$\theta_1=\frac{\alpha_1 l_{cr}M_s}{B_0}+\frac{\alpha_2 l_{cr}M_s}{B_{cr}} \tag{2-104}$$

根据图2-36c所示的等截面构件，求出裂缝区段两端截面的相对转角 θ_2

$$\theta_2=\frac{l_{cr}M_s}{B} \tag{2-105}$$

令 $\theta_1=\theta_2$，可得：

$$\frac{1}{B}=\frac{\alpha_1}{B_0}+\frac{\alpha_2}{B_{cr}} \tag{2-106}$$

将式（2-102）、式（2-103）代入上式，并整理可得

当 $M_s \geq M_{cr}$ 时

$$B=\frac{B_0}{\left(\frac{M_{cr}}{M_s}\right)^2+\left[1-\left(\frac{M_{cr}}{M_s}\right)^2\right]\frac{B_0}{B_{cr}}} \tag{2-107a}$$

当 $M_s<M_{cr}$ 时

$$B=B_0 \tag{2-107b}$$

式中 B_0——全截面的抗弯刚度，$B_0=0.95E_cI_0$，其中 I_0 为全截面换算截面惯性矩；

B_{cr}——开裂截面的抗弯刚度，$B_{cr}=E_cI_{cr}$，其中 I_{cr} 为开裂截面换算截面惯性矩；

M_{cr}——开裂弯矩，$M_{cr}=\gamma f_{tk}W_0$，其中 γ 为构件受拉区混凝土的塑性影响系数，$\gamma=\frac{2S_0}{W_0}$，f_{tk} 为混凝土轴心抗拉强度标准值；W_0 为换算截面抗裂边缘的弹性抵抗矩，S_0 为全截面换算截面重心轴以下（或以上）部分面积对重心轴的面积矩。

2）挠度长期增长系数 η_θ。挠度长期增长系数

$$\eta_\theta=\frac{f_l}{f_s}=\frac{M_l\theta+(M_s-M_l)}{M_s} \tag{2-108}$$

在公路桥梁常遇的恒、活荷载比例下平均值约为 $M_l/M_s=0.56$，即 $M_l=0.56M_s$。

对钢筋混凝土受弯构件，长期荷载作用下挠度增长系数 θ 与受压区纵向受压钢筋的配筋率 ρ' 有关，当 $\rho'=0$ 时，可取 $\theta=2.0$。公路桥梁钢筋混凝土受弯构件通常不配置受压区纵向受力钢筋或配置很少钢筋，可近似地取 $\theta=2.0$。

C50 及以上的高强度混凝土徐变较小，构件挠度增长也较少，同时受压区钢筋对减小长期挠度的效果较差，当 $\rho'=0$ 时，可取 $\theta=1.85\sim1.65$。

将 $M_l=0.56M_s$、$\theta=1.85\sim1.65$ 代入式（2-108），经调整后即得钢筋混凝土受弯构件长期增长系数 η_θ。《公路钢筋混凝土及预应力混凝土桥涵设计规范》（JTG 3362—2018）规定挠度长期增长系数 η_θ 可按下列规定取用：

当采用 C40 以下混凝土时，$\eta_\theta=1.60$。

当采用 C40 ~ C80 混凝土时，$\eta_\theta=1.45\sim1.35$，中间强度等级可按直线插入法取用。

3）挠度控制条件。钢筋混凝土受弯构件按上述方法计算的长期挠度值，由汽车荷载（不计冲击力）和人群荷载频遇组合在梁式桥主梁产生的最大挠度不应超过计算跨径的 1/600；在梁式桥主梁悬臂端产生的最大挠度不应超过悬臂长度的 1/300。

4）预拱度的设置。梁的预拱度设置则是谋求桥梁建成后有一个平顺行车的条件。预拱度的设置应按最大的预拱值沿顺桥向做成平顺的曲线。

钢筋混凝土受弯构件的预拱度可按下列规定设置：

①当由荷载频遇组合并考虑荷载长期效应影响产生的长期挠度不超过计算跨径的 1/1600 时，可不设预拱度。

②当不符合上述规定时应设预拱度，且其值应按结构自重和 1/2 可变荷载频遇值计算的长期挠度值之和采用。即

$$f_P=\eta_\theta[f_G+0.5(0.7f_Q+1.0f_R)] \tag{2-109}$$

式中 f_P——应设置跨中预拱度值；

f_G——结构自重引起的跨中挠度值；

f_Q——可变荷载（汽车）引起的跨中挠度值；

f_R——可变荷载（人群）引起的跨中挠度值；

0.7、1.0——分别为汽车荷载、人群荷载的频遇值系数。

2.1.8 简支梁（板）桥设计一般规定及构造要求

1. 简支梁（板）桥设计一般规定

1）公路桥涵钢筋混凝土受力构件的混凝土强度等级不低于 C25；当采用强度标准值 400MPa 及以

上钢筋时，不低于 C30。

公路桥涵混凝土结构及构件，在各类环境下混凝土强度等级最低要求应符合表 2-25 的规定。

表 2-25 耐久性混凝土强度等级最低要求

构件类别	梁、板、塔、拱圈、涵洞上部		墩台身、涵洞下部		承台、基础	
设计使用年限/年	100	50、30	100	50、30	100	50、30
Ⅰ类-一般环境	C35	C30	C30	C25	C25	C25
Ⅱ类-冻融环境	C40	C35	C35	C30	C30	C25
Ⅲ类-近海或海洋氯化物环境	C40	C35	C35	C30	C30	C25
Ⅳ类-除冰盐等其他氯化物环境	C40	C35	C35	C30	C30	C25
Ⅴ类-盐结晶环境	C40	C35	C35	C30	C30	C25
Ⅵ类-化学腐蚀环境	C40	C35	C35	C30	C30	C25
Ⅶ类-腐蚀环境	C40	C35	C35	C30	C30	C25

2）公路桥涵钢筋混凝土构件中的普通钢筋宜选用 HPB300、HRB400、HRB500、HRBF400 和 RRB400。

3）普通钢筋保护层厚度取钢筋外缘至混凝土表面的距离，不应小于钢筋的公称直径；当钢筋为束筋时，保护层厚度不应小于束筋的等代直径，且应符合最外侧钢筋的混凝土保护层厚度应不小于表 2-26 的规定值。

表 2-26 梁、板受弯构件混凝土保护层最小厚度 c_{min} （单位：mm）

设计使用年限	环境类别						
	Ⅰ类	Ⅱ类	Ⅲ类	Ⅳ类	Ⅴ类	Ⅵ类	Ⅶ类
100 年	20	30	35	30	30	35	35
50 年、30 年	20	25	30	25	25	30	30

4）当纵向受力钢筋的混凝土保护层厚度大于 50mm 时，宜对保护层采取有效的构造措施。当在保护层内配置防裂、防剥落的钢筋网片时，钢筋直径不小于 6mm、间距不大于 100mm，钢筋网片的混凝土保护层厚度不宜小于 25mm。

5）当计算中充分利用钢筋强度时，其最小锚固长度应符合表 2-27 的要求。

表 2-27 钢筋最小锚固长度 l_a

钢筋种类		HPB300				HRB400、HRBF400、RRB400			HRB500		
混凝土强度等级		C25	C30	C35	≥C40	C30	C35	≥C40	C30	C35	≥C40
受压钢筋（直端）		$45d$	$40d$	$38d$	$35d$	$30d$	$28d$	$25d$	$35d$	$33d$	$30d$
受拉钢筋	直端	—	—	—	—	$35d$	$33d$	$30d$	$45d$	$43d$	$40d$
	弯钩端	$40d$	$35d$	$33d$	$30d$	$30d$	$28d$	$25d$	$35d$	$33d$	$30d$

注：1. d 为钢筋公称直径（mm）。

2. 对于受压束筋和等代直径 $d_e \leq 28$mm 的受拉束筋的锚固长度，应以等代直径按表值确定，束筋的各单根钢筋可在同一锚固终点截断；对于等代直径 $d_e > 28$mm 的受拉束筋，束筋内各单根钢筋，应自锚固点开始，以表内规定的单根钢筋的锚固长度的 1.3 倍，呈阶梯形逐根延伸后截断，即自锚固起点开始，第一根延伸 1.3 倍单根钢筋的锚固长度，第二根延伸 2.6 倍单根钢筋的锚固长度，第三根延伸 3.9 倍单根钢筋的锚固长度。

3. 采用环氧树脂涂层钢筋时，受拉钢筋最小锚固程度应增加 25%。

4. 当混凝土在凝结过程中易受扰动时，锚固长度应增加 25%。

5. 当受拉钢筋末端采用弯钩时，锚固长度为包括弯钩在内的投影长度。

6）受拉钢筋端部弯钩应符合表 2-28 的规定。

表 2-28 受拉钢筋端部弯钩

弯曲部位	弯曲角度	形状	钢筋	弯曲直径（D）	平直段长度
末端弯钩	180°	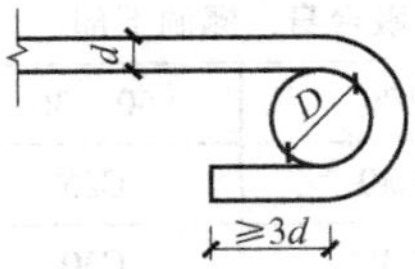	HPB300	$\geqslant 2.5d$	$\geqslant 3d$
	135°	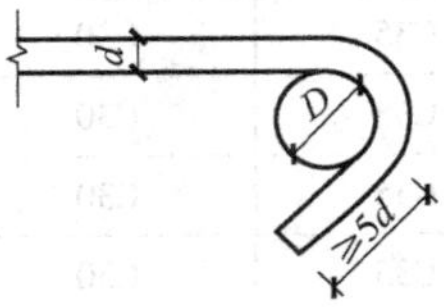	HRB400、HRB500、HRBF400、RRB400	$\geqslant 5d$	$\geqslant 5d$
	90°	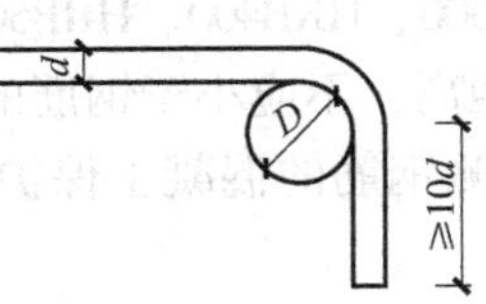	HRB400、HRB500、HRBF400、RRB400	$\geqslant 5d$	$\geqslant 10d$
中间弯钩	≤90°	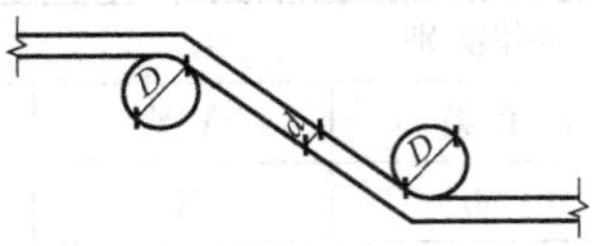	各种钢筋	$\geqslant 20d$	—

注：采用环氧树脂涂层钢筋时，除应满足表内规定外，当钢筋直径 $d \leqslant 20$mm 时，弯钩内直径 D 不应小于 $5d$；当 $d > 20$mm 时，弯钩内直径 D 不应小于 $6d$；直线段长度不应小于 $5d$。

7）箍筋的末端应做成弯钩。弯钩角度可取 135°。弯钩的弯曲直径应大于被箍的受力主筋的直径，且 HPB300 钢筋不应小于箍筋直径的 2.5 倍，HRB400 钢筋不应小于箍筋直径的 5 倍。弯钩平直段长度，一般结构不应小于箍筋直径的 5 倍，抗震结构不应小于箍筋直径的 10 倍。

8）钢筋的连接接头。

①钢筋接头宜采用焊接接头和钢筋机械连接接头（套筒挤压接头、镦粗直螺纹接头），当施工或构造条件有困难时，也可采用绑扎接头。钢筋接头宜设在受力较小区段，并宜错开布置。

②钢筋焊接接头宜采用闪光接触对焊；当闪光接触对焊条件不具备时，也可采用电弧焊（带条焊或搭接焊）、电渣压力焊和气压焊。

在任一焊接接头中心至 35 倍钢筋直径，且长度不小于 500mm 的区段 l 内（图 2-37），同一根钢筋不得有两个接头；在该区段内有接头的受力钢筋截面面积占受力钢筋总截面面积的百分数，普通钢筋在受拉区不宜超过 50%，在受压区不受限制。

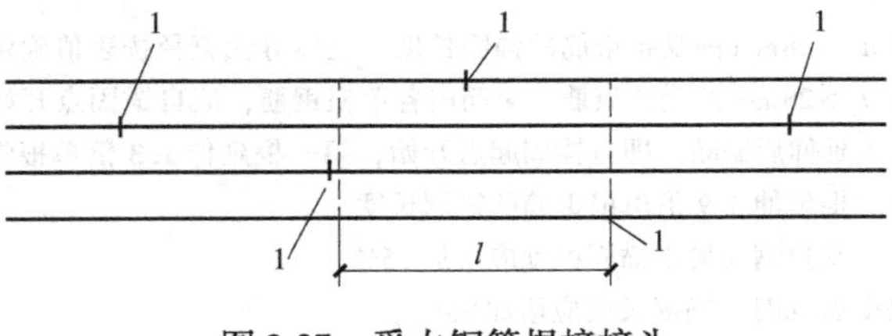

图 2-37 受力钢筋焊接接头

1—焊接接头搭接长度中心

注：图中所示 l 区段内接头钢筋截面面积按两根计。

③受拉钢筋绑扎接头的搭接长度，应符合表2-29的规定；受压钢筋绑扎接头的搭接长度，应取受拉钢筋绑扎接头搭接长度的0.7倍。

表2-29 受拉钢筋绑扎接头搭接长度

钢筋种类	HPB300		HRB400、HRBF400、RRB400	HRB500
混凝土强度等级	C25	≥C30	≥C30	≥C30
搭接长度/mm	$40d$	$35d$	$45d$	$50d$

注：1. d为公称直径（mm）。当带肋钢筋$d>25$mm时，其受拉钢筋的搭接长度应按表中值增加$5d$；当带肋钢筋$d<25$mm时，搭接长度可按表值减少$5d$后采用。

2. 当混凝土在凝固过程中受力钢筋易受扰动时，其搭接长度应增加$5d$。

3. 在任何情况下，受拉钢筋的搭接长度不应小于300mm；受压钢筋的搭接长度不应小于200mm。

4. 环氧树脂涂层钢筋的绑扎接头搭接长度，受拉钢筋按表值的1.5倍采用。

5. 受拉区段内，HPB300钢筋绑扎接头的末端应做成弯钩，HRB400、HRB500、HRBF400和RRB400钢筋的末端可不做弯钩。

在任一绑扎接头中心至搭接长度的1.3倍长度区段l（图2-38）内，同一根钢筋不得有两个接头；在该区段内有绑扎接头的受力钢筋截面面积占受力钢筋总截面面积的百分数，受拉区不宜超过25%，受压区不宜超过50%。

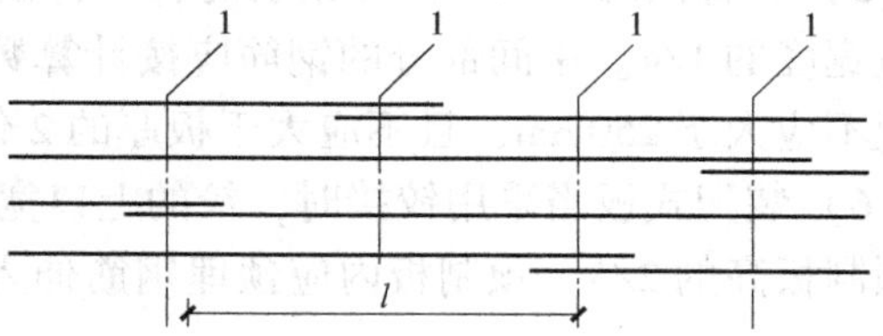

图2-38 受力钢筋绑扎接头

1—绑扎接头搭接长度中心

注：图中所示l区段内接头钢筋截面面积按两根计。

当绑扎接头的受力钢筋截面面积占受力钢筋总截面面积超过上述规定时，应按表2-29的规定值，乘以下列系数：

当受拉钢筋绑扎接头截面面积大于25%，但不大于50%时，乘以1.4；当大于50%时，乘以1.6。当受压钢筋绑扎接头截面面积大于50%时，乘以1.4（受压钢筋绑扎接头长度仍为受拉钢筋绑扎接头长度的0.7倍）。

束筋的搭接接头应先由单根钢筋错开搭接，接头中距为1.3倍表2-29规定的单根钢筋搭接长度；再用一根其长度为$1.3(n+1)l_s$的通长钢筋进行搭接绑扎，其中n为组成束筋的单根钢筋根数，l_s为单根钢筋搭接长度（图2-39）。

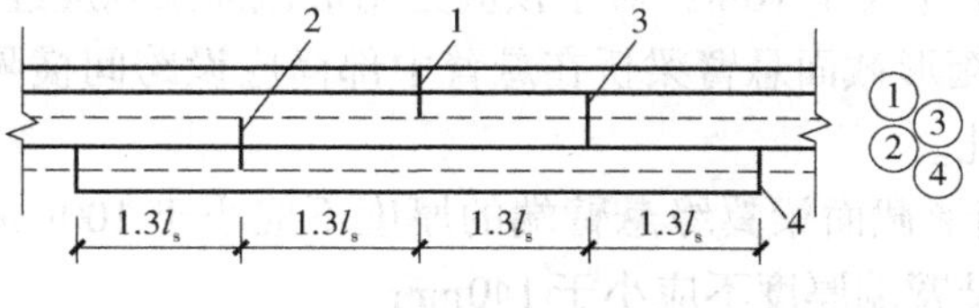

图2-39 束筋的搭接

1—组成束筋的单根钢筋 2—组成束筋的单根钢筋

3—组成束筋的单根钢筋 4—通长钢筋

④钢筋机械连接接头适用于HRB400、HRB500、HRBF400和RRB400带肋钢筋的连接。机械连接接头应符合《钢筋机械连接技术规程》（JGJ 107—2016）的有关规定。

2. 板的构造要求

1）装配式钢筋混凝土板桥的跨径不大于10m。整体现浇钢筋混凝土板桥，简支时跨径不大于10m，连续时跨径不大于16m。

装配式预应力混凝土空心板桥的跨径不大于20m。整体现浇预应力混凝土板桥，简支时跨径不大于20m，连续时跨径不大于25m。

2）空心板桥的顶板和底板厚度均不应小于80mm，空心板的空洞端部应予以填封。人行道板的厚度，就地浇筑的混凝土板不应小于80mm；预制混凝土板不应小于60mm。

3）行车道板内主筋直径不应小于10mm。在简支板跨中和连续板支点处，板内主筋间距不应大于200mm，其最小净距和层距：当钢筋为三层及以下时，不应小于30mm，并不小于钢筋直径；当钢筋为三层以上时，不应小于40mm，并不小于钢筋直径的1.25倍。

行车道板内主筋可在沿板高中心轴线的1/4～1/6计算跨径处按30°～45°弯起，通过支点的不弯起的主钢筋，每米板宽内不应少于3根，并不应少于主钢筋截面面积的1/4。

行车道板内应设置垂直于主钢筋的分布钢筋，分布钢筋设在主钢筋的内侧，其直径不应小于8mm，间距不应大于200mm，截面面积不宜小于板的截面面积的0.1%。在主钢筋的弯折处，应布置分布钢筋。

4）人行道板的厚度，就地浇筑的混凝土板不应小于80mm，预制混凝土板不应小于60mm。人行道板内的主钢筋直径不应小于8mm。人行道板内分布钢筋直径不应小于6mm，其间距不应大于200mm。

5）布置四周支承双向板钢筋时，可将板沿纵向及横向各划分为3部分。靠边部分的宽度均为板的短边宽度的1/4。中间部分的钢筋应按计算数量设置，靠边部分的钢筋按中间部分的半数设置，钢筋间距不应大于250mm，且不应大于板厚的2倍。

6）装配式板当采用铰接时，铰的上口宽度应满足施工时使用插入式振捣器的需要，铰槽的深度宜为预制板高的2/3。预制板内应预埋钢筋伸入铰内。铰接板顶面应铺设现浇混凝土层，其厚度不宜小于80mm。

3. 梁的构造要求

1）装配式钢筋混凝土T形梁的跨径不大于16m。整体现浇箱形截面钢筋混凝土梁桥，简支时跨径不大于20m，连续时跨径不大于25m。

装配式预应力混凝土T形梁桥的跨径不大于50m，整体预应力混凝土组合箱梁桥的跨径不大于40m。跨径大于100m桥梁的混凝土主梁宜按全预应力混凝土构件设计。

2）装配式T形梁桥，应设跨端和跨间横隔梁。当梁间横向采用刚性连接时，横隔梁间距不应大于10m。

在箱形截面梁桥中，应设置箱内端横隔板。内半径小于240m的弯箱梁应设跨间横隔板，其间距对于钢筋混凝土箱形截面梁不应大于10m；对于预应力箱形截面梁则应经结构分析确定。

悬臂跨径50m及以上的箱形截面悬臂梁桥在悬臂中部尚应设跨间横隔板。条件许可时，箱形截面梁桥的横隔板应设检查用人孔。

3）预制T形截面梁或箱形截面梁翼缘悬臂端的厚度不应小于100mm；当预制T形截面梁之间采用横向整体现浇连接时，其悬臂端厚度不应小于140mm。

T形和I形截面梁，在与腹板相连处的翼缘厚度，不应小于梁高的1/10。当该处设有承托时，翼缘厚度可计入承托加厚部分厚度；当承托底坡$\tan\alpha$大于1/3时，取1/3。

T形、I形截面梁或箱形截面梁的腹板宽度不应小于160mm；其上下承托之间的腹板高度，当腹板内设有竖向预应力筋时，不应大于腹板宽度的20倍，当腹板内不设竖向预应力筋时，不应大于腹板宽度的15倍。当腹板宽度有变化时，其过渡段长度不宜小于12倍腹板宽度差。

4）钢筋混凝土T形截面梁或箱形截面梁的受力主钢筋，宜设于翼缘有效宽度内；超出上述分布范围的宽度，可设置不小于超出部分截面面积的0.4%的构造钢筋。

5）T形、I形截面梁或箱形截面梁的腹板两侧，应设置直径为6～8mm的纵向钢筋，每腹板内钢筋截面面积宜为（0.001～0.002）bh（b为腹板宽度，h为梁的高度），其间距在受拉区不应大于腹板宽度，且不应大于200mm，在受压区不应大于300mm。在支点附近剪力较大区段，腹板两侧纵向受力钢筋截面面积应予以增加，纵向钢筋间距宜取100～150mm。

6）钢筋混凝土梁内纵向受拉钢筋不宜在受拉区截断；如需截断时，应从按正截面抗弯承载力计算充分利用该钢筋强度的截面至少延伸（l_a+h_0）长度（图2-40），此处 l_a 为受拉钢筋最小锚固长度，h_0 为梁截面有效高度；同时应考虑从正截面抗弯承载力计算不需要该钢筋的截面至少延伸 $20d$（环氧树脂涂层钢筋 $25d$），此处 d 为钢筋公称直径。纵向受压钢筋如在跨间截断时，应延伸至按计算不需要该钢筋的截面以外至少 $15d$（环氧树脂涂层钢筋 $20d$）。

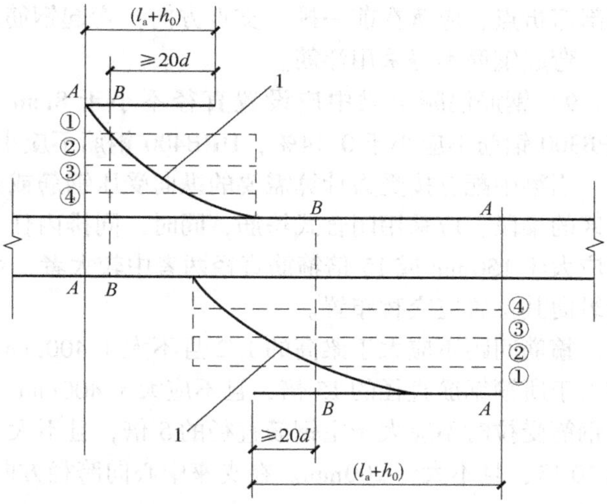

图2-40 纵向受拉钢筋截断时的延伸长度

1—弯矩图

注：1. A—A：①、②、③、④钢筋强度充分利用点。

2. B—B：按计算不需要钢筋①的截面。

3. ①、②、③、④为钢筋批号。

7）钢筋混凝土梁端支点处，应至少有两根且不少于总数1/5的下层受拉主钢筋通过。两外侧钢筋，应延伸出端支点以外，并弯成直角，顺梁高延伸至顶部，与顶层纵向架立钢筋相连。两侧之间的其他未弯起钢筋，伸出支点截面以外的长度不应小于10倍钢筋直径（环氧树脂涂层钢筋为1.25倍钢筋直径）；HPB300钢筋应带半圆钩。

8）钢筋混凝土梁当设置弯起钢筋时，其弯起角宜取45°，受拉区弯起钢筋的弯起点，应设在按正截面抗弯承载力计算充分利用该钢筋强度的截面以外不小于 $h_0/2$ 处，此处 h_0 为梁有效高度；弯起钢筋可在按正截面受弯承载力计算不需要该钢筋截面面积之前弯起，但弯起钢筋与梁中心线的交点应位于按计算不需要该钢筋的截面（图2-41）之外。弯起钢筋的末端应留有锚固长度：受拉区不应小于20倍钢筋直径，受压区不应小于10倍钢筋直径，环氧树脂涂层钢筋增加25%；HPB300钢筋尚应设置半圆弯钩。

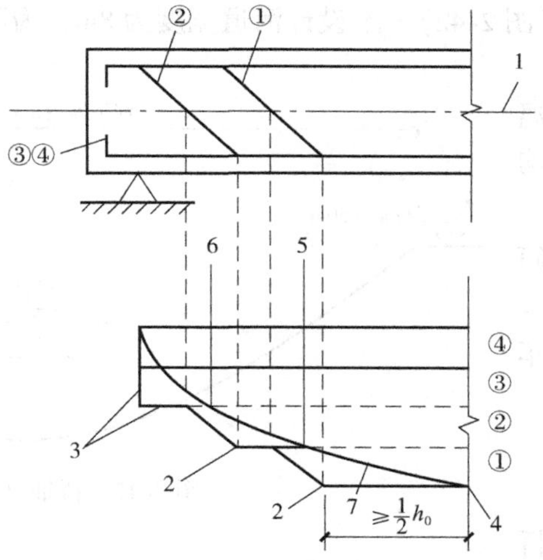

图2-41 弯起钢筋弯起点位置

1—梁中心线 2—受拉区钢筋弯起点 3—正截面抗弯承载力图形 4—钢筋①~④强度充分利用的截面 5—按计算不需要钢筋①的截面（钢筋②~④强度充分利用截面） 6—按计算不需要钢筋②的截面（钢筋③、④强度充分利用截面） 7—弯矩图

注：①②③④为钢筋批号。

靠近支点的第一排弯起钢筋顶部的弯折点，简支梁或连续梁边支点应位于支座中心截面处，悬臂梁或连续梁中间支点应位于横隔梁（板）靠跨径一侧的边缘处，以后各排（跨中方向）弯起钢筋的梁

顶部弯折点，应落在前一排（支点方向）弯起钢筋的梁底部弯折点处或弯折点以内。

弯起钢筋不得采用浮筋。

9）钢筋混凝土梁中应设置直径不小于 8mm 且不小于 1/4 主钢筋直径的箍筋，其配筋率 ρ_{sv}，HPB300 钢筋不应小于 0.14%，HRB400 钢筋不应小于 0.11%。

当梁中配有按受力计算需要的纵向受压钢筋或在连续梁或在连续梁、悬臂梁近中间支点位于负弯矩区的梁段，应采用闭合式箍筋，同时，同排内任一纵向受压钢筋，离箍筋折角处的纵向钢筋的间距不应大于 150mm 或 15 倍箍筋直径两者中较大者，否则，应设复合箍筋、系筋。相邻箍筋的弯钩接头，沿纵向其位置应交替布置。

箍筋间距不应大于梁高的 1/2 且不大于 400mm；当所箍钢筋为按受力需要的纵向受压钢筋时，不应大于所箍钢筋直径的 15 倍，且不应大于 400mm。在钢筋绑扎搭接接头范围内的箍筋间距，当绑扎搭接钢筋受拉时不应大于主钢筋直径的 5 倍，且不大于 100mm；当搭接钢筋受压时不应大于主钢筋直径的 10 倍，且不大于 200mm。在支座中心向跨径方向长度相当于不小于一倍梁高范围内，箍筋间距不宜大于 100mm。

近梁端第一根箍筋应设置在距端面一个混凝土保护层距离处。梁与梁或梁与柱的交接范围内，靠近交接面的箍筋，其与交接面的距离不宜大于 50mm。

2.2 设计实例

2.2.1 装配式钢筋混凝土空心板桥结构设计

以第 4.1 节桥梁工程课程设计任务书表 4-1 中题号 9 为例说明装配式钢筋混凝土空心板桥结构设计的方法。

1. 设计资料

（1）桥址（河床）剖面图（图 2-42） 本设计河道宽度为 8m，为不通航河流，河床标高为 3.20m，设计水位为 5.20m。

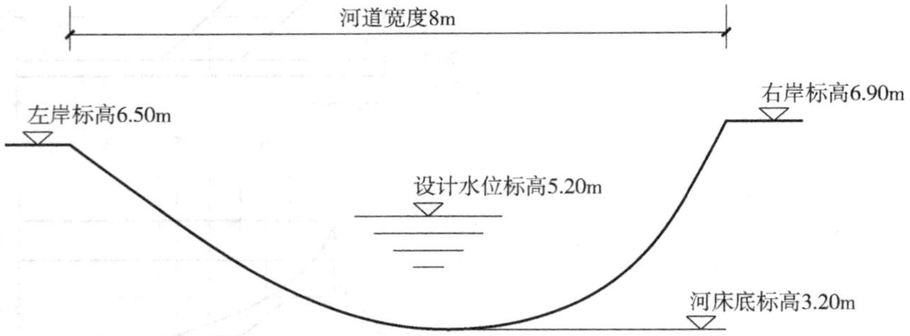

图 2-42 桥址（河床）剖面图

（2）气象资料 年最高气温 39℃，年最低气温 -6℃，年平均气温 20℃，基本气压 700Pa。

（3）跨径和桥面宽度 标准跨径：$L_k = 8.00$m，计算跨径：$L_0 = 7.60$m。桥面宽度：净 7.0m（行车道）+2×1.50m（人行道）。

（4）技术标准

1）车道荷载：公路Ⅰ级。

2）其他可变荷载按《公路桥涵设计通用规范》（JTG D60—2015）取用。

桥梁计算跨径 $L_0 \leqslant 50$m，人群荷载标准值取 3.0kN/m²。

计算人行道栏杆时，作用在栏杆立柱顶上的水平推力标准值取 0.75kN/m；作用于栏杆扶手上的竖向力标准值取 1.0kN/m。

3）桥面铺装构造：40mm 厚沥青混凝土面层、50mm 厚 C45 素混凝土层。

（5）施工条件 良好。

（6）主要材料 《公路钢筋混凝土与预应力混凝土桥涵设计规范》（JTG 3362—2018）规定，公路桥涵钢筋混凝土受力构件的混凝土强度等级不低于 C25；当采用强度标准值 400MPa 及以上钢筋时，不低于 C30。本设计选用 C40。

《公路钢筋混凝土与预应力混凝土桥涵设计规范》（JTG 3362—2018）规定，公路桥涵钢筋混凝土构件中的普通钢筋宜选用 HPB300、HRB400、HRB500、HRBF400 和 RRB400。本设计主钢筋（包括弯起钢筋）和架立筋采用 HRB400，其他钢筋用 HPB300 级。

2. 构造形式及截面尺寸拟定

（1）结构设计

1）本设计桥梁标准跨径 $L_k=8.0\text{m}<13.0\text{m}$，选用钢筋混凝土简支板，由 8 块宽度 1.24m 的空心板连接而成。

2）桥面板横坡为双向 2%，坡度由下部构造控制。

3）空心板参数：单块板高度为 0.5m、宽 1.24m，板间留有 8/7 = 1.14（cm）的缝隙用于灌注砂浆。

4）桥面铺装：双层沥青混凝土铺装，上层为 0.04m 厚的沥青混凝土，下层为 0.05m 厚的细石混凝土（C45）。

5）桥梁横断面构造及尺寸如图 2-43 所示。

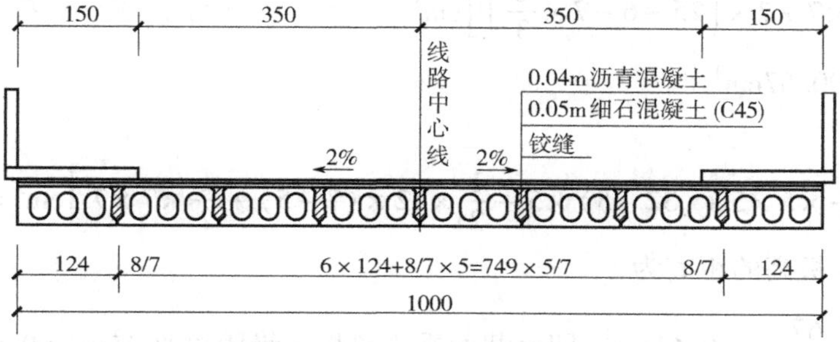

图 2-43 桥梁横断面构造及尺寸图式（单位：cm）

（2）设计参数

1）混凝土的材料特性：C40 混凝土的抗压强度标准值 $f_{ck}=26.8\text{N/mm}^2$，抗压强度设计值 $f_{cd}=18.4\text{N/mm}^2$；抗拉强度标准值 $f_{tk}=2.4\text{N/mm}^2$，抗拉强度设计值 $f_{td}=1.65\text{N/mm}^2$；混凝土弹性模量 $E_c=3.25\times10^4\text{N/mm}^2$。

2）沥青混凝土重度按 24kN/mm^3，钢筋混凝土重度按 26kN/mm^3，铰缝水泥混凝土重度按 24kN/mm^3 计。

3. 空心板截面几何特性计算

空心板截面构造和尺寸如图 2-44 所示。

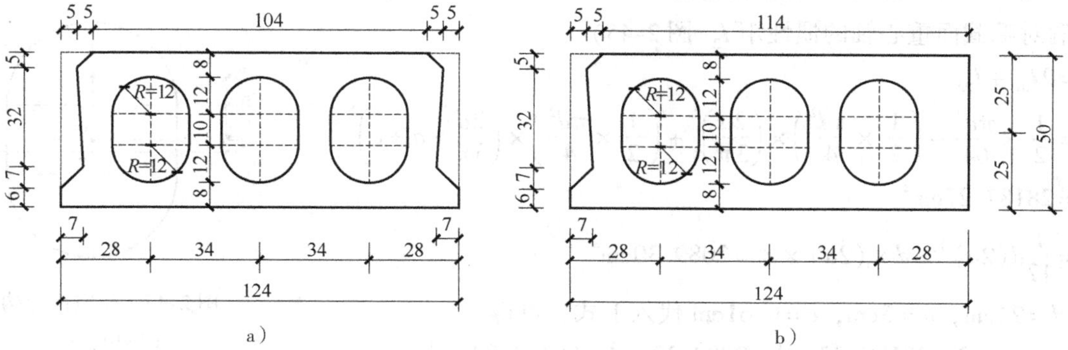

图 2-44 空心板截面构造和尺寸（单位：cm）

a）中板 b）边板

（1）毛截面面积

1）中板

$$A_{中板}=\left\{124\times50-3\times(\pi\times12^2+24\times10)-\left[\frac{1}{2}\times5\times5+(32+5)\times5+\frac{1}{2}\times32\times(7-5)+\frac{1}{2}\times7\times7\right]\times2\right\}\mathrm{cm}^2$$
$$=3614.83\mathrm{cm}^2$$

2）边板

$$A_{边板}=A_{中板}+\left[\frac{1}{2}\times5\times5+(32+5)\times5+\frac{1}{2}\times32\times(7-5)+\frac{1}{2}\times7\times7\right]\mathrm{cm}^2$$
$$=3614.83\mathrm{cm}^2+254.00\mathrm{cm}^2=3868.83\mathrm{cm}^2$$

（2）毛截面重心位置

全截面对 1/2 板高处（即离板上缘 25cm 处）的静矩为

$$S_{\frac{1}{2}板高}=2\times\left[\frac{1}{2}\times5\times5\times\left(25-\frac{5}{3}\right)+37\times5\times\left(25-\frac{37}{2}\right)-\frac{1}{2}\times32\times(7-5)\times\left(25-13-\frac{32}{3}\right)-\frac{1}{2}\times7\times7\times\left(25-6-7\times\frac{2}{3}\right)\right]\mathrm{cm}^3$$
$$=2200.67\mathrm{cm}^3$$

铰缝的面积

$$A_{铰}=2\times\left[\frac{1}{2}\times5\times5+(32+5)\times5+\frac{1}{2}\times32\times(7-5)+\frac{1}{2}\times7\times7\right]\mathrm{cm}^2=508.00\mathrm{cm}^2$$

毛截面重心离 1/2 板高的距离为

$$d=\frac{S_{\frac{1}{2}板高}}{A_{中板}}=\frac{2200.67}{3614.83}\mathrm{cm}=0.61\mathrm{cm}$$，即毛截面重心离板上缘距离为 25cm + 0.61cm = 25.61cm

铰缝重心对 1/2 板高处的距离为

$$d_{铰}=\frac{S_{\frac{1}{2}板高}}{A_{铰}}=\frac{2200.67}{508.00}\mathrm{cm}=4.33\mathrm{cm}$$

（3）毛截面惯性矩　铰缝对自身重心轴的惯性矩 I_1 为

$$I_1=2\times\left[\frac{1}{2}\times5\times5\times\left(25.0-4.33-\frac{5}{3}\right)^2+\frac{1}{12}\times5\times37^3+5\times37\times\left(25.0-4.33-\frac{37}{2}\right)^2+\frac{1}{2}\times7\times7\times\left(25.0+4.33-6-7\times\frac{2}{3}\right)^2+\frac{1}{2}\times(7-5)\times32\times\left(25.0+4.33-6-7-32\times\frac{1}{3}\right)^2\right]\mathrm{cm}^4$$
$$=2\times35451.05\mathrm{cm}^4=70902.09\mathrm{cm}^4$$

空洞对毛截面重心轴的惯性矩 I_2（图 2-45）

$$I_2=2I_{01}+I_{02}$$

$$I_{01}=\frac{1}{2}\times\frac{\pi d^4}{64}-\left(\frac{1}{2}\times\frac{\pi d^2}{4}\right)\times\left(\frac{2d}{3\pi}\right)^2+\left(\frac{1}{2}\times\frac{\pi d^2}{4}\right)\times\left(\frac{2d}{3\pi}+a+c\right)^2$$
$$=28187.27\mathrm{cm}^4$$

$$I_{02}=\frac{1}{12}d(2a)^3+d\times(2a)\times c^2=2089.30\mathrm{cm}^4$$

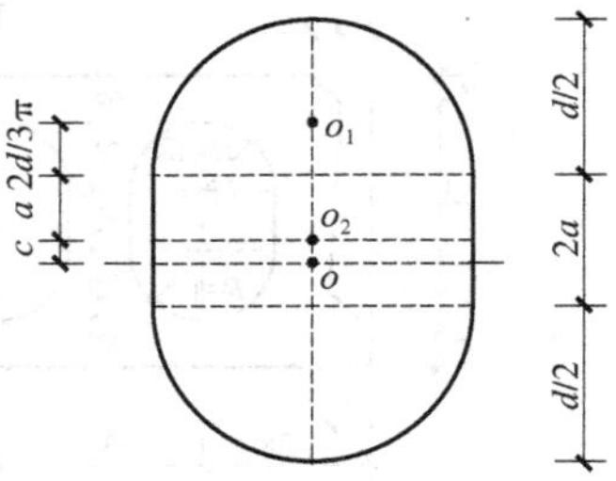

图 2-45　挖空部分构造
（单位：cm）

将 $d=24\mathrm{cm}$，$a=5\mathrm{cm}$，$c=0.61\mathrm{cm}$ 代入上式，可得

$$I_2=2\times28187.27\mathrm{cm}^4+2089.30\mathrm{cm}^4=58463.84\mathrm{cm}^4$$

空心板毛截面对其重心轴的惯性矩 I

$$I=\left[\frac{1}{12}\times124\times50^3+124\times50\times0.61^2-3\times58463.84-70902.09-508.0\times(4.33+0.61)^2\right]\text{cm}^4$$
$$=1035.28\times10^3\text{cm}^4$$

空心板截面的抗扭刚度可简化为如图2-46所示的箱形截面近似计算，抗扭刚度 I_t 为

$$I_t=\frac{4b^2h^2}{\frac{2h}{t_1}+\frac{2b}{t_2}}=\frac{4\times108^2\times42^2}{\frac{2\times42}{8}+\frac{2\times108}{16}}\text{cm}^4=3429.22\times10^3\text{cm}^4$$

4. 空心板内力计算

（1）永久作用效应计算

1）空心板自重（一期结构自重）G_1。

中板：$G_1=A_{中板}\gamma=3614.83\times10^{-4}\times26\text{kN/m}=9.399\text{kN/m}$

边板：$G_1'=A_{边板}\gamma=3868.83\times10^{-4}\times26\text{kN/m}=10.059\text{kN/m}$

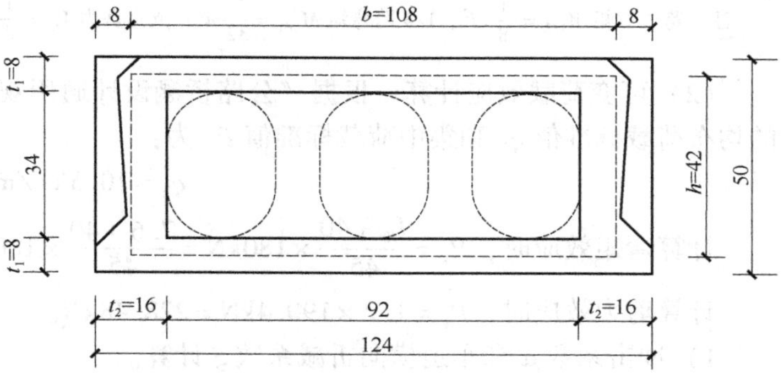

图2-46　抗扭惯性矩简化计算图（单位：cm）

2）桥面系自重（二期结构自重）G_2。

①本设计人行道和栏杆自重线密度按照单侧8kN/m计算。

②桥面铺装：双层沥青混凝土铺装，上层0.04m厚的沥青混凝土，下层0.05m细石混凝土（C45），则全桥宽铺装层每延米重力为

$$(0.04\times24+0.05\times26)\times10.0\text{kN/m}=22.6\text{kN/m}$$

为了计算方便，桥面系的重力可平均分配给各空心板上，则每块空心板分配到的每延米桥面系重力为

$$G_2=\frac{8\times2+22.6}{8}\text{kN/m}=4.825\text{kN/m}$$

3）铰接缝自重计算（二期结构自重）G_3。

中板：$G_3=(508.0+1.14\times50)\times10^{-4}\times24\text{kN/m}=1.356\text{kN/m}$

边板：$G_3'=\left(\frac{1}{2}\times508.0+\frac{1}{2}\times1.14\times50\right)\times10^{-4}\times24\text{kN/m}=0.678\text{kN/m}$

由上述计算得到空心板每延米总重力为：

中板：$G_{\text{I}}=G_1=9.399\text{kN/m}$（一期结构自重）

$G_{\text{II}}=G_2+G_3=(4.825+1.356)\text{kN/m}=6.181\text{kN/m}$（二期结构自重）

$G=G_{\text{I}}+G_{\text{II}}=(9.399+6.181)\text{kN/m}=15.580\text{kN/m}$

边板：$G_{\text{I}}'=G_1'=10.059\text{kN/m}$（一期结构自重）

$G_{\text{II}}'=G_2+G_3'=(4.825+0.678)\text{kN/m}=5.503\text{kN/m}$（二期结构自重）

$G'=G_{\text{I}}'+G_{\text{II}}'=(10.059+5.503)\text{kN/m}=15.562\text{kN/m}$

由此可计算出简支空心板永久作用效应，计算结果见表2-30。

表2-30　简支空心板永久作用效应计算表

作用种类	作用/（kN/m）	计算跨径/m	作用效应—弯矩 M/(kN·m)		作用效应—剪力 V/kN		
			跨中	1/4跨	支点	1/4跨	跨中
G_{I}	9.399	7.60	67.86	50.90	35.72	17.86	0
G_{II}	6.181	7.60	44.63	33.47	23.49	11.74	0

（续）

作用种类	作用/（kN/m）	计算跨径/m	作用效应—弯矩 M/(kN·m)		作用效应—剪力 V/kN		
			跨中	1/4 跨	支点	1/4 跨	跨中
G	15.580	7.60	112.49	84.37	59.20	29.60	0
G'_{I}	10.059	7.60	72.63	54.47	38.22	19.11	0
G'_{II}	5.503	7.60	39.73	29.80	20.91	10.46	0
G'	15.562	7.60	112.36	84.27	59.14	29.57	0

注：跨中弯矩 $M_{1/2}=\frac{1}{8}ql^2$，1/4 跨弯矩 $M_{1/4}=\frac{3}{32}ql^2$；支点剪力 $V_0=\frac{1}{2}ql$，1/4 跨剪力 $V_{1/4}=\frac{1}{4}ql$，跨中剪力 $V_{1/2}=0$。

（2）可变荷载效应计算　根据《公路桥涵设计通用规范》（JTG D60—2015），公路Ⅰ级车道荷载的均布荷载标准值 q_k 和集中荷载标准值 P_k 为：

$$q_k=10.5\text{kN/m}$$

计算弯矩效应时，$P_k=\frac{L_0+40}{45}\times180\text{kN}=\frac{7.6+40}{45}\times180\text{kN}=190.4\text{kN}$。

计算剪力效应时，$P_k=1.2\times190.4\text{kN}=228.48\text{kN}$。

1）冲击系数 μ 和车道横向折减系数 ξ 计算。

①冲击系数 μ。结构的冲击系数 μ 与结构的基频 f 有关，故应先计算结构的基频 f。简支梁桥的基频可以采用下式进行估算。

$$f=\frac{\pi}{2l^2}\sqrt{\frac{EI_c}{G/g}}$$

$$=\frac{\pi}{2\times7.6^2}\sqrt{\frac{3.25\times10^{10}\times1035.28\times10^3\times10^{-8}}{15.58\times10^3/9.81}}\text{Hz}=12.52\text{Hz}$$

由于 $1.5\text{Hz}\leqslant f\leqslant14\text{Hz}$，因此汽车荷载的冲击系数可按下式计算

$$\mu=0.1767\ln f-0.0157=0.1767\times\ln12.52-0.0157=0.430$$

②车道横向折减系数 ξ。本设计桥面净跨为 10.0m，单侧人行道宽 1.5m，车辆行驶宽度 $W=7.0$m，最多只能按两车道布载即车辆双向行驶。

当桥涵设计车道数等于或大于 2 时，应按表 2-10 规定的多车道折减系数进行折减，但折减后的效应不得小于两设计车道的荷载效应。由表 2-10 可得，横向折减系数 $\xi=1.0$。

2）汽车荷载横向分布系数计算。空心板跨中和 $l/4$ 截面处的荷载横向分布系数按铰接板法计算，支点处荷载横向分布系数按杠杆原理计算，支点至 $l/4$ 点之间截面的荷载横向分布系数根据图 2-23 按内插法求得。

①跨中和 $l/4$ 截面处的荷载横向分布系数。空心板的刚度系数 γ 可根据式（2-34）计算

$$\gamma=5.8\frac{I}{I_T}\left(\frac{b}{l}\right)^2$$

由前述，空心板毛截面的惯性矩 $I=1027.77\times10^3\text{cm}^4$，空心板截面的抗扭刚度 $I_T=3429.22\times10^3\text{cm}^4$，$b=124$cm，$l=7.6\text{m}=760$cm，代入上式可得

$$\gamma=5.8\times\frac{1022.77\times10^3}{3429.22\times10^3}\times\left(\frac{124}{760}\right)^2=0.046$$

在求得刚度参数 γ 后，即可依板块个数及所计算的板号按 γ 值查附录，得到 8 块板的铰接板桥荷载横向分布影响线表，由 $\gamma=0.04\sim0.05$ 内插得到 $\gamma=0.046$ 时，1 号至 4 号板在车道荷载作用下荷载横向分布影响线值，内插计算结果见表 2-31。

表 2-31　横向分布影响线坐标值

板号	荷载位置 / γ	1	2	3	4	5	6	7	8	$\Sigma\eta_{ki}$
1	0.040	0.3110	0.2340	0.1550	0.1040	0.0720	0.0510	0.0390	0.0330	≈1.000
	0.050	0.3370	0.2450	0.1550	0.0990	0.0640	0.0430	0.0310	0.0260	
	0.046	0.3266	0.2406	0.1550	0.1010	0.0672	0.0462	0.0342	0.0288	
2	0.040	0.2340	0.2330	0.1830	0.1220	0.0840	0.0600	0.0460	0.0390	≈1.000
	0.050	0.2450	0.2460	0.1900	0.1200	0.0780	0.0520	0.0380	0.0310	
	0.046	0.2406	0.2408	0.1872	0.1208	0.0804	0.0552	0.0412	0.0342	
3	0.040	0.1550	0.1830	0.2000	0.1630	0.1100	0.0780	0.0600	0.0510	≈1.000
	0.050	0.1550	0.1900	0.2120	0.1690	0.1080	0.0720	0.0520	0.0430	
	0.046	0.1550	0.1872	0.2072	0.1666	0.1088	0.0744	0.0552	0.0462	
4	0.040	0.1040	0.1220	0.1630	0.1880	0.1570	0.1100	0.0840	0.0720	≈1.000
	0.050	0.0990	0.1200	0.1690	0.2000	0.1630	0.1080	0.0780	0.0640	
	0.046	0.1010	0.1208	0.1666	0.1952	0.1606	0.1088	0.0804	0.0672	

由表 2-31 的数据绘出各板的横向分布影响线，并按横向最大不利位置布载，求得两车道情况的各板横向分布系数。各板的横向分布影响线及横向最不利布载如图 2-47 所示。由于桥梁断面结构对称，故只需计算 1 号至 4 号板的横向分布影响线坐标值。

按下列方式布载，可进行各板荷载横向分布系数计算。

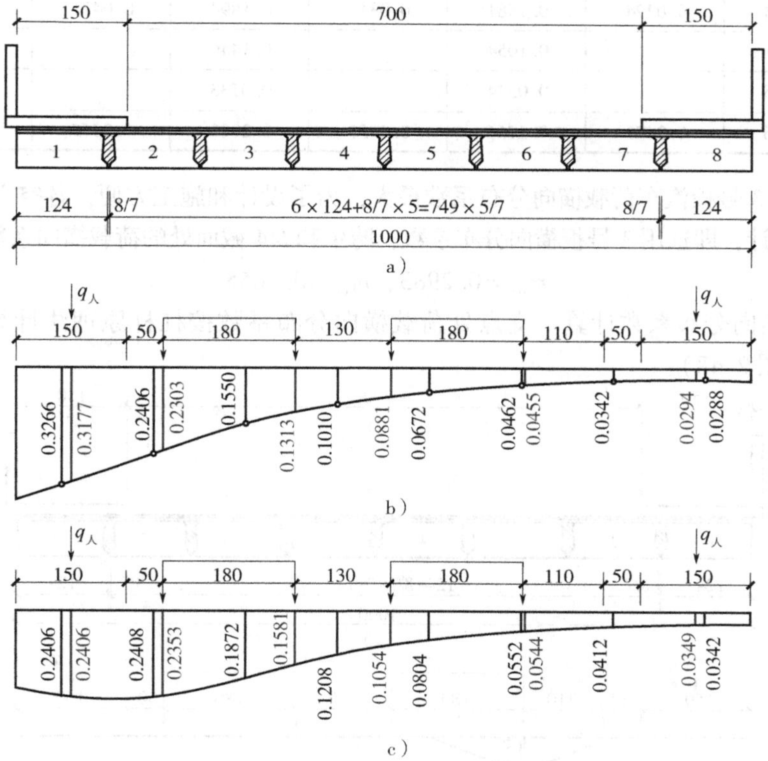

图 2-47　荷载横向分布影响线及横向最不利布置图（单位：cm）

a）桥梁剖面　b）1 号板　c）2 号板

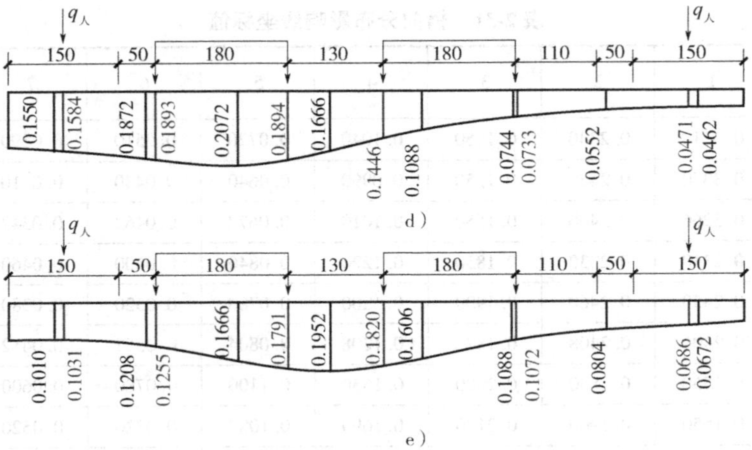

图 2-47 荷载横向分布影响线及横向最不利布置图（单位：cm）（续）

d）3 号板 e）4 号板

计算公式如下：$m_{oq}=\frac{1}{2}\sum_i \eta_{q_i}$，$m_{or}=\sum \eta_r$，计算结果见表 2-32。

表 2-32 各板荷载横向分布系数计算表

板号	1 号板		2 号板		3 号板		4 号板	
荷载种类	两车道	人群荷载	两车道	人群荷载	两车道	人群荷载	两车道	人群荷载
荷载横向分布系数	0. 2303	0. 3177	0. 2353	0. 2406	0. 1893	0. 1584	0. 1255	0. 1031
	0. 1313	0. 0294	0. 1581	0. 0349	0. 1894	0. 0471	0. 1791	0. 0686
	0. 0881		0. 1054		0. 1446		0. 1820	
	0. 0455		0. 0544		0. 0733		0. 1072	
m_{oq}或 m_{or}	0. 2476	0. 3471	0. 2766	0. 2755	0. 2983	0. 2055	0. 2969	0. 1717

由表 2-32 可见，3 号板汽车荷载横向分布系数最大，为了设计和施工方便，各空心板设计成统一规格，按最不利组合进行设计，即选用 3 号板横向分布系数，跨中和 $l/4$ 截面处的荷载横向系数取下列数值：

$$m_{oq}=0.2983,\quad m_{or}=0.2055$$

②支点处荷载横向分布系数计算。支点处荷载横向分布系数按杠杆原理法计算，3 号板的横向分布系数计算如下（图 2-48）：

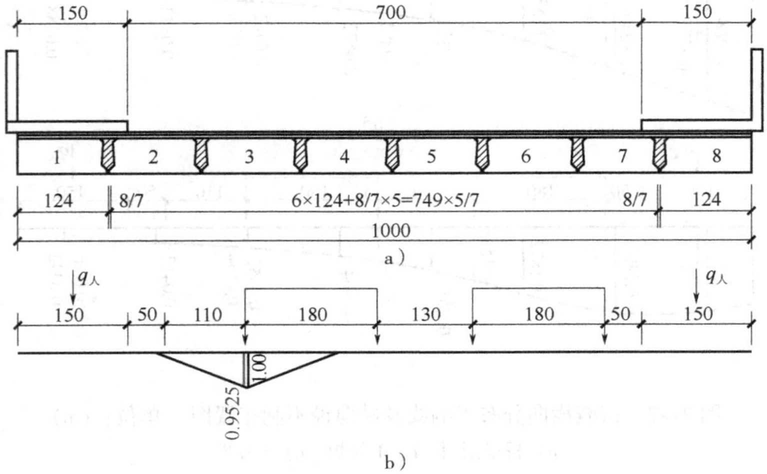

图 2-48 支点处的荷载横向分布系数及横向最不利布置图（单位：cm）

a）桥梁剖面 b）3 号板

两车道汽车荷载：　$m_{oq}=\frac{1}{2}\sum_i \eta_{q_i}=\frac{1}{2}\times 0.9525=0.476$

人群荷载：　$m_{or}=0$

③支点到 $l/4$ 截面处的荷载横向系数按直线内插法求得。空心板荷载横向分布系数汇总于表2-33。

表2-33　空心板荷载横向分布系数

作用种类	跨中、$l/4$处	支点	跨中至 $l/4$ 处
汽车荷载	0.2983	0.476	直线内插
人群荷载	0.2055	0	直线内插

3）可变作用效应计算。

①车道荷载效应。计算车道荷载引起的空心板跨中及 $l/4$ 处截面的效应（弯矩和剪力）时，均布荷载标准值应满布于使空心板产生最不利效应的同号影响线上，集中荷载标准值只作用于影响线中的一个最大影响线峰值处，为此需绘出跨中弯矩、跨中剪力、$l/4$ 处截面弯矩和 $l/4$ 处截面剪力的影响线，如图2-49和图2-50所示。

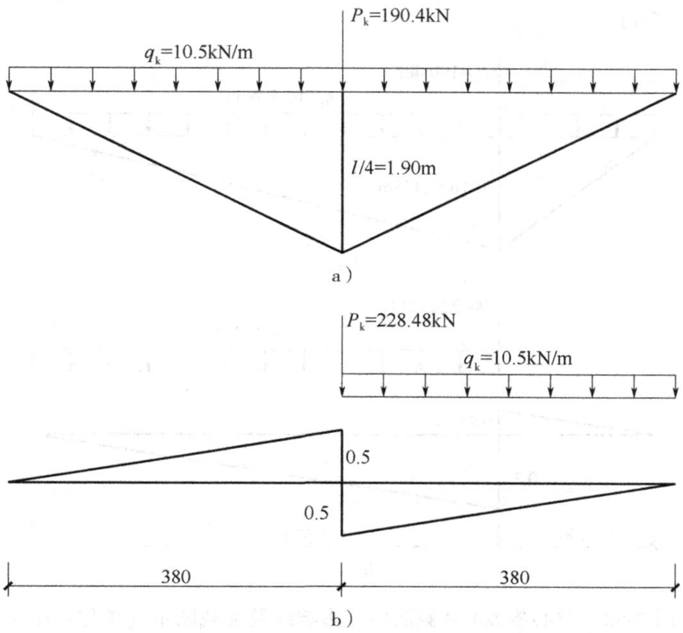

图2-49　空心板跨中截面内力影响线及加载图示（单位：cm）

a. 跨中截面。

a）弯矩。

当不计冲击荷载时

$$M_{汽}=\xi m(q_k\Omega_M+P_k y_k)$$

当计冲击荷载时

$$M_{汽}=(1+\mu)\xi m(q_k\Omega_M+P_k y_k)$$

其中，$y_k=l/4=7.6/4\text{m}=1.9\text{m}$，$\Omega_M=\frac{1}{2}\times l\times\frac{l}{4}=\frac{1}{8}l^2=\frac{1}{8}\times 7.6^2\text{m}^2=7.22\text{m}^2$。

汽车荷载：

不计冲击荷载

$$M_{汽}=1\times 0.2983\times(10.5\times 7.22+190.4\times 1.9)\text{kN}\cdot\text{m}=130.53\text{kN}\cdot\text{m}$$

计冲击荷载

$$M_{汽}=(1+0.430)\times 1\times 0.2983\times(10.5\times 7.22+190.4\times 1.9)\text{kN·m}=186.66\text{kN·m}$$

b）剪力。

当不计冲击荷载时

$$V_{汽}=\xi m(q_k\Omega_V+P_k y_k)$$

当计冲击荷载时

$$V_{汽}=(1+\mu)\xi m(q_k\Omega_V+P_k y_k)$$

其中，$y_k=0.5\text{m}$，$\Omega_V=\frac{1}{2}\times\frac{l}{2}\times 0.5=\frac{1}{8}l=\frac{1}{8}\times 7.6\text{m}=0.95\text{m}$。

汽车荷载：

不计冲击荷载

$$V_{汽}=1\times 0.2983\times(10.5\times 0.95+228.48\times 0.5)\text{kN}=37.05\text{kN}$$

计冲击荷载

$$V_{汽}=(1+0.430)\times 1\times 0.2983\times(10.5\times 0.95+228.48\times 0.5)\text{kN}=52.99\text{kN}$$

b. $l/4$ 处截面（图 2-50）。

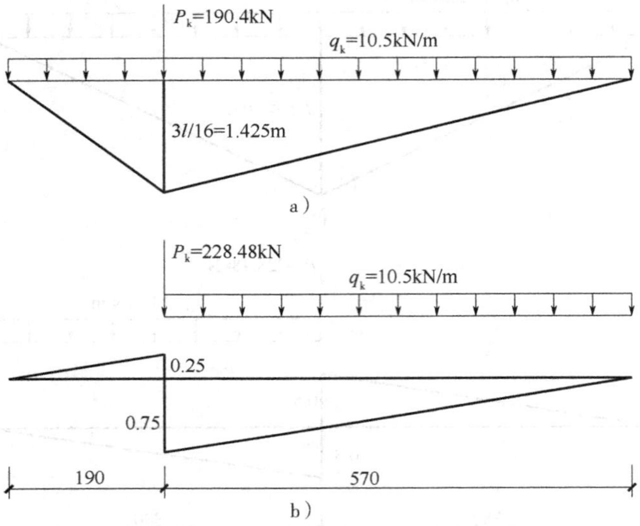

图 2-50 空心板 $l/4$ 处截面内力影响线及加载图示（单位：cm）

a）弯矩。

当不计冲击荷载时

$$M_{汽}=\xi m(q_k\Omega_M+P_k y_k)$$

当计冲击荷载时

$$M_{汽}=(1+\mu)\xi m(q_k\Omega_M+P_k y_k)$$

其中，$y_k=3l/16=3\times 7.6/16\text{m}=1.425\text{m}$；$\Omega_M=\frac{1}{2}\times l\times\frac{3l}{16}=\frac{3}{32}l^2=\frac{3}{32}\times 7.6^2\text{m}^2=5.415\text{m}^2$。

汽车荷载：

不计冲击荷载

$$M_{汽}=1\times 0.2983\times(10.5\times 5.415+190.4\times 1.425)\text{kN·m}=97.90\text{kN·m}$$

计冲击荷载

$$M_{汽}=(1+0.430)\times 1\times 0.2983\times(10.5\times 5.415+190.4\times 1.425)\text{kN·m}=140.00\text{kN·m}$$

b）剪力。

当不计冲击荷载时

$$V_{汽}=\xi m(q_k\Omega_V+P_k y_k)$$

当计冲击荷载时

$$V_{汽}=(1+\mu)\xi m(q_k\Omega_V+P_k y_k)$$

其中，$y_k=0.75\text{m}$，$\Omega_V=\frac{1}{2}\times\frac{3l}{4}\times0.75=\frac{9}{32}l=\frac{9}{32}\times7.6\text{m}=2.1375\text{m}$。

汽车荷载：

不计冲击荷载

$$V_{汽}=1\times0.2983\times(10.5\times2.1375+228.48\times0.75)\text{kN}=57.81\text{kN}$$

计冲击荷载

$$V_{汽}=(1+0.430)\times1\times0.2983\times(10.5\times2.1375+228.48\times0.75)\text{kN}=82.67\text{kN}$$

c. 支点截面剪力。计算支点截面车道荷载产生的效应时，考虑横向分布系数沿空心板跨长的变化，同样，均布荷载标准值应满布于使结构产生最不利效应的同号影响线上，集中荷载标准值只能作用于相应影响线中一个最大影响线的峰值处，如图2-51所示。

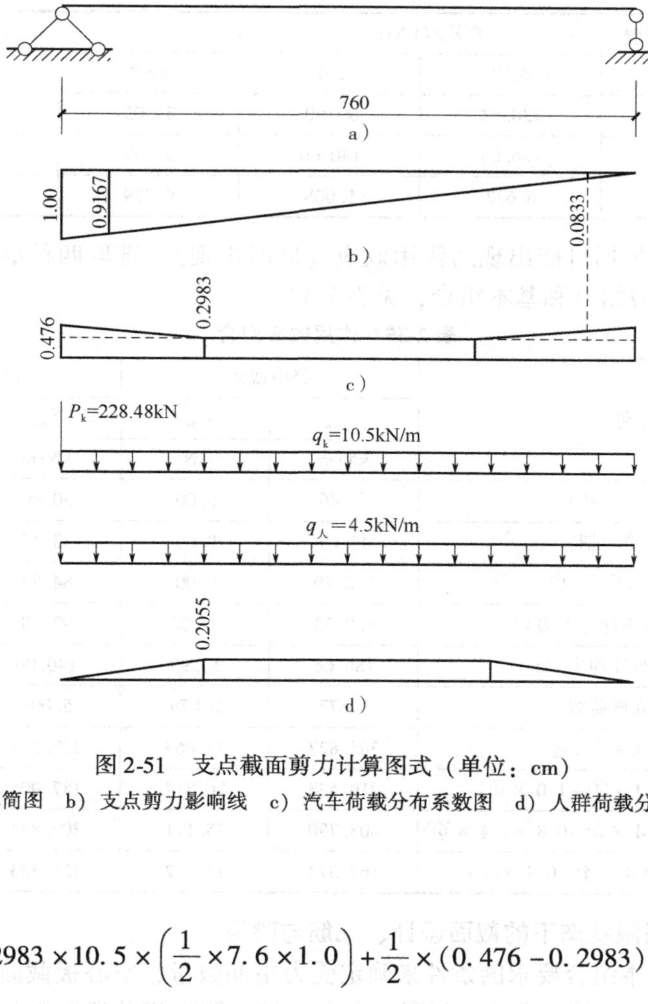

图2-51 支点截面剪力计算图式（单位：cm）

a）计算简图 b）支点剪力影响线 c）汽车荷载分布系数图 d）人群荷载分布系数图

两行车道荷载：

不计冲击荷载

$$V_{汽}=1\times\left[0.2983\times10.5\times\left(\frac{1}{2}\times7.6\times1.0\right)+\frac{1}{2}\times(0.476-0.2983)\times\frac{7.6}{4}\times10.5\times(0.9167+0.0833)+228.48\times0.476\times1.0\right]\text{kN}$$

$$=122.43\text{kN}$$

计冲击荷载

$$V_{汽}=(1+\mu)\times 122.43=(1+0.430)\times 122.43\text{kN}=175.08\text{kN}$$

②人群荷载效应。根据《公路桥涵设计通用规范》（JTG D60—2015），桥梁计算跨径 $L_0 \leqslant 50\text{m}$，取人群荷载标准值 3.0kN/m^2。本设计实例单侧人行道净宽为1.5m，因此，$q_{人}=1.5\times 3\text{kN/m}=4.5\text{kN/m}$。

人群荷载产生的效应计算如下（图2-49～图2-51）：

a. 跨中截面。

弯矩：$M_{人}=m_{人}\cdot q_{人}\ \Omega_M=0.2055\times 4.5\times 7.22\text{kN}\cdot\text{m}=6.677\text{kN}\cdot\text{m}$

剪力：$V_{人}=m_{人}\cdot q_{人}\ \Omega_V=0.2055\times 4.5\times 0.95\text{kN}=0.879\text{kN}$

b. $l/4$ 处截面。

弯矩：$M_{人}=m_{人}\cdot q_{人}\ \Omega_M=0.2055\times 4.5\times 5.415\text{kN}\cdot\text{m}=5.008\text{kN}\cdot\text{m}$

剪力：$V_{人}=m_{人}\cdot q_{人}\ \Omega_V=0.2055\times 4.5\times 2.1375\text{kN}=1.977\text{kN}$

c. 支点截面剪力。

$$V_{人}=1\times\left[0.2983\times 4.5\times\left(\frac{1}{2}\times 7.6\right)-\frac{1}{2}\times(0.2983-0)\times\frac{7.6}{4}\times 4.5\times(0.9167+0.0833)\right]\text{kN}=3.826\text{kN}$$

综上所述，简支空心板可变作用效应汇总见表2-34。

表2-34 简支空心板可变作用效应

作用种类 \ 截面位置		弯矩/(kN·m) 跨中	弯矩/(kN·m) $l/4$	剪力/kN 跨中	剪力/kN $l/4$	剪力/kN 支点
车道荷载	不计冲击	130.53	97.90	37.05	57.81	122.43
	计入冲击	186.66	140.00	52.99	82.67	175.08
人群荷载		6.677	5.008	0.879	1.977	3.826

（3）作用效应组合 根据可能出现的作用效应（同时出现），选取四种最不利效应组合：频遇组合、准永久组合、标准效应组合和基本组合，见表2-35。

表2-35 作用效应组合

序号	荷载类别	跨中截面 M_{max} kN·m	跨中截面 V_{max} kN	$l/4$处截面 M_{max} kN·m	$l/4$处截面 V_{max} kN	支点截面 V_{max} kN
①	永久作用（第一期）	67.86	0.00	50.90	17.86	35.72
②	永久作用（第二期）	44.63	0.00	33.47	11.74	23.49
③	总永久作用（=①+②）	112.49	0.00	84.37	29.60	59.20
④	可变作用（汽车不计冲击力）	130.53	37.05	97.90	57.81	122.43
⑤	可变作用（汽车计冲击力）	186.66	52.99	140.00	82.67	175.08
⑥	可变作用（人群荷载）	6.677	0.879	5.008	1.977	3.826
⑦	标准组合（=③+⑤+⑥）	305.827	53.869	229.378	114.247	238.106
⑧	频遇组合（=③+0.7×④+1.0×⑥）	210.538	26.814	157.908	72.044	148.727
⑨	基本组合（=1.2×③+1.4×⑤+0.8×1.4×⑥）	403.790	75.171	302.853	153.472	320.437
⑩	准永久组合（=③+0.4×④+0.4×⑥）	167.373	15.172	125.533	53.515	109.702

5. 持久状况承载力极限状态下的截面设计、配筋与验算

（1）配置主筋 由基本组合要求的条件来确定受力主筋数量，空心板截面可换算成等效工字形截面来考虑。换算原则是面积相等、惯性矩相同。令空心板中圆面积及惯性矩与工字形截面中开口部分面积和惯性矩相同。

根据 $$2b_k h_k=3\times\left[\frac{\pi d^2}{4}+d\times(2a)\right]$$

$$\frac{1}{12}(2b_k)h_k^3=3\times\left\{2\left[\frac{1}{2}\times\frac{\pi d^4}{64}-\frac{1}{2}\times\frac{\pi d^2}{4}\times\left(\frac{2d}{3\pi}\right)^2+\frac{1}{2}\times\frac{\pi d^2}{4}\times\left(\frac{2d}{3\pi}+a\right)^2\right]+\frac{1}{12}d(2a)^3\right\}$$

将 $d=24\text{cm}$、$a=5\text{cm}$ 代入上式，可得 $h_k=30.20\text{cm}$，$b_k=34.39\text{cm}$。

则等效工字形截面的上翼缘板厚度 h'_f 为

$$h'_f=\frac{1}{2}\times(h-h_k)=\frac{1}{2}\times(50-30.20)\text{cm}=9.90\text{cm}$$

等效工字形截面的下翼缘板厚度 h_f 为

$$h_f=\frac{1}{2}\times(h-h_k)=\frac{1}{2}\times(50-30.20)\text{cm}=9.90\text{cm}$$

等效工字形截面的腹板厚度 b 为

$$b=b_f-2b_k=124\text{cm}-2\times34.39\text{cm}=55.22\text{cm}$$

空心板等效工字形截面如图2-52所示。

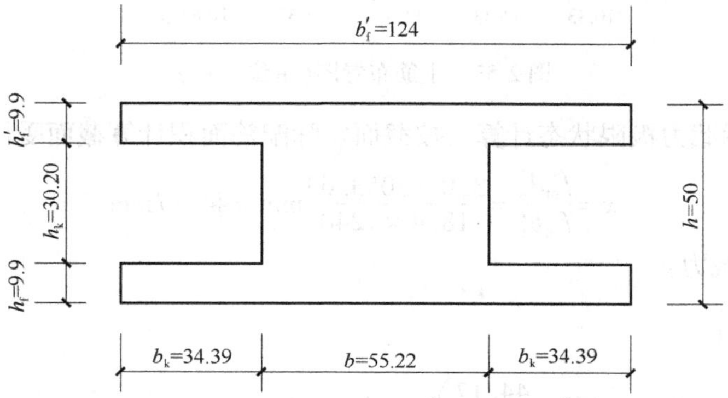

图2-52 空心板等效工字形截面（单位：cm）

判别T形截面类型

$$f_{cd}b'_fh'_f\left(h_0-\frac{h'_f}{2}\right)=18.4\times1240\times99.0\times\left(460-\frac{99.0}{2}\right)\text{N}\cdot\text{mm}$$

$$=927.23\times10^6\text{N}\cdot\text{mm}=927.23\text{kN}\cdot\text{m}>M_{max}=403.79\text{kN}\cdot\text{m}$$

故属于第一类T形截面，则

$$\gamma_0M_{ud}\leqslant f_{cd}b'_fx\left(h_0-\frac{x}{2}\right)$$

其中，γ_0——桥梁结构的重要性系数，本设计实例安全等级为三级，取 $\gamma_0=0.9$；

M_{ud}——承载力极限状态的跨中最大弯矩，根据表2-35可知，$M_{ud}=M_{max}=403.79\text{kN}\cdot\text{m}$；

h_0——空心板截面有效高度，取 $h_0=h-a_s=500\text{mm}-45\text{mm}=455\text{mm}$。

由上式可得

$$\xi=1-\sqrt{1-2\frac{\gamma_0M_{ud}}{f_{cd}b'_fh_0^2}}$$

$$=1-\sqrt{1-2\times\frac{0.9\times403.79\times10^6}{18.4\times1240\times455^2}}=0.0802$$

故，$x=\xi h_0=0.0802\times455\text{mm}=36.49\text{mm}<h'_f=99.0\text{mm}$ 且满足 $x<\xi_bh_0=0.53\times455\text{mm}=241.15\text{mm}$。

上述计算表明，中和轴位于受压翼缘内，可按 $b'_f\times h$ 的矩形截面计算钢筋面积 A_s：

$$A_s=\frac{f_{cd}b'_fx}{f_{sd}}=\frac{18.4\times1240\times36.49}{330}\text{mm}^2=2522.90\text{mm}^2$$

选用12根直径为18mm的HRB400级钢筋（12⏀18，$A_s=3053.63\text{mm}^2$）。

钢筋布置如图2-53所示，钢筋重心位置为 $y=4.5\text{cm}$，与假定相同，有效高度 $h_0=h-a_s=500\text{mm}-45\text{mm}=455\text{mm}$，配筋率 ρ：

$$\rho=\frac{A_s}{bh_0}\times100\%=\frac{3053.63}{552.2\times455}\times100\%=1.22\%>\max\left\{45\frac{f_{td}}{f_{sd}}=45\times\frac{1.65}{330}=0.225,\ 0.2\right\}\%=0.225\%,$$

满足要求。

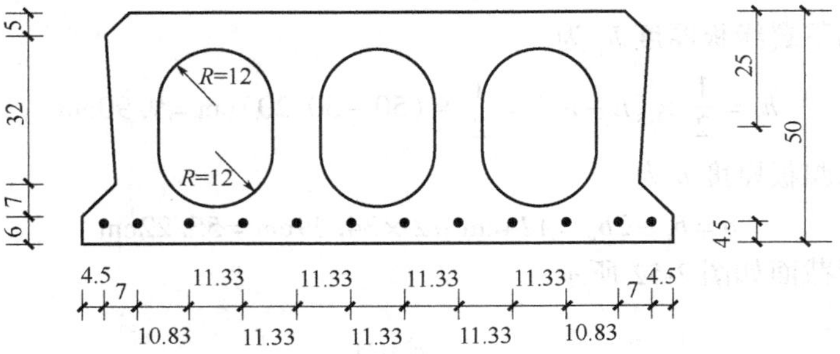

图2-53 主筋布置图(单位：cm)

(2)持久状况截面承载力极限状态计算 按截面实际配筋面积计算截面受压区高度 x：

$$x=\frac{f_{sd}A_s}{f_{cd}b'_f}=\frac{330\times3053.63}{18.4\times1240}\text{mm}=44.17\text{mm}$$

截面的抗弯极限承载力：

$$M_{ud}=f_{cd}b'_fx\left(h_0-\frac{x}{2}\right)$$

$$=18.4\times1240\times44.17\times\left(455-\frac{44.17}{2}\right)\text{N}\cdot\text{mm}$$

$$=436.28\times10^6\text{N}\cdot\text{mm}=436.28\text{kN}\cdot\text{m}>\gamma_0M_d=0.9\times403.79\text{kN}\cdot\text{m}=363.41\text{kN}\cdot\text{m}$$（满足要求）

(3) 斜截面抗剪承载力计算 由表2-35可知3号板支点剪力、$l/4$ 处及跨中剪力分别为

$$V_{0d}=320.437\text{kN}$$

$$V_{l/4d}=153.472\text{kN}$$

$$V_{l/2d}=75.171\text{kN}$$

1) 截面尺寸验算：

$$0.51\times10^{-3}\sqrt{f_{cu,k}}\,bh_0=0.51\times10^{-3}\times\sqrt{40}\times552.2\times455\text{kN}$$

$$=810.42\text{kN}>\gamma_0V_d=0.9\times320.437\text{kN}=288.39\text{kN}$$

截面尺寸满足要求。

2) 检查是否需要根据计算配置箍筋。在进行受弯构件斜截面抗剪承载力配筋设计时，若满足式(2-94)条件

$$\gamma_0V_d\leqslant0.50\times10^{-3}\alpha_2f_{td}bh_0$$

可不进行受弯构件抗剪承载力计算，仅按构造要求配置钢筋即可。

$$\gamma_0V_d=0.9\times320.437\text{kN}=288.39\text{kN}$$

$$0.50\times10^{-3}\alpha_2f_{td}bh_0=0.50\times10^{-3}\times1.0\times1.65\times552.2\times455\text{kN}=207.28\text{kN}$$

对于不配置箍筋的板式受弯构件，式(2-94)右边计算值可乘以提高系数1.25，则

$1.25\times0.50\times10^{-3}\alpha_2f_{td}bh_0=1.25\times0.50\times10^{-3}\times1.0\times1.65\times552.2\times455\text{kN}=259.10\text{kN}$

因此，$\gamma_0V_d>1.25\times0.50\times10^{-3}\alpha_2f_{td}bh_0$，故应进行持久状况斜截面抗剪承载力验算。

3) 箍筋设计。

①斜截面配筋的计算图式。

a. 最大剪力 V'_d 取用距支座中心 $h/2$(梁高一半）处截面的数值，其中混凝土与箍筋共同承担的剪力 V'_{cs} 不小于 $60\% V'_d$，弯起钢筋（按45°弯起）承担的剪力 V'_{sd} 不大于 $40\% V'_d$。

b. 计算第一排（从支座向跨中计算）弯起钢筋时，取用距支座中心 $h/2$ 处由弯起钢筋承担的那部分剪力值。

c. 计算第一排弯起钢筋以后的每一排弯起钢筋时，取用前一排弯起钢筋下面弯起点处由弯起钢筋承担的那部分剪力值。

弯起钢筋配置及计算图式如图2-54所示。

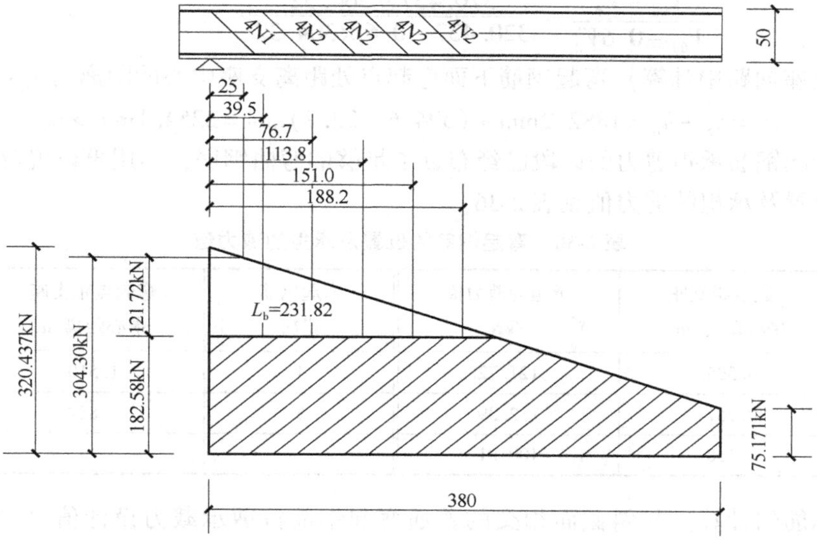

图2-54　弯起钢筋配置及计算图式（单位：cm）

由内插法可得距离支座中心 $h/2$ 处截面的剪力 V'_d：

$$V'_d=\left[75.171+\frac{(380-25)}{380}\times(320.437-75.171)\right]\text{kN}=304.32\text{kN}$$

则

$$V'_{cs}=0.6V'_d=0.6\times304.30\text{kN}=182.58\text{kN}$$

$$V'_{sd}=0.4V'_d=0.4\times304.30\text{kN}=121.72\text{kN}$$

设第一排（从支座向跨中计算）弯起钢筋下面弯点处距离支座中心的距离为 x_1：

$$x_1=h_1=[500-(2\times30+2\times22.7)]\text{mm}=394.6\text{mm}\ (\text{取}395\text{mm})$$

计算第一排弯起钢筋时，取用距支座中心 $h/2$ 处由弯起钢筋承担的那部分剪力值，即 $V_{sb1}=V'_{sd}=121.72\text{kN}$。

第二排（从支座向跨中计算）弯起钢筋下面弯点处距离支座中心的距离为 x_2：

$$x_2=x_1+h_2=394.6\text{mm}+(394.6-22.7)\text{mm}=766.5\text{mm}\ (\text{取}767\text{mm})$$

计算第二排弯起钢筋时，取用第一排弯起钢筋下面弯起点处由弯起钢筋承担的那部分剪力值，即 x_1 位置处的剪力值，由内插法确定 $V_{sb2}=112.39\text{kN}$。

第三排（从支座向跨中计算）弯起钢筋下面弯点处距离支座中心的距离为 x_3：

$$x_3=x_2+h_3=766.5\text{mm}+(394.6-22.7)\text{mm}=1138.4\text{mm}\ (\text{取}1138\text{mm})$$

计算第三排弯起钢筋时，取用第二排弯起钢筋下面弯起点处由弯起钢筋承担的那部分剪力值，即 x_2 位置处的剪力值，由内插法确定 $V_{sb3}=100.01\text{kN}$。

第四排（从支座向跨中计算）弯起钢筋下面弯点处距离支座中心的距离为 x_4：

$$x_4=x_3+h_4=1138.4\text{mm}+(394.6-22.7)\text{mm}=1510.30\text{mm}\ (\text{取}1510\text{mm})$$

计算第四排弯起钢筋时，取用第三排弯起钢筋下面弯起点处由弯起钢筋承担的那部分剪力值，即

x_3 位置处的剪力值，由内插法确定 $V_{sb4}=64.49\text{kN}$。

第五排（从支座向跨中计算）弯起钢筋下面弯点处距离支座中心的距离为 x_5：

$$x_5 = x_4 + h_5 = 1510.3\text{mm} + (394.6 - 22.7)\text{mm} = 1882.2\text{mm}\ (\text{取 } 1882\text{mm})$$

计算第五排弯起钢筋时，取用第四排弯起钢筋下面弯起点处由弯起钢筋承担的那部分剪力值，即 x_4 位置处的剪力值，由内插法确定 $V_{sb5}=40.50\text{kN}$。

从支座中心算起，由弯起钢筋承担剪力区段的长度（半跨）L_b 为：

$$L_b = \frac{h/2}{\dfrac{V_{0d}-V'_d}{V_{0d}-0.6V'_d}} = \frac{500/2}{\dfrac{320.437-304.32}{320.437-0.6\times304.32}}\text{mm} = 2138.2\text{mm}$$

第六排（从支座向跨中计算）弯起钢筋下面弯起点处距离支座中心的距离为 x_6：

$$x_6 = x_5 + h_6 = 1882.2\text{mm} + (394.6 - 22.7)\text{mm} = 2254.1\text{mm} > L_b$$

表明需要由弯起钢筋承担剪力的区段已经布置了足够的弯曲钢筋，不用再设置弯起钢筋了。

弯起钢筋的位置及承担的剪力值见表 2-36。

表 2-36 弯起钢筋的位置及承担的剪力值

弯起钢筋排次	弯起点距支座中心距离/m	承担的剪力值/kN	弯起钢筋排次	弯起点距支座中心距离/m	承担的剪力值/kN
1	0.395	121.72	4	1.510	64.49
2	0.767	112.39	5	1.882	40.50
3	1.138	100.01			

②各排弯起钢筋的计算。与斜截面相交的普通弯起钢筋抗剪承载力设计值（kN），按式（2-91）计算

$$V_{sb} = 0.75\times10^{-3} f_{sd} \sum A_{sd}\sin\theta_s$$

本设计实例中，$f_{sd}=330\text{MPa}$，$\theta_s=45°$代入上式可得

$$A_{sb} = \frac{\gamma_0 V_{sb}}{0.75\times10^{-3} f_{sd}\sin\theta_s} = \frac{0.9\times V_{sb}}{0.75\times10^{-3}\times330\times\sin45°} = \frac{V_{sb}}{0.19445}\text{mm}^2$$

计算的每排弯起钢筋的面积见表 2-37。

表 2-37 弯起钢筋面积 A_{sb} 计算表

弯起排次	承担的剪力值 V_{sb}/kN	每排弯起钢筋计算面积 A_{sb}/mm^2	每排弯起钢筋实际面积 A_{sb}/mm^2
1	121.72	625.97	4⌀18，1017.88
2	112.39	577.99	4⌀14，615.75
3	100.01	514.32	4⌀14，615.75
4	64.49	331.65	4⌀14，615.75
5	40.50	208.28	4⌀14，615.75

③主筋弯起后持久状况承载力极限状态正截面承载力验算。由于主筋只有靠近支座的一排钢筋弯起，故只需验算该排钢筋弯起点的正截面承载力。

4⌀18 钢筋的抵抗弯矩 M_1 近似计算为：

$$M_1 = 4f_yA_{s1}\left(h_0 - \frac{x}{2}\right) = 4\times330\times254.47\times\left(455-\frac{44.17}{2}\right)\text{N}\cdot\text{mm}$$

$$= 145.42\times10^6\text{N}\cdot\text{mm} = 145.42\text{kN}\cdot\text{m}$$

跨中截面的抵抗弯矩为：

$$M=12f_yA_{s1}\left(h_0-\frac{x}{2}\right)=12\times330\times254.47\times\left(455-\frac{44.17}{2}\right)\text{N·mm}$$
$$=436.25\times10^6\text{N·mm}=436.25\text{kN·m}$$

第一排钢筋弯起点处的正截面承载力 $M_1'=(436.25-145.42)\text{kN·m}=290.83\text{kN·m}$，而该处的弯矩设计值 M_d（内插法确定）：

$$M_d=\frac{39.5}{380}\times403.79\text{kN·m}=41.97\text{kN·m}$$

因此，第一排弯起钢筋弯起点处的正截面承载力满足要求（图2-55）。

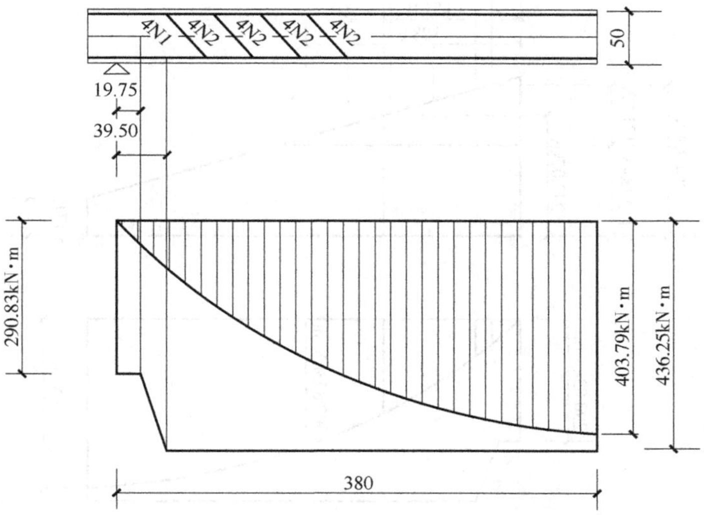

图2-55　正截面承载力验算（单位：cm）

（4）箍筋设计　预先选定箍筋种类和直径，可按式（2-95）计算箍筋的间距 s_v：

$$s_v=\frac{\alpha_1^2\alpha_3^2 0.2\times10^{-6}(2+0.6P)\sqrt{f_{cu,k}}A_{sv}f_{sv}bh_0^2}{(\xi\gamma_0V_d)^2}$$

选用直径10mm的HPB300双肢箍筋，则面积 $A_{sv}=2\times78.5\text{mm}^2=157\text{mm}^2$；距离支座中心 $h_0/2$ 处当主筋为8 ⏀18时，$A_s=2035.75\text{mm}^2$；有效高度 $h_0=455\text{mm}$，$\rho=A_s/bh_0=2035.75/(552.2\times455)=0.81\%$，则 $P=100\rho=0.81$。

最大剪力设计值 $V_d=V_d'=304.32\text{kN}$，将相应参数代入上式

$$s_v=\frac{1.0^2\times1.1^2\times0.2\times10^{-6}\times(2+0.6\times0.81)\times\sqrt{40}\times157\times250\times552.2\times455^2}{(0.6\times0.9\times304.32)^2}\text{mm}=632.20\text{mm}$$

在跨中部分选用 $s_v=200\text{mm}$，在支座中心向跨中方向长度1倍板高度（40cm）范围内，箍筋间距取为100mm。

综上计算，箍筋的配置如下：全梁箍筋的配置为2ϕ10双肢箍筋，在由支座中心至距支点1.2m段内，箍筋间距可取100mm，其余部分箍筋间距为200mm。

箍筋的配箍率：

当 $s_v=100\text{mm}$ 时，$\rho_{sv}=\frac{A_{sv}}{bs}\times100\%=\frac{157}{552.2\times100}\times100\%=0.284\%$

当 $s_v=200\text{mm}$ 时，$\rho_{sv}=\frac{A_{sv}}{bs}\times100\%=\frac{157}{552.2\times200}\times100\%=0.142\%$

均满足最小配箍率HPB300钢筋不小于0.14%的要求。

（5）斜截面抗剪承载力验算　本设计实例，确定斜截面抗剪承载力验算位置（图2-56）：

1）距支座中心 $h/2$ 处截面。

2）受拉区弯起钢筋弯起点处截面。

3）箍筋数量或间距改变处的截面。

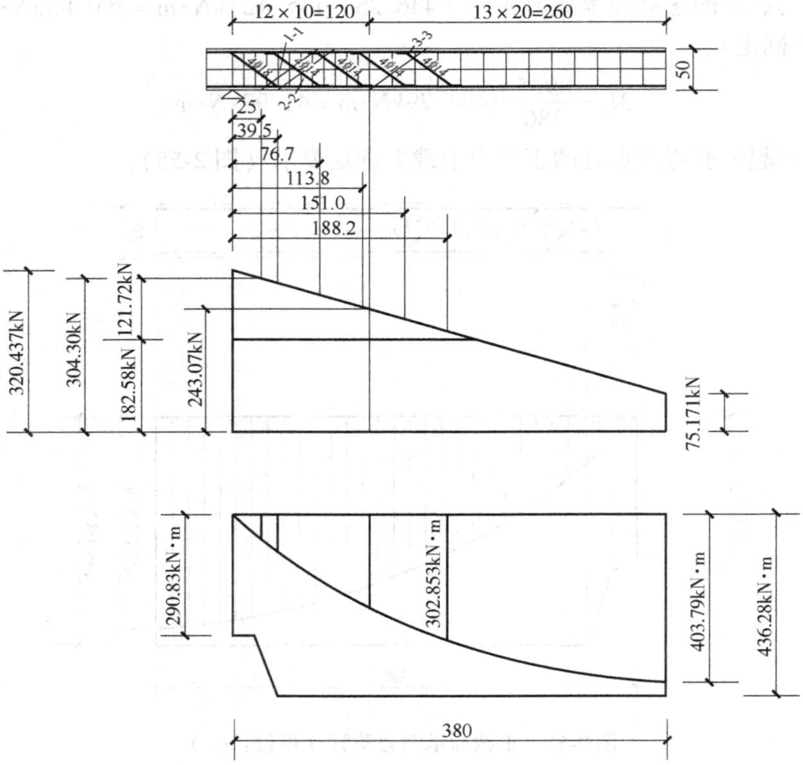

图 2-56　斜截面抗剪强度验算简图（单位：cm）

距支座中心 $h/2$ 处截面（1-1 截面），相应的剪力和弯矩设计值分别为 $V_d = 304.30\text{kN}$，$M_d = 38.00\text{kN·m}$。

距支座中心 0.395m 处的截面（第一排弯起钢筋弯起点）（2-2 截面），相应的剪力和弯矩设计值分别为 $V_d = 294.97\text{kN}$，$M_d = 72.92\text{kN·m}$。

距支座 1.2m 处的截面（箍筋间距变化处）（3-3 截面），相应的剪力和弯矩设计值分别为 $V_d = 243.07\text{kN}$，$M_d = 212.31\text{kN·m}$。

验算斜截面抗剪承载力时，应该计算通过斜截面顶端正截面内的最大剪力 V_d 和相应于上述最大剪力时的弯矩 M_d。在计算出斜截面水平投影长度 C 值后，最大剪力可内插求得；相应的弯矩可按比例绘制的弯矩图上量取。

斜截面的水平投影长度 $C = 0.6mh_0$，为了简化计算可近似取 $C \approx h_0 = 45.5\text{cm}$。由 C 值可内插求得各斜截面顶端处的最大剪力和相应的弯矩。

斜截面 1-1：

斜截面内有 8 ⌀ 18 纵向受力钢筋，其配筋百分率 P 为

$$P = 100\rho = 100 \times \frac{8 \times 2.5447}{55.22 \times 45.5} = 0.81$$

$$\rho_{sv} = \frac{A_{sv}}{bs_v} \times 100\% = \frac{1.57}{55.22 \times 10} \times 100\% = 0.284\%$$

则

$$V_{cs1} = \alpha_1 \alpha_3 0.45 \times 10^{-3} bh_0 \sqrt{(2 + 0.6P)\sqrt{f_{cu,k}}\rho_{sv} f_{sv}}$$

$$=1.0\times1.1\times0.45\times10^{-3}\times552.2\times455\times\sqrt{(2+0.6\times0.81)\times\sqrt{40}\times0.284\%\times250}\text{kN}$$
$$=378.26\text{kN}$$

斜截面截割 2 组弯起钢筋 4 ⏀18 +4 ⏀14，$\sum A_{sb}=1633.63\text{mm}^2$，则

$$V_{sb1}=0.75\times10^{-3}f_{sd}\sum A_{sd}\sin\theta_s$$
$$=0.75\times10^{-3}\times330\times1633.63\times\sin45°\text{kN}=285.90\text{kN}$$
$$V_{cs1}+V_{sb1}=(378.26+285.90)\text{kN}=664.16\text{kN}>V_d=304.30\text{kN}$$

斜截面 2-2：

斜截面内有 8 ⏀18 纵向受力钢筋，其配筋百分率 P 为：

$$P=100\rho=100\times\frac{8\times2.5447}{55.22\times45.5}=0.81$$

$$\rho_{sv}=\frac{A_{sv}}{bs_v}\times100\%=\frac{1.57}{55.22\times10}\times100\%=0.284\%$$

则

$$V_{cs1}=\alpha_1\alpha_3 0.45\times10^{-3}bh_0\sqrt{(2+0.6P)\sqrt{f_{cu,k}}\rho_{sv}f_{sv}}$$
$$=1.0\times1.1\times0.45\times10^{-3}\times552.2\times455\times\sqrt{(2+0.6\times0.81)\times\sqrt{40}\times0.284\%\times250}\text{kN}$$
$$=378.26\text{kN}$$

斜截面截割 2 组弯起钢筋 4 ⏀18 +4 ⏀14（$\sum A_{sb}=1633.63\text{mm}^2$），其中第三排弯起钢筋 4 ⏀16 虽与2-2截面相交，但由于其交点靠近受压区边缘，其实际开裂斜截面不与第三排 4 ⏀16 相交，故近似忽略其抗剪承载力的贡献。

$$V_{sb1}=0.75\times10^{-3}f_{sd}\sum A_{sd}\sin\theta_s$$
$$=0.75\times10^{-3}\times330\times1633.63\times\sin45°\text{kN}=285.90\text{kN}$$
$$V_{cs1}+V_{sb1}=(378.26+285.90)\text{kN}=664.16\text{kN}>V_d=294.97\text{kN}$$

斜截面 3-3（箍筋间距变化处）：

斜截面内有 12 ⏀18 纵向受力钢筋，其配筋百分率 P 为：

$$P=100\rho=100\times\frac{12\times2.5447}{55.22\times45.5}=1.215$$

$$\rho_{sv}=\frac{A_{sv}}{bs_v}\times100\%=\frac{1.57}{55.22\times20}\times100\%=0.142\%$$

则

$$V_{cs1}=\alpha_1\alpha_3 0.45\times10^{-3}bh_0\sqrt{(2+0.6P)\sqrt{f_{cu,k}}\rho_{sv}f_{sv}}$$
$$=1.0\times1.1\times0.45\times10^{-3}\times552.2\times455\times\sqrt{(2+0.6\times1.215)\times\sqrt{40}\times0.142\%\times250}\text{kN}$$
$$=307.85\text{kN}$$

斜截面截割 1 组弯起钢筋 4 ⏀14（$\sum A_{sb}=615.75\text{mm}^2$），其中第五排弯起钢筋 4 ⏀16 虽与截面 3-3 相交，但由于其交点靠近受压区边缘，其实际开裂斜截面不与第五排 4 ⏀16 相交，故近似忽略其抗剪承载力的贡献。则

$$V_{sb1}=0.75\times10^{-3}f_{sd}\sum A_{sd}\sin\theta_s$$
$$=0.75\times10^{-3}\times330\times615.75\times\sin45°\text{kN}=107.76\text{kN}$$
$$V_{cs1}+V_{sb1}=(307.85+107.76)\text{kN}=415.61\text{kN}>V_d=243.07\text{kN}$$

（6）持久状况斜截面抗弯极限承载力验算 当受弯构件的纵向钢筋和箍筋满足有关构造要求时，可不进行斜截面抗弯承载力计算。

6. 持久状况正常使用极限状态下的裂缝宽度验算

钢筋混凝土受弯构件的最大裂缝宽度 W_{cr} 可按下式计算：

$$W_{cr}=C_1C_2C_3\frac{\sigma_{ss}}{E_s}\left(\frac{c+d}{0.30+1.4\rho_{te}}\right)$$

其中，钢筋表面形状系数 $C_1=1.0$（带肋钢筋）。

作用（或荷载）长期效应影响系数 $C_2=1+0.5\frac{M_l}{M_s}=1+0.5\times\frac{167.373}{210.538}=1.398$（由表 2-35 可知 $M_l=167.373\text{kN·m}$、$M_s=210.538\text{kN·m}$）。

与构件受力性质有关的系数，当为钢筋混凝土板式受弯构件时，$C_3=1.15$。

最外排纵向受拉钢筋的混凝土保护层厚度 $c=36\text{mm}<50\text{mm}$。

纵向受拉钢筋直径 $d=18\text{mm}$。

纵向受拉钢筋的有效配筋率 ρ_{te}

$$\rho_{te}=\frac{A_s}{A_{te}}=\frac{12\times254.47}{2\times45\times1240}=0.0274>0.01$$

开裂截面纵向受拉钢筋的应力 σ_{ss}

$$\sigma_{ss}=\frac{M_s}{0.87A_sh_0}=\frac{210.538\times10^6}{0.87\times(12\times254.47)\times455}\text{MPa}=174.74\text{MPa}$$

钢筋弹性模量 $E_s=2.0\times10^5\text{MPa}$。

将上述数据代入 W_{cr} 公式可得：

$$\begin{aligned}W_{cr}&=C_1C_2C_3\frac{\sigma_{ss}}{E_s}\left(\frac{c+d}{0.30+1.4\rho_{te}}\right)\\&=1.0\times1.398\times1.0\times\frac{174.74}{2.0\times10^5}\times\left(\frac{36+18}{0.30+1.4\times0.0274}\right)\text{mm}\\&=0.195\text{mm}<0.20\text{mm}（\text{Ⅰ类，一般环境}），\text{满足要求。}\end{aligned}$$

7. 持久状况正常使用极限状态下的挠度验算

（1）开裂截面的截面特性

1）截面换算系数：

$$\alpha_E=\frac{E_s}{E_c}=\frac{2.0\times10^5}{3.25\times10^4}=6.154$$

2）工字形梁换算截面的惯性矩 I_{cr} 和 I_0 计算。全截面换算截面对重心轴的惯性矩可近似用毛截面的惯性矩代替，由前述计算可知，

$$I_0=I=1027.77\times10^3\text{cm}^4=10.2777\times10^9\text{mm}^4$$

全截面换算截面面积

$$\begin{aligned}A_0&=A+(\alpha_E-1)A_s\\&=3614.83+(6.154-1)\times(12\times2.5447)\text{cm}^2=3772.22\text{cm}^2\end{aligned}$$

计算全截面换算截面受压区高度 x_0

$$A_0x_0=\frac{1}{2}b_fh_f'^2+\frac{1}{2}b(h^2-h_f'^2)+(\alpha_E-1)A_sh_0$$

$$x_0=\frac{\frac{1}{2}\times55.22\times9.9^2+\frac{1}{2}\times55.22\times(50^2-9.9^2)+(6.154-1)\times30.54\times45.5}{3772.22}\text{cm}$$

$$=20.20\text{cm}$$

计算全截面换算截面重心轴以上部分对重心轴的面积矩 S_0

$$S_0=\frac{1}{2}bx_0^2+(b_f-b)h_f'\left(x_0-\frac{1}{2}h_f'\right)$$
$$=\frac{1}{2}\times55.22\times20.20^2+(124-55.22)\times9.9\times\left(20.20-\frac{9.9}{2}\right)\text{cm}^3$$
$$=21650.05\text{cm}^3$$

开裂弯矩

$$M_{cr}=\gamma f_{tk}W_0=2f_{tk}S_0$$
$$=2\times2.4\times21650.05\times10^3\text{N·mm}=1.040\times10^8\text{N·mm}$$

设开裂截面换算截面中和轴距梁顶面的距离为 x (cm)，根据图2-52中性轴以上和以下换算截面面积矩相等的原则，按下式求解 x：

$$\frac{1}{2}b_fx^2-\frac{1}{2}(b_f-b)(x-h_f')^2-\alpha_EA_s(h_0-x)=0\ (\text{假定中和轴位于腹板内})$$

代入相关参数数值得：

$$\frac{1}{2}\times124\times x^2-\frac{1}{2}\times(124-55.22)\times(x-9.9)^2-6.154\times30.54\times(45.5-x)=0$$

整理得 $$x^2+31.469x-431.96=0$$

求得 $x=10.333\text{cm}>h_f'=9.9\text{cm}$，假定正确。

计算开裂截面换算截面惯性矩 I_{cr}

$$I_{cr}=\alpha_EA_s(h_0-x)^2+\frac{1}{3}b_fx^3-\frac{1}{3}(b_f-b)(x-h_f')^3$$

代入上式得：

$$I_{cr}=\left[6.154\times3054\times(455-103.33)^2+\frac{1}{2}\times1240\times103.33^3-\frac{1}{3}\times(1240-552.2)\times(103.33-99)^3\right]\text{mm}^4$$
$$=3.0077\times10^9\text{mm}^4$$

3）开裂构件的抗弯刚度计算。

全截面的抗弯刚度 B_0：

$$B_0=0.95E_cI_0=0.95\times3.25\times10^4\times10.2777\times10^9\text{N·mm}^2=3.173\times10^{14}\text{N·mm}^2$$

开裂截面的抗弯刚度 B_{cr}：

$$B_{cr}=E_cI_{cr}=3.25\times10^4\times3.0077\times10^9\text{N·mm}^2=0.9775\times10^{14}\text{N·mm}^2$$

则

$$B=\frac{B_0}{\left(\frac{M_{cr}}{M_s}\right)^2+\left[1-\left(\frac{M_{cr}}{M_s}\right)^2\right]\frac{B_0}{B_{cr}}}$$
$$=\frac{3.173\times10^{14}}{\left(\frac{1.06\times10^8}{2.10538\times10^8}\right)^2+\left[1-\left(\frac{1.06\times10^8}{2.10538\times10^8}\right)^2\right]\frac{3.173\times10^{14}}{0.9775\times10^{14}}}\text{N·mm}^2$$
$$=1.185\times10^{14}\text{N·mm}^2$$

（2）受弯构件跨中截面处的长期挠度值 根据上述计算，结构自重作用下跨中截面弯矩标准值 $M_G=112.49\text{kN·m}$，公路Ⅰ级可变车道荷载 $q_k=10.5\text{kN/m}$，$P_k=190.4\text{kN}$，跨中横向分布系数 $\eta=0.2983$；人群荷载 $q_人=4.5\text{kN/m}$，跨中横向分布系数 $\eta=0.2055$。

永久荷载

$$f_G=\frac{5M_Gl_0^2}{48B}=\frac{5\times112.49\times10^6\times7600^2}{48\times1.185\times10^{14}}\text{mm}=5.712\text{mm}$$

可变荷载（汽车）

$$f_Q=\psi_1\eta\left(\frac{5q_k l_0^4}{384B}+\frac{P_k l_0^3}{48B}\right)$$
$$=0.7\times0.2983\times\left(\frac{5\times10.5\times7600^4}{384\times1.185\times10^{14}}+\frac{190.4\times10^3\times7600^3}{48\times1.185\times10^{14}}\right)\text{mm}$$
$$=3.872\text{mm}$$

可变荷载（人群）

$$f_R=\psi_1\eta\frac{5q_{人}l_0^4}{384B}$$
$$=1.0\times0.2055\times\frac{5\times4.5\times7600^4}{384\times1.185\times10^{14}}\text{mm}=0.339\text{mm}$$

其中，ψ_1 为作用效应组合的频遇系数，对汽车 $\psi_1=0.7$，对人群 $\psi_1=1.0$。

当采用 C40 ~ C80 混凝土时，$\eta_\theta=1.45\sim1.35$，本设计实例使用的是 C40 混凝土，所以挠度长期增长系数 $\eta_\theta=1.45$。

施工中可通过设置预拱度来消除永久作用的挠度，则在消除结构自重产生的长期挠度后受弯构件的最大挠度不应超过计算跨径的 1/600。

$$f_l=\eta_\theta(f_Q+f_R)=1.45\times(3.872+0.339)\text{mm}$$
$$=6.106\text{mm}<l_0/600=7600\text{mm}/600=12.67\text{mm}，满足要求。$$

（3）预拱度设置　由短期效应组合并考虑荷载长期效应影响的长期挠度值

$$f_{sl}=\eta_\theta(f_G+f_Q+f_R)=1.45\times(5.712+3.872+0.339)\text{mm}$$
$$=14.388\text{mm}>l_0/1600=7600\text{mm}/1600=4.75\text{mm}$$

故应设置预拱度，其跨中预拱度值为：

$$f_P=\eta_\theta[f_G+0.5(f_Q+f_R)]$$
$$=1.45\times[5.712+0.5\times(3.875+0.339)]\text{mm}=11.34\text{mm}$$

预拱度应沿顺桥向做成平顺的曲线。

8. 铰缝计算

（1）铰缝剪力计算

1）铰缝剪力影响线。铰缝剪力近似按荷载横向分布理论计算。设铰缝剪力沿空心板跨长方向按半波正弦曲线分布，则由铰接板横向分布系数计算，可求得铰缝剪力影响系数，如图 2-57 所示。

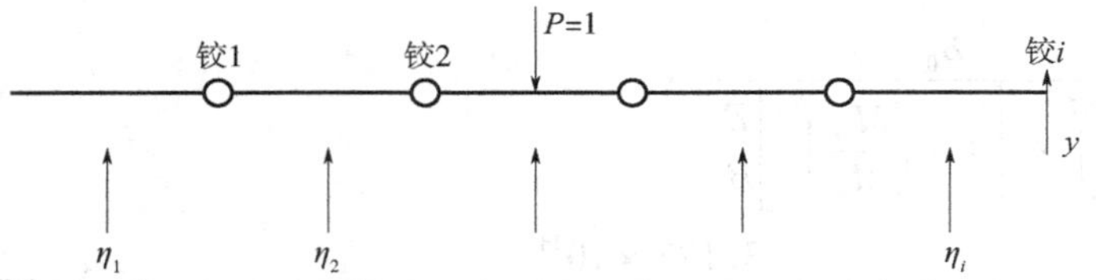

图 2-57　铰缝剪力计算示意

铰缝剪力影响系数的计算表达式为：

当单位荷载 $P=1$ 作用于铰缝 i 以左时，铰缝 i 处的剪力 $V_i=1-\sum_{i=1}^{左}\eta_{ik}$。

当单位荷载 $P=1$ 作用于铰缝 i 以右时，铰缝 i 处的剪力 $V_i=-\sum_{i=1}^{左}\eta_{ik}$。

其中，$\sum_{i=1}^{左}\eta_{ik}$ 表示铰缝 i 以左侧各板的荷载横向分布影响线竖标值之和。

由表 2-31 得到铰缝剪力影响线各坐标值。考虑到空心板桥横截面的结构对称性，只需计算铰缝 1 ~ 4 的剪力影响线，计算结果列于表 2-38。

表2-38 铰缝剪力影响线计算表

项目	1	2	3	4	5	6	7	8
η_1	0.3266	0.2406	0.1550	0.1010	0.0672	0.0462	0.0342	0.0288
$\eta_1+\eta_2$	0.5672	0.4814	0.3422	0.2218	0.1476	0.1014	0.0754	0.0360
$\eta_1+\eta_2+\eta_3$	0.7222	0.6686	0.5494	0.3884	0.2564	0.1758	0.1306	0.0822
$\eta_1+\eta_2+\eta_3+\eta_4$	0.8232	0.7894	0.7160	0.5836	0.4170	0.2846	0.2110	0.1494
V_1/kN	0.6734	−0.2406	−0.1550	−0.1010	−0.0672	−0.0462	−0.0342	−0.0288
V_2/kN	0.4328	0.5186	−0.3422	−0.2218	−0.1476	−0.1014	−0.0754	−0.0360
V_3/kN	0.2778	0.3314	0.4506	−0.3884	−0.2564	−0.1758	−0.1306	−0.0822
V_4/kN	0.1768	0.2106	0.2840	0.4164	−0.4170	−0.2846	−0.2110	−0.1494

根据表2-38，可绘制出铰缝的剪力影响线。经试算比较，铰缝最大剪力发生在第4号板与第5号板之间，即V_4最不利。现绘出V_4影响线（图2-58），并在其上布置汽车荷载，得铰缝V_4的横向分布系数：

$$m_{汽}=\frac{1}{2}\times(0.500+0.289+0.211+0.135)=0.568$$

人群荷载

$$m_{人}=0.153$$

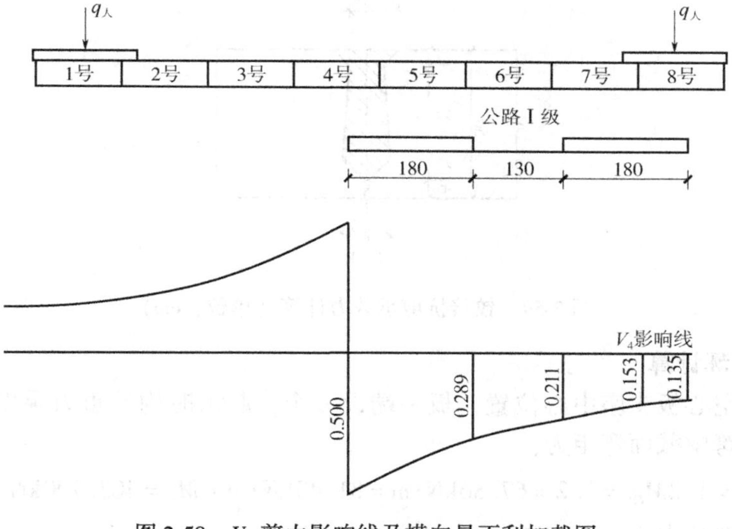

图2-58 V_4剪力影响线及横向最不利加载图

2）铰缝剪力。公路Ⅰ级车道荷载中的均布荷载$q_k=10.5\text{kN/m}$沿板桥纵向展开成半波正弦荷载时，其表达式：

$$p(x)=\frac{4q_k}{\pi}\sin\frac{\pi x}{l}，其跨中峰值为P_{汽}=\frac{4q_k}{\pi}=\frac{4\times10.5}{\pi}\text{kN/m}=13.369\text{kN/m}$$

车道荷载中的集中荷载$P_k=2(L_0+130)\text{kN}$展开成半波正弦荷载时，其表达式为：

$$p=\frac{2}{l}P_k\sin\frac{\pi x}{l}，其跨中峰值为p=\frac{2}{l}P_k=\frac{2}{7.60}\,[2\times(7.6+130)]\text{kN}=72.421\text{kN}$$

人群荷载沿板桥跨长也是均布荷载，展开成半波正弦荷载，其跨中峰值为$P_{汽}=\frac{4q_{人}}{\pi}=\frac{4\times3\times3.0}{\pi}\text{kN/m}=11.459\text{kN/m}$。

计算铰缝剪力时，沿纵向取1m长铰缝考虑，并考虑汽车冲击系数及车道折减系数。

$$V_{汽}=(1+\mu)\xi mP_i=(1+0.430)\times1.0\times0.568\times(13.369+72.421)\text{kN}=69.682\text{kN}$$

$$V_{人}=11.459\times0.153\text{kN}=1.753\text{kN}$$

按承载力极限状态设计时的基本组合，其铰缝剪力效应组合值为：$V_d=1.2V_G+1.4V_{汽}+0.8\times1.4V_{人}$。近似设 $V_G=0$，则 $V_d=1.4\times69.823\text{kN}+0.8\times1.4\times1.753\text{kN}=99.716\text{kN}$。

（2）铰缝抗剪强度验算　按《公路圬工桥涵设计规范》（JTG D61—2018）第 4.0.13 条，混凝土构件直接受剪时，按下式计算：

$$\gamma_0V_d\leqslant Af_{vd}+\frac{1}{1.4}\mu_fN_k$$

式中 V_d——剪力设计值，$V_d=99.716\text{kN}$；

γ_0——结构重要性系数，$\gamma_0=0.9$；

A——铰缝受剪截面面积，参见图 2-59 进行计算，纵向取 1m 铰缝，偏安全地取 $A=370\times1000\text{mm}^2=370000\text{mm}^2$；

f_{vd}——混凝土抗剪强度设计值，铰缝混凝土强度等级为 C40，$f_{vd}=2.48\text{MPa}$；

μ_f——摩擦系数，采用 $\mu_f=0.7$；

N_k——与受剪截面垂直的压力标准值，近似认为 $N_k=0$。

则　$\gamma_0V_d=0.9\times99.716\text{kN}=89.744\text{kN}<Af_{vd}=370000\times2.48\text{N}=917600\text{N}=917.6\text{kN}$

铰缝剪承载力满足《公路圬工桥涵设计规范》（JTG D61—2018）要求。

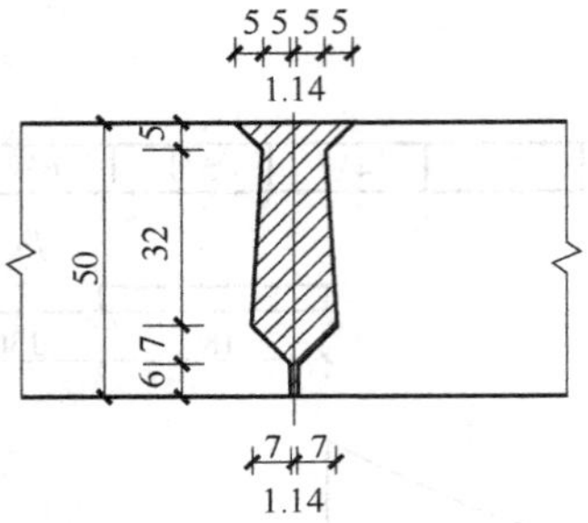

图 2-59　铰接抗剪承载力计算（单位：cm）

9. 预制空心板吊环计算

吊环预埋在预制空心板支座中心位置，板一端设一个，起吊时构件重力乘以动力系数 1.2，则预制空心板起吊时，板跨中截面弯矩为：

$$M=1.2M_{G1}=1.2\times67.86\text{kN}\cdot\text{m}=81.43\text{kN}\cdot\text{m}<M_d=403.790\text{kN}\cdot\text{m}$$

起吊时吊环内的总拉力为：

$$V=1.2V_{G1}=1.2\times35.72\text{kN}=42.86\text{kN}<V_d=320.437\text{kN}$$

所以不需要验算起吊时预制空心板截面的强度。

吊环钢筋直径的选择：

吊环选用 HRB400 级钢筋，由下式：

$$\frac{V}{2\times\frac{\pi d^2}{4}}=\frac{43.86\times10^3\text{N}}{2\times\frac{\pi d^2}{4}}\leqslant f_{sd}=330\text{N/mm}^2$$

可得 $d\geqslant\sqrt{\frac{43.86\times10^3\times2}{\pi\times330}}\text{mm}=9.20\text{mm}$，取 $d=16\text{mm}$，即吊环钢筋采用 ⌽16HRB400 级钢筋。

10. 栏杆计算

栏杆构造及布置如图 2-60 所示，由栏杆柱及上、下扶手组成，栏杆柱间距为 2.7m。

（1）栏杆柱计算

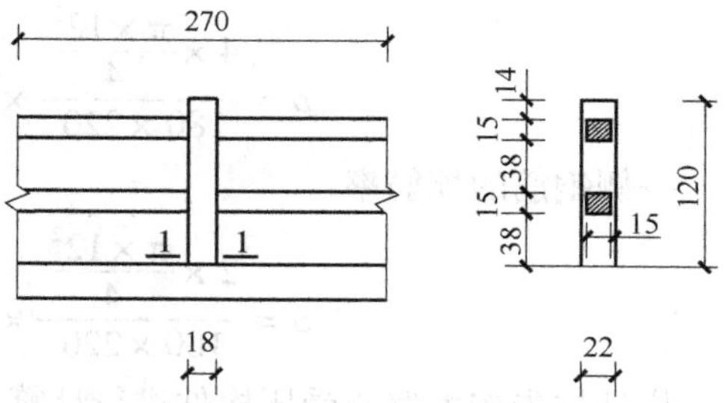

图2-60 栏杆构造示意（单位：cm）

1）栏杆柱作用效应计算。栏杆柱控制截面为柱的根部1-1截面，计算1-1截面效应。

①永久荷载效应。

扶手自重标准值 N_{G1}：

$$N_{G1}=2\times0.15\times0.15\times(2.70-0.18)\times25\text{kN}=2.835\text{kN}$$

栏杆柱自重标准值 N_{G2}：

$$N_{G2}=0.18\times0.22\times1.20\times25\text{kN}=1.188\text{kN}$$

1-1截面上永久荷载产生的总轴向力标准值 N_G：

$$N_G=N_{G1}+N_{G2}=2.835\text{kN}+1.188\text{kN}=4.023\text{kN}$$

②可变荷载效应。《公路钢筋混凝土及预应力混凝土桥涵设计规范》（JTG 3362—2018）的规定，计算人行道栏杆时，作用在栏杆立柱顶上的水平推力标准值取0.75kN/m；作用于栏杆扶手上的竖向力标准值取1.0kN/m。

作用于扶手上的竖向力标准值在栏杆柱1-1截面产生的轴向力标准值 N_p，水平推力标准值在栏杆柱1-1截面产生的剪力标准值 V_p、弯矩标准值 M_p 分别为：

$$N_p=1.0\times2.70\text{kN}=2.70\text{kN}$$

$$V_p=0.75\times2.70\text{kN}=2.025\text{kN}$$

$$M_p=0.75\times2.70\times(1.2-0.14-0.15/2)\text{kN}\cdot\text{m}=1.995\text{kN}\cdot\text{m}$$

③栏杆柱1-1截面效应基本组合。栏杆柱1-1截面按承载力极限状态基本组合的效应组合设计值为：

$$N_d=1.2N_G+1.4N_p=1.2\times4.023\text{kN}+1.4\times2.70\text{kN}=8.608\text{kN}$$

$$V_d=1.4V_p=1.4\times2.025\text{kN}=2.835\text{kN}$$

$$M_d=1.4M_p=1.4\times1.995\text{kN}\cdot\text{m}=2.793\text{kN}\cdot\text{m}$$

2）栏杆柱钢筋布置。栏杆采用C30混凝土（$f_{cd}=13.8\text{MPa}$，$f_{td}=1.39\text{MPa}$），钢筋采用HRB400（$f_{sd}=330\text{MPa}$），参考已有设计，纵向钢筋选配4⌀12，箍筋ϕ8@150，如图2-61所示。

3）栏杆柱承载力复核。栏杆柱是一个偏心受压构件，按实际配筋进行正截面承载力复核，计算简图如图2-62所示。

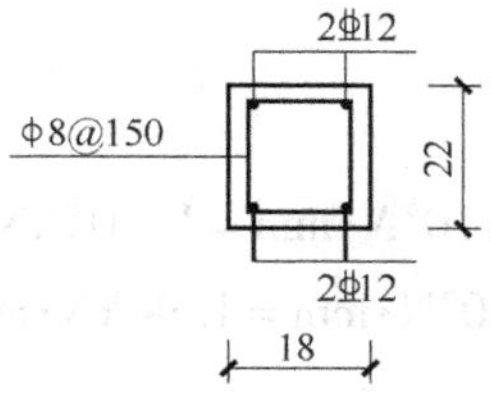

图2-61 栏杆柱截面配筋图（单位：cm）

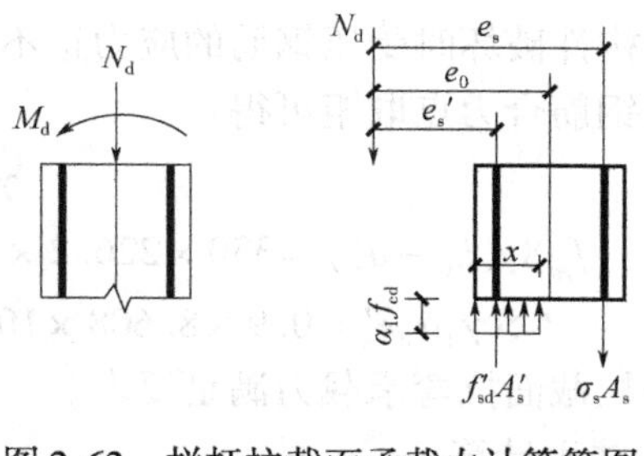

图2-62 栏杆柱截面承载力计算简图（单位：cm）

《公路钢筋混凝土及预应力混凝土桥涵设计规范》（JTG 3362—2018）第9.1.12条规定，偏心受压构件全部纵向钢筋的配筋百分数不应小于0.5（混凝土强度等级在C50以下），一侧钢筋的配筋率百分数不应小于0.2。

栏杆柱全部纵向钢筋配筋率：

$$\rho = \frac{4 \times \frac{\pi \times 12^2}{4}}{180 \times 220} \times 100\% = 1.142\% > 0.5\%(\text{满足要求})$$

一侧钢筋的配筋率：

$$\rho = \frac{2 \times \frac{\pi \times 12^2}{4}}{180 \times 220} \times 100\% = 0.571\% > 0.2\%(\text{满足要求})$$

栏杆柱先按大偏心受压构件进行计算，由所有力对轴向力 N_d 作用点取矩可得平衡条件：

$$\alpha_1 f_{cd} bx\left(e_s - h_0 + \frac{x}{2}\right) = \sigma_s A_s e_s - f'_{sd} A'_s e'_s$$

取 $\sigma_s = f_{sd}$，则上式可表示为

$$\alpha_1 f_{cd} bx\left(e_s - h_0 + \frac{x}{2}\right) = f_{sd} A_s e_s - f'_{sd} A'_s e'_s$$

式中 f_{cd}——混凝土轴心受压强度设计值，C30 混凝土，$f_{cd} = 13.8\text{MPa}$；

A_s、A'_s——受拉、受压钢筋的截面面积，$A_s = A'_s = 226.2\text{mm}^2$；

f_{sd}、f'_{sd}——受拉、受压钢筋的抗拉强度设计值，HRB400 级钢筋，$f_{sd} = f'_{sd} = 330\text{MPa}$。

且

$$e_0 = \frac{M_d}{N_d} = \frac{2.793 \times 10^6}{8.608 \times 10^3}\text{mm} = 324.47\text{mm}$$

$$e_s = e_0 + \frac{h}{2} - a_s = \left(324.47 + \frac{220}{2} - 36\right)\text{mm} = 398.47\text{mm}$$

$$e'_s = e_0 - \frac{h}{2} + a'_s = \left(324.47 - \frac{220}{2} + 36\right)\text{mm} = 250.47\text{mm}$$

$$a_s = a'_s = 36\text{mm}$$

$$h_0 = h - a_s = 220\text{mm} - 36\text{mm} = 184\text{mm}$$

将上述数据代入平衡方程式可得：

$$1.0 \times 13.8 \times 180 \times x \times \left(398.47 - 184 + \frac{x}{2}\right) = 330 \times 226.2 \times 398.47 - 330 \times 226.2 \times 250.47$$

整理得：
$$x^2 + 796.94x - 9263.01 = 0$$

解得：
$$x = 11.46\text{mm} < 2a'_s = 72\text{mm}$$

说明构件破坏时受压钢筋的应力达不到其抗压强度设计值，这时正截面承载力取 $x = 2a'_s = 72\text{mm}$，并向受压钢筋合力点取矩可得：

$$\gamma_0 N_d e'_s \leqslant f_{sd} A_s (h_0 - a'_s)$$

$$f_{sd} A_s (h_0 - a'_s) = 330 \times 226.2 \times (184 - 36)\text{N}\cdot\text{mm} = 11.05 \times 10^6\text{N}\cdot\text{mm} = 11.05\text{kN}\cdot\text{m}$$
$$> \gamma_0 N_d e'_s = 0.9 \times 8.608 \times 10^3 \times 250.47\text{N}\cdot\text{mm} = 1.94 \times 10^6\text{N}\cdot\text{mm} = 1.94\text{kN}\cdot\text{m}$$

栏杆柱截面抗弯承载力满足要求。

(2) 扶手计算

1) 扶手的作用效应计算。按《公路钢筋混凝土及预应力混凝土桥涵设计规范》(JTG 3362—2018) 的规定，计算人行道栏杆时，作用在栏杆立柱顶上的水平推力标准值取 0.75kN/m；作用于栏杆扶手上的竖向力标准值取 1.0kN/m。则扶手承受 0.75kN/m 水平推力产生的水平弯矩及 1.0kN/m 竖向力产生的竖向弯矩，属于双向受弯的受弯构件。

扶手可近似为两端简支在两根相邻栏杆柱上的简支梁，计算简图如图 2-63 所示。

作用于扶手上的竖向荷载设计值 q_v：

$$q_v = 1.2 \times 0.15 \times 0.15 \times 25\text{kN/m} + 1.4 \times 1.0\text{kN/m} = 2.075\text{kN/m}$$

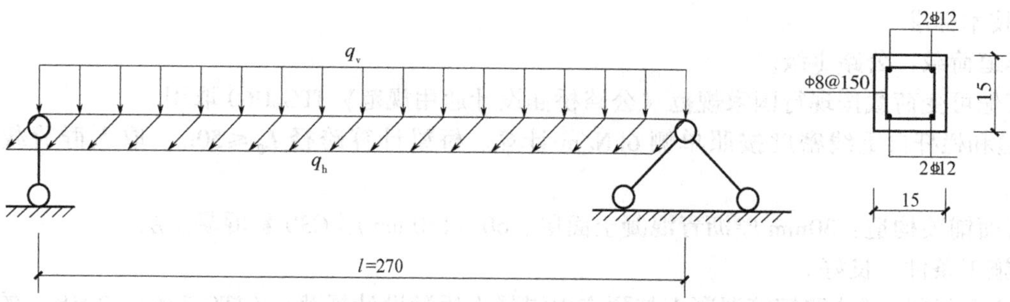

图2-63 扶手计算简图（单位：cm）

作用于扶手上的水平荷载标准值 q_h：

$$q_h = 1.4 \times 0.75\text{kN/m} = 1.05\text{kN/m}$$

则扶手跨中最大竖向弯矩 M_v：

$$M_v = \frac{1}{8}q_v l^2 = \frac{1}{8} \times 2.075 \times 2.7^2\text{kN·m} = 1.891\text{kN·m}$$

扶手跨中最大水平弯矩 M_h：

$$M_h = \frac{1}{8}q_h l^2 = \frac{1}{8} \times 1.05 \times 2.7^2\text{kN·m} = 0.9568\text{kN·m}$$

2）扶手承载力校核。扶手截面 150mm×150mm，采用 C30 混凝土（$f_{cd} = 13.8\text{MPa}$，$f_{td} = 1.39\text{MPa}$），钢筋采用 HRB400（$f_{sd} = 330\text{MPa}$），参考已有设计，纵向钢筋选配 4 ⏀ 12，箍筋⏀ 8@150，如图 2-63 所示。

计算高度 $h_0 = 150\text{mm} - 35\text{mm} = 115\text{mm}$。

受拉钢筋面积 $A_s = 2 \times \frac{\pi \times 12^2}{4}\text{mm}^2 = 226.2\text{mm}^2$。

受拉钢筋配筋率 $\rho = \frac{A_s}{bh_0} \times 100\% = \frac{226.2}{150 \times 115} \times 100\% = 1.311\% > \rho_{min} = \left(45\frac{f_{td}}{f_{sd}} = 45 \times \frac{1.39}{330} = 0.190,\ 0.2\right)\% = 0.2\%$（满足要求）。

受压区计算高度 $x = \frac{f_{sd}A_s}{\alpha_1 f_{cd} b} = \frac{330 \times 226.2}{1.0 \times 13.8 \times 150}\text{mm} = 36.06\text{mm} < \xi_b h_0 = 0.53 \times 115\text{mm} = 59.36\text{mm}$。

截面能够承受的弯矩设计值为：

$$M_{ud} = \alpha_1 f_{cd} bx\left(h_0 - \frac{x}{2}\right) = 1.0 \times 13.8 \times 150 \times 36.06 \times \left(115 - \frac{36.06}{2}\right)\text{N·mm} = 7.238 \times 10^6\text{N·mm} = 7.238\text{kN·m}$$

$M_{ud} > \gamma_0 M_v = 0.9 \times 1.891\text{kN·m} = 1.702\text{kN·m}$（竖向承载力满足要求）

$M_{ud} > \gamma_0 M_h = 0.9 \times 0.9568\text{kN·m} = 0.861\text{kN·m}$（水平承载力满足要求）

计算结果表明，扶手截面抗弯承载力满足要求。

2.2.2 装配式钢筋混凝土简支T形梁桥结构设计

以第4.1节桥梁工程课程设计任务书表4-1中题号8为例说明钢筋混凝土简支T形梁桥结构设计的方法。

1. 设计资料

（1）气象资料　年最高气温39℃，年最低气温－6℃，年平均气温20℃，基本气压700Pa。

（2）跨径和桥面宽度

1）标准跨径：$L_k = 20.00\text{m}$，计算跨径：$L_0 = 19.50\text{m}$，主梁全长19.96m。

2）桥面宽度：净7.0m（行车道）+2×1.00m（人行道）。

（3）技术标准

1）车道荷载：公路Ⅰ级。

2）其他可变荷载按现行国家规范《公路桥涵设计通用规范》JTG D60 取用。

人行道和栏杆自重线密度按照单侧 6kN/m 计算。桥梁计算跨径 $L_0 \leqslant 50\text{m}$，取人群荷载标准值 = 3.0kN/m²。

3）桥面铺装构造：30mm 厚沥青混凝土面层、60～130mm 厚 C30 素混凝土层。

（4）施工条件　良好。

（5）主要材料　《公路钢筋混凝土与预应力混凝土桥涵设计规范》（JTG 3362—2018）的规定，公路桥涵钢筋混凝土受力构件的混凝土强度等级不低于 C25；当采用强度标准值 400MPa 及以上的钢筋时，不低于 C30。本设计选用 C40。

《公路钢筋混凝土与预应力混凝土桥涵设计规范》（JTG 3362—2018）的规定，公路桥涵钢筋混凝土构件中的普通钢筋宜选用 HPB300、HRB400、HRB500、HRBF400 和 RRB400。本设计选用主钢筋（包括弯起钢筋）和架立筋采用 HRB400，其他钢筋用 HPB300。

2. 构造形式及截面尺寸

全桥由 5 榀 T 形梁组成，肋的间距为 180cm。桥上横向坡度为双向 2%，由 C30 混凝土桥面铺装控制。在跨端、跨间共设有 5 根横隔梁，其间距为 487.5cm。

T 形截面梁的截面高度 $h = L_0/14 = 19500\text{mm}/14 = 1393\text{mm}$，取 $h = 1400\text{mm}$，其腹板的宽度不应小于 140mm，取 $b = 180\text{mm}$；T 形梁的翼缘宽度 $b_f' = 9000\text{mm}/5 = 1800\text{mm}$，其与腹板相连处的翼缘厚度不应小于 $h/10$，取 160mm，其悬臂端的厚度不应小于 100mm，取 100mm。

横隔梁的截面高度 $h = 1100\text{mm}$，腹板跨度 $b = 180\text{mm}$。

桥梁的横断面和主梁的纵断面如图 2-64 所示。

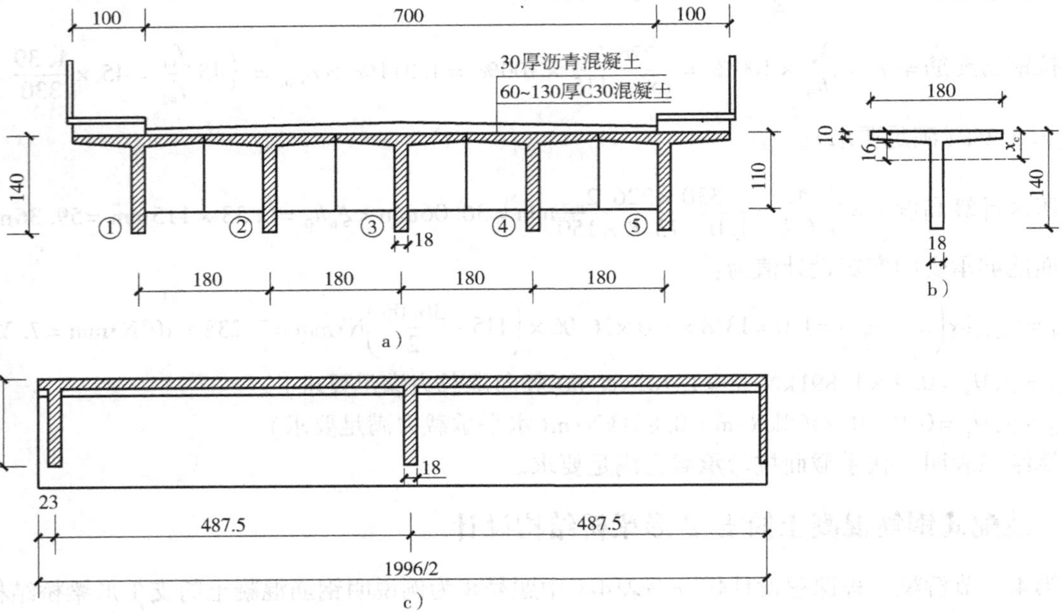

图 2-64　桥梁的横断面和主梁的纵断面（单位：cm）

a）桥梁横断图　b）主梁纵断面图　c）主梁截面

3. 主梁内力计算

（1）主梁的荷载横向分布系数计算

1）跨中荷载横向分布系数。本设计实例设有 5 道横隔梁，具有可靠的横向联系，且承重结构的宽

跨比 $B/l=9.0/19.5=0.462<0.5$，故可以按修正的刚性横梁法来绘制横向影响线和计算横向分布系数 m_c。

①计算主梁的抗弯及抗扭惯性矩 I 和 I_T。

a. 计算主梁截面的重心位置 x_c。翼缘板厚为变截面，其板厚取平均板厚，即

$$h_f'=(10+16)\text{cm}/2=13\text{cm}$$

主梁 T 形截面的面积 $A=b\times h+(b_f'-b)h_f'=18\times140\text{cm}^2+(180-18)\times13\text{cm}^2=4626\text{cm}^2$

$$Ax_c=(b\times h)\times\frac{h}{2}+(b_f'-b)h_f'\times\frac{h_f'}{2}$$

$$x_c=\frac{(b\times h)\times\frac{h}{2}+(b_f'-b)\times\frac{h_f'}{2}}{A}$$

$$=\frac{(18\times140)\times\frac{140}{2}+(180-18)\times13\times\frac{13}{2}}{4626}\text{cm}=41.09\text{cm}$$

b. 计算主梁的抗弯惯性矩 I：

$$I=\left[\frac{1}{12}bh^3+(b\times h)\times\left(\frac{h}{2}-x_c\right)^2+\frac{1}{12}(b_f'-b)h_f'^3+(b_f'-b)h_f'\times\left(x_c-\frac{h_f'}{2}\right)^2\right]$$

$$=\left[\frac{1}{12}\times18\times140^3+18\times140\times\left(\frac{140}{2}-41.09\right)^2+\frac{1}{12}\times(180-18)\times13^3+(180-18)\times13\times\left(41.09-\frac{13}{2}\right)^2\right]\text{cm}^4=8771607.33\text{cm}^4$$

c. 计算抗扭惯性矩 I_T。对于 T 形梁截面的抗扭惯性矩可近似地按式（2-32）计算：

$$I_T=\sum_{i=1}^{m}c_ib_it_i^3$$

I_T 的计算过程见表 2-39，可得 $I_T=356389.32\text{cm}^4$。

表 2-39 I_T 的计算过程

分块名称	b_i/cm	t_i/cm	t_i/b_i	c_i	I_{Ti}/cm^4
翼缘板	180	13	0.0722 <0.1	1/3	131820
腹板	140 − 13 = 127	18	0.1417	0.3032 *	224569.32
Σ					356389.32

注：“ * ” 表示此处 $c_i=0.291+\frac{0.2-0.1417}{0.2-0.1}\times(0.312-0.291)=0.3032$

②计算抗扭修正系数 β。本设计实例，主梁的间距相同，将主梁近似看成等截面，按下式计算

$$\beta=\frac{1}{1+\xi\frac{GI_T}{EI}\left(\frac{l}{B}\right)^2}$$

ξ 为与主梁根数（n）有关的系数，由表 2-18 可得，$n=5$ 时，$\xi=1.042$；$G=0.4E$，$l=19.5\text{m}=1950\text{cm}$，$B=9.0\text{m}=900\text{cm}$，$I=8771607.33\text{cm}^4$，$I_T=356389.32\text{cm}^4$。

将上述参数代入上式可得

$$\beta=\frac{1}{1+1.042\times\frac{0.4E\times356389.32}{E\times8771607.33}\times\left(\frac{1950}{900}\right)^2}=0.9264$$

③按修正的刚度横梁法计算横向影响线竖向坐标值 η_{ij}：

$$\eta_{ij}=\frac{1}{n}+\beta\frac{a_i e}{\sum_{i=1}^{5}a_i^2}$$

主梁根数 $n=5$，$\sum_{i=1}^{5}a_i^2=360^2+180^2+0^2+(-180)^2+(-360)^2=324000\text{cm}^2$。

η_{ij}为单位荷载 $P=1$ 作用于 j 号梁轴上时，i 号梁轴上所受的作用。计算所得的 η_{ij}列于表 2-40。

表 2-40 η_{ij}值计算

梁号	η_{i1}	η_{i2}	η_{i3}	η_{i4}	η_{i5}
1	0.5706	0.3853	0.2	0.01472	-0.17056
2	0.3853	0.2926	0.2	0.10736	0.01472
3	0.2	0.2	0.2	0.2	0.2

④计算荷载横向分布系数。绘制横向分布影响线图（图 2-65），然后计算横向分布系数。

根据最不利荷载位置分别进行布载。布载时，汽车荷载距人行道边缘不小于 0.5m，人群荷载取为 3.0kN/m²，人行道板和栏杆自重线密度按照单侧 6kN/m 布载，人行道板重以横向分布系数的方式分配到各主梁上。

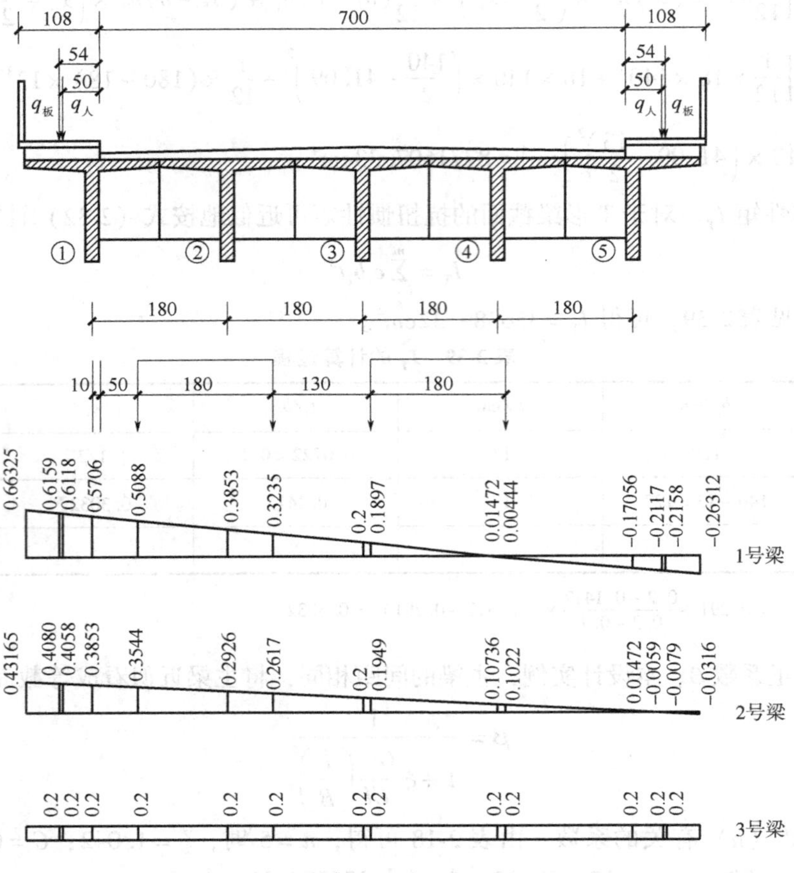

图 2-65 横向分布系数计算图示（单位：cm）

各梁的横向分布系数：

汽车荷载：

$$\eta_{1汽}=\frac{1}{2}(0.5088+0.3235+0.1897+0.00444)=0.51322$$

$$\eta_{2汽}=\frac{1}{2}(0.3544+0.2617+0.1949+0.1022)=0.4566$$

$$\eta_{3汽}=\frac{1}{2}(0.2+0.2+0.2+0.2)=0.4$$

人群荷载：$\eta_{1人}=0.6118$，$\eta_{2人}=0.4058$，$\eta_{3人}=0.2\times2=0.4$。

人行道板：

$$\eta_{1板}=0.6159-0.2158=0.40$$

$$\eta_{2板}=0.4080-0.0079=0.40$$

$$\eta_{3板}=0.20+0.20=0.40$$

2）梁端剪力横向分布系数计算。梁端剪力横向分布系数按杠杆原理法计算，其计算图式如图2-66所示。

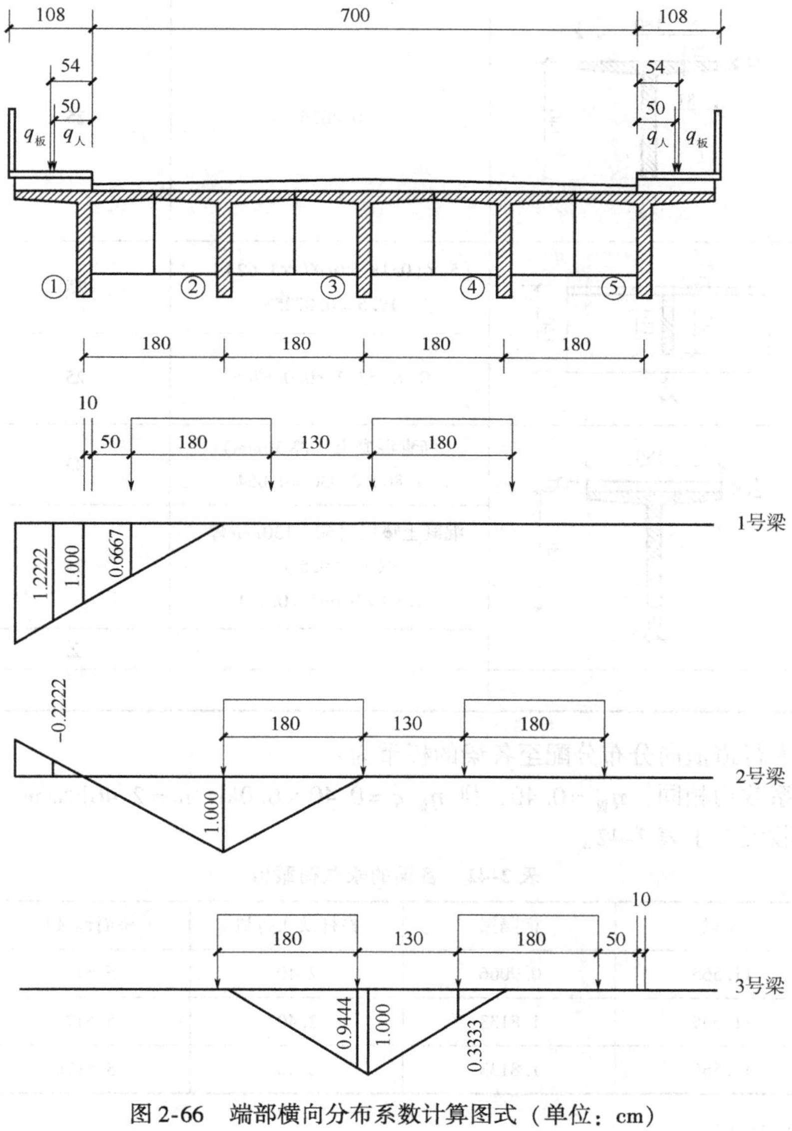

图2-66　端部横向分布系数计算图式（单位：cm）

汽车荷载：

$$\eta'_{1汽}=\frac{1}{2}\times 0.6667=0.3334$$

$$\eta'_{2汽}=\frac{1}{2}\times 1.00=0.50$$

$$\eta'_{3汽}=\frac{1}{2}\times(0.9444+0.3333)=0.6389$$

人群荷载：$\eta'_{1人}=1.2222$，$\eta'_{2人}=-0.2222$，$\eta'_{3人}=0$。

（2）作用效应计算

1）永久作用效应。假定桥面构造各部分重力平均分配给各主梁承担，则永久荷载计算结果见表2-41。

表2-41　钢筋混凝土T形梁桥永久荷载计算表

构件名称		构件尺寸/cm	构件单位长度体积/m³	重度/（kN/m³）	每延米重/（kN/m）
主梁		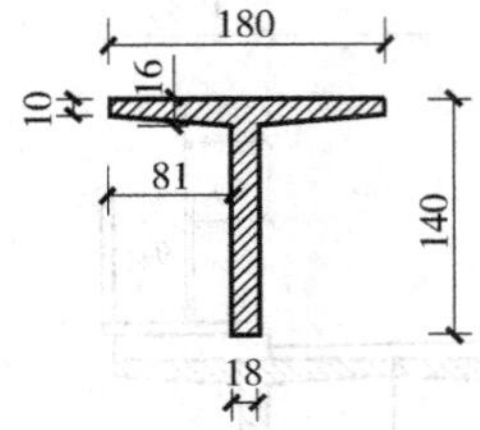	0.4626	25	11.565
横隔梁	中梁	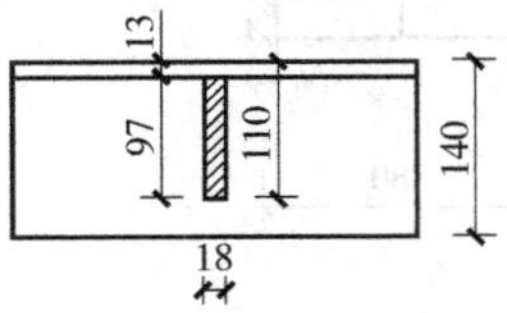	[5×(0.18×0.97×1.62)]/19.5=0.07253	25	1.8133
	边梁		0.07253/2=0.036265	25	0.9066
桥面铺装		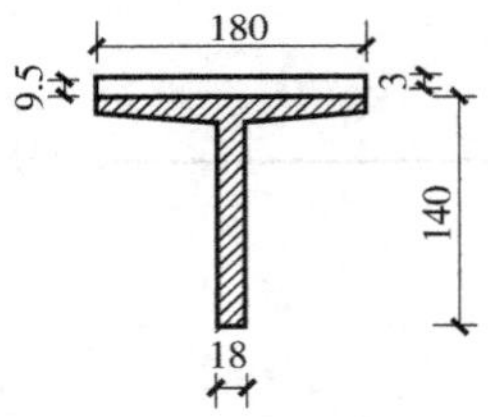	沥青混凝土（厚30mm）1.80×0.030=0.054	23	1.2420
			混凝土垫层（60~130mm厚，取平均9.5cm）1.80×0.095=0.171	25	4.2750
				Σ	5.5170
栏杆及人行道部分					6.0

人行道重力按人行道横向分布分配至各梁的板重为：

由于横向分布系数均相同，$\eta_{板}=0.40$，则 $\eta_{板}q=0.40\times 6.0\text{kN/m}=2.40\text{kN/m}$

各梁的永久荷载汇总于表2-42。

表2-42　各梁的永久荷载值　（单位：kN/m）

梁号	主梁	横隔梁	栏杆及人行道	桥面铺装层	总计
1（5）	11.565	0.9066	2.40	5.5170	20.3886
2（4）	11.565	1.8133	2.40	5.5170	21.2953
3	11.565	1.8133	2.40	5.5170	21.2953

2）永久作用效应计算。

①影响线面积计算（表2-43）。

表 2-43　影响线面积计算

项目	影响线图形	影响线面积
$M_{1/2}$	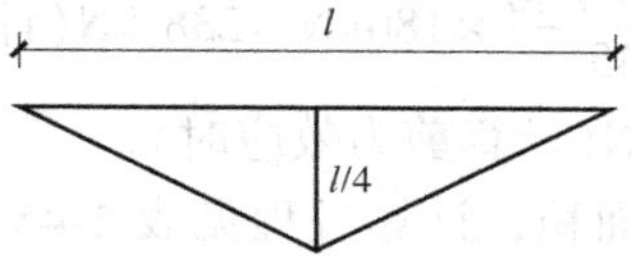	$\Omega_{M\frac{1}{2}}=\frac{1}{2}\times l\times\frac{l}{4}=\frac{l^2}{8}=47.531$
$M_{1/4}$	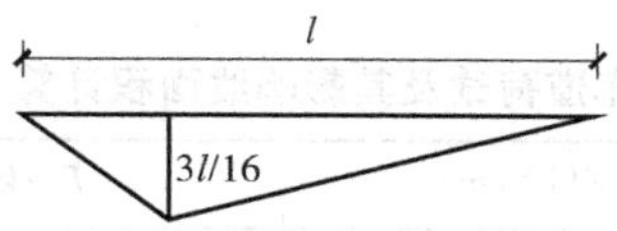	$\Omega_{M\frac{1}{4}}=\frac{1}{2}\times l\times\frac{3l}{16}=\frac{3l^2}{32}=35.648$
$V_{1/2}$	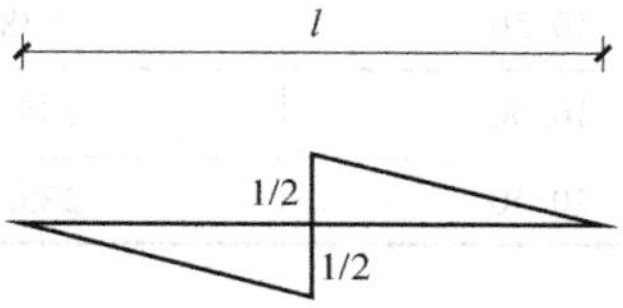	$\Omega_{V0}=0$ $\left(\Omega_{V\frac{1}{2}}=\frac{1}{2}\times\frac{l}{2}\times\frac{1}{2}=\frac{l}{8}=2.438\right)$
V_0	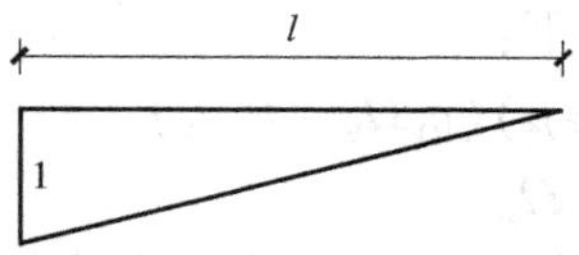	$\Omega_{V0}=\frac{1}{2}\times l\times 1=\frac{l}{2}=9.750$

②永久作用效应计算。永久荷载效应（$M_{1/2}$、$M_{1/4}$、V_0）计算见表 2-44。

表 2-44　永久作用效应

梁号	$M_{1/2}$/（kN·m）			$M_{1/4}$/（kN·m）			V_0/kN		
	q	$\Omega_{M\frac{1}{2}}$	$q\Omega_{M\frac{1}{2}}$	q	$\Omega_{M\frac{1}{4}}$	$q\Omega_{M\frac{1}{4}}$	q	Ω_{V0}	$q\Omega_{V0}$
1（5）	20.3886	47.531	969.0906	20.3886	35.648	726.8128	20.3886	9.750	198.7889
2（4）	21.2953	47.531	1012.1869	21.2953	35.648	759.1349	21.2953	9.750	207.6292
3	21.2953	47.531	1012.1869	21.2953	35.648	758.1348	21.2953	9.750	207.6292

3）可变作用效应计算。

①汽车荷载冲击系数 μ 和车道横向折减系数 ξ 计算。

a. 冲击系数 μ。结构的冲击系数 μ 与结构的基频 f 有关，故应先计算结构的基频 f。简支梁桥的基频可以采用下式进行估算。

$$f=\frac{\pi}{2l^2}\sqrt{\frac{EI_c}{G/g}}$$

$$=\frac{\pi}{2\times 19.5^2}\times\sqrt{\frac{3.25\times 10^{10}\times 0.087716}{0.4626\times 25\times 10^3/9.81}}\text{Hz}=6.424\text{Hz}$$

由于 $1.5\text{Hz}\leqslant f\leqslant 14\text{Hz}$，因此汽车荷载的冲击系数可按下式计算

$$\mu=0.1767\ln f-0.0157=0.1767\times\ln 6.424-0.0157=0.313$$

b. 车道横向折减系数 ξ。本设计桥面净跨为 19.5m，单侧人行道宽 1.0m，车辆行驶宽度 $W=7.0$m，最多只能按两车道布载，即车辆双向行驶。

当桥涵设计车道数等于或大于 2 时，应按表 2-10 规定的多车道折减系数进行折减，但折减后的效应不得小于两设计车道的荷载效应。由表 2-10 可得，横向折减系数 $\xi=1.0$。

②公路Ⅰ级均布荷载 q_k 和集中荷载 P_k 及其影响线面积计算。

均布荷载标准值为 $q_k=10.5\text{kN/m}$。

集中荷载标准值 $P_k=\dfrac{L_0+40}{45}\times180\text{kN}=\dfrac{19.5+40}{45}\times180\text{kN}=238\ \text{kN}$(计算弯矩效应时)。

集中荷载标准值 $P_k=1.2\times238\text{kN}=285.6\text{kN}$(计算剪力效应时)。

按最不利方式布载可计算车道荷载影响线面积，计算过程见表2-45。其中 $V_{1/2}$ 的影响线面积取半跨布载方式为最不利，$\Omega_{V\frac{1}{2}}=\dfrac{1}{2}\times\dfrac{l}{2}\times\dfrac{1}{2}=\dfrac{l}{8}=2.438$。

表2-45 公路Ⅰ级车道荷载及其影响线面积计算

项目	顶点位置	q_k/(kN/m)	P_k/kN	影响线面积 Ω_0
$M_{1/2}$	$l/2$ 处	10.50	238	47.531
$M_{1/4}$	$l/4$ 处	10.50	238	35.648
$V_{1/2}$	$l/2$ 处	10.50	285.6	2.438
V_0	支点处	10.50	285.6	9.750

可变作用（人群)$q_人=3.0\times1\text{kN/m}=3.0\text{kN/m}$。

③可变作用弯矩效应计算。弯矩计算公式如下：

$$M_汽=\xi\eta(1+\mu)(q_k\Omega_M+P_k y_k)$$

$$M_人=\eta_人\, q_人\, \Omega_M$$

计算跨中和支座弯矩时，可近似地认为荷载横向分布系数沿跨长方向均匀变化，故各主梁 η 值沿跨长方向相同。公路Ⅰ级车道荷载产生的弯矩见表2-46，人群荷载产生的弯矩见表2-47。

表2-46 公路Ⅰ级车道荷载产生的弯矩

梁号	内力	η	$1+\mu$	q_k/(kN/m)	Ω_M/m²	P_k/kN	y_k/m	M/(kN·m)
1	$M_{1/2}$	0.51322	1.313	10.50	47.531	238.0	4.875	1118.150
	$M_{1/4}$	0.51322			35.648		3.65625	838.610
2	$M_{1/2}$	0.45660			47.531		4.875	994.792
	$M_{1/4}$	0.45660			35.648		3.65625	746.092
3	$M_{1/2}$	0.4			47.531		4.875	871.478
	$M_{1/4}$	0.4			35.648		3.65625	653.607

表2-47 人群荷载产生的弯矩

梁号	内力	η	$q_人$/(kN/m)	Ω_M/m²	M/(kN·m)
1	$M_{1/2}$	0.6118	3.0	47.531	87.238
	$M_{1/4}$	0.6118		35.648	65.428
2	$M_{1/2}$	0.4058		47.531	57.864
	$M_{1/4}$	0.4058		35.648	43.398
3	$M_{1/2}$	0.4		47.531	57.037
	$M_{1/4}$	0.4		35.648	42.778

基本组合按式（2-10a）计算：

$$\gamma_0 S_{ud}=\gamma_0\left(\sum_{i=1}^{m}\gamma_{G_i}S_{G_{ik}}+\gamma_{Q_1}S_{Q_{1k}}+\psi_c\sum_{j=2}^{n}\gamma_{Q_j}S_{Q_{jk}}\right)$$

其中，永久作用分项系数 $\gamma_{G_i}=1.2$，汽车荷载分项系数 $\gamma_{Q_i}=1.4$，人群荷载分项系数 $\gamma_{Q_i}=1.4$；ψ_c

表示在作用效应组合中除汽车荷载效应（含汽车冲击力、离心力）外的其他可变作用效应的组合系数，取 $\psi_c = 0.75$。γ_0 为结构重要性系数，本设计实例取 $\gamma_0 = 1.0$。

表 2-48 弯矩基本组合值 （单位：kN·m）

梁号	内力	永久荷载①	人群荷载②	汽车荷载③	基本组合值 1.2×①+1.4×0.75×②+1.4×③	频遇组合值 ①+1.0×②+0.7×③/(1+μ)	准永久组合值 ①+0.4×②+0.4×③/(1+μ)
1	$M_{1/2}$	969.0906	87.238	1118.150	2819.919	1652.448	1344.626
	$M_{1/4}$	726.8128	65.428	838.610	2114.929	1239.329	1008.463
2	$M_{1/2}$	1012.1869	57.864	994.792	2668.090	1600.405	1338.392
	$M_{1/4}$	759.1349	43.398	746.092	2001.059	1200.297	1003.788
3	$M_{1/2}$	1012.1869	57.037	871.478	2494.582	1533.835	1300.494
	$M_{1/4}$	758.1348	42.778	653.607	1869.729	1149.371	974.365

④可变作用的剪力效应计算。在可变作用剪力效应计算时，应计入横向分布系数 η 沿桥跨方向变化的影响。通常按如下方法处理：先按跨中的 η 由等代荷载计算跨中剪力效应；再用支点剪力荷载横向分布系数 η' 并考虑支点至 $l/4$ 为直线变化来计算支点剪力效应。

a. 跨中截面剪力 $V_{1/2}$ 的计算：

$$V_{汽} = \eta(1+\mu)(q_k\Omega_V + P_k y_k)$$

$$V_{人} = \eta_{人}\, q_{人}\, \Omega_V$$

跨中剪力的计算结果见表 2-49，人群荷载产生的跨中剪力见表 2-50。

表 2-49 公路 I 级车道荷载产生的跨中剪力 $V_{1/2}$

梁号	内力	η	$1+\mu$	q_k/(kN·m)	Ω_V/m²	P_k/kN	y_k/m	V/kN
1	$V_{1/2}$	0.51322	1.313	10.5	2.438	285.6	0.5	113.477
2	$V_{1/2}$	0.45660			2.438		0.5	100.958
3	$V_{1/2}$	0.4			2.438		0.5	88.443

表 2-50 人群荷载产生的跨中剪力

梁号	内力	η	$q_{人}$/(kN·m)	Ω_V/m²	V/kN
1	$V_{1/2}$	0.6118	3.0	2.438	4.4747
2	$V_{1/2}$	0.4058		2.438	2.9680
3	$V_{1/2}$	0.4		2.438	2.9256

b. 支点处截面剪力 V_0 的计算。支点剪力效应横向分布系数的取值为：

a）支点处为按杠杆原理法求得的 η'。

b）$l/4 \sim 3l/4$ 段为跨中荷载的横向分布系数 η。

c）支点到 $l/4$ 及 $3l/4$ 到另一支点段在 η' 和 η 之间按照直线规律变化，如图 2-67、图 2-68 所示。

梁端剪力效应计算：

汽车荷载作用及横向分布系数取值如图 2-67 所示，计算过程如下：

1 号梁：

$$V_{01} = 285.6\times1.00\times0.3334\text{kN} + 10.5\times\left\{\frac{1}{2}\times19.5\times1\times0.51322 - \frac{11}{12}\times\left[\frac{1}{2}\times\frac{19.5}{4}\times(0.51322 - 0.3334)\right] - \frac{1}{12}\times\left[\frac{1}{2}\times\frac{19.5}{4}\times(0.51322-0.3334)\right]\right\}\text{kN} = 143.158\text{kN}$$

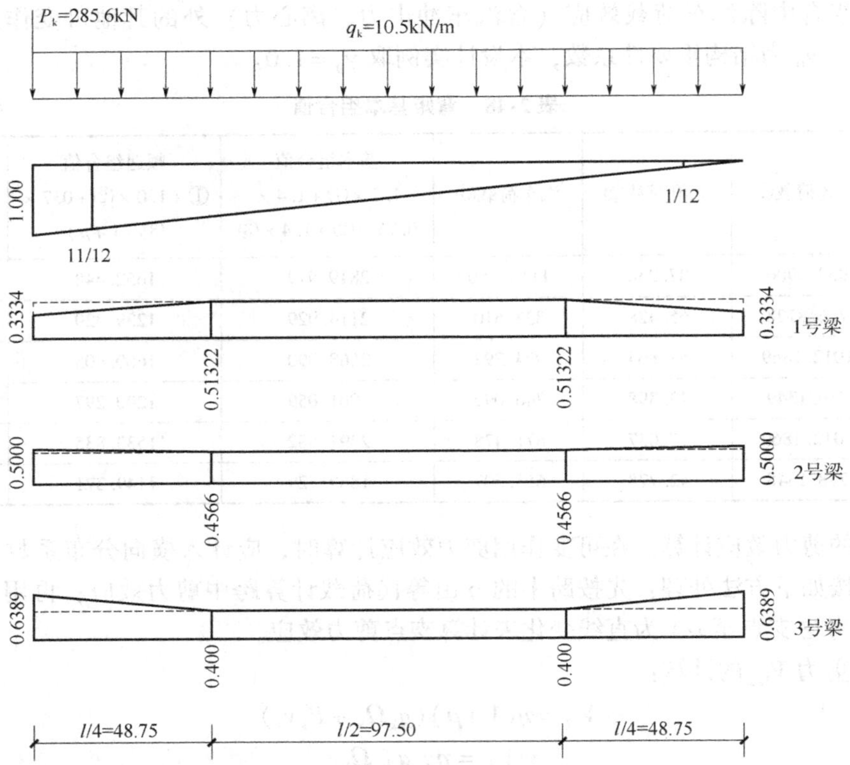

图 2-67 汽车荷载作用及横向分布系数取值（单位：cm）

2 号梁：

$$V_{02}=285.6\times1.00\times0.50\text{kN}+10.5\times\left\{\frac{1}{2}\times19.5\times1\times0.4566+\frac{11}{12}\times\left[\frac{1}{2}\times\frac{19.5}{4}\times(0.50-0.4566)\right]+\frac{1}{12}\times\left[\frac{1}{2}\times\frac{19.5}{4}\times(0.50-0.4566)\right]\right\}\text{kN}=190.655\text{kN}$$

3 号梁：

$$V_{02}=285.6\times1.00\times0.6389\text{kN}+10.5\times\left\{\frac{1}{2}\times19.5\times1\times0.40+\frac{11}{12}\times\left[\frac{1}{2}\times\frac{19.5}{4}\times(0.6389-0.40)\right]+\frac{1}{12}\times\left[\frac{1}{2}\times\frac{19.5}{4}\times(0.6389-0.40)\right]\right\}\text{kN}=229.534\text{kN}$$

人群荷载作用及横向分布系数取值如图 2-68 所示，计算过程如下：

1 号梁：

$$V_{01人}=3.0\times\left\{\frac{1}{2}\times19.5\times1\times0.6188+\frac{11}{12}\times\left[\frac{1}{2}\times\frac{19.5}{4}\times(1.2222-0.6118)\right]+\frac{1}{12}\times\left[\frac{1}{2}\times\frac{19.5}{4}\times(1.2222-0.6118)\right]\right\}\text{kN}=22.564\text{kN}$$

2 号梁：

$$V_{02人}=3.0\times\left[\left(\frac{1}{2}\times3.15\times0.4058\right)\times0.8038+\left(\frac{19.5}{2}\times0.4058\right)\times0.50+\left(\frac{1}{2}\times3.15\times0.4058\right)\times0.1962\right]\text{kN}=7.852\text{kN}$$

3 号梁：

$$V_{03人}=3.0\times\left[\frac{1}{2}\times19.5\times1\times0.40-\frac{11}{12}\times\left(\frac{1}{2}\times\frac{19.5}{4}\times0.40\right)-\frac{1}{12}\times\left(\frac{1}{2}\times\frac{19.5}{4}\times0.40\right)\right]\text{kN}=8.775\text{kN}$$

c. 剪力效应基本组合。基本组合按式(2-10a)计算：

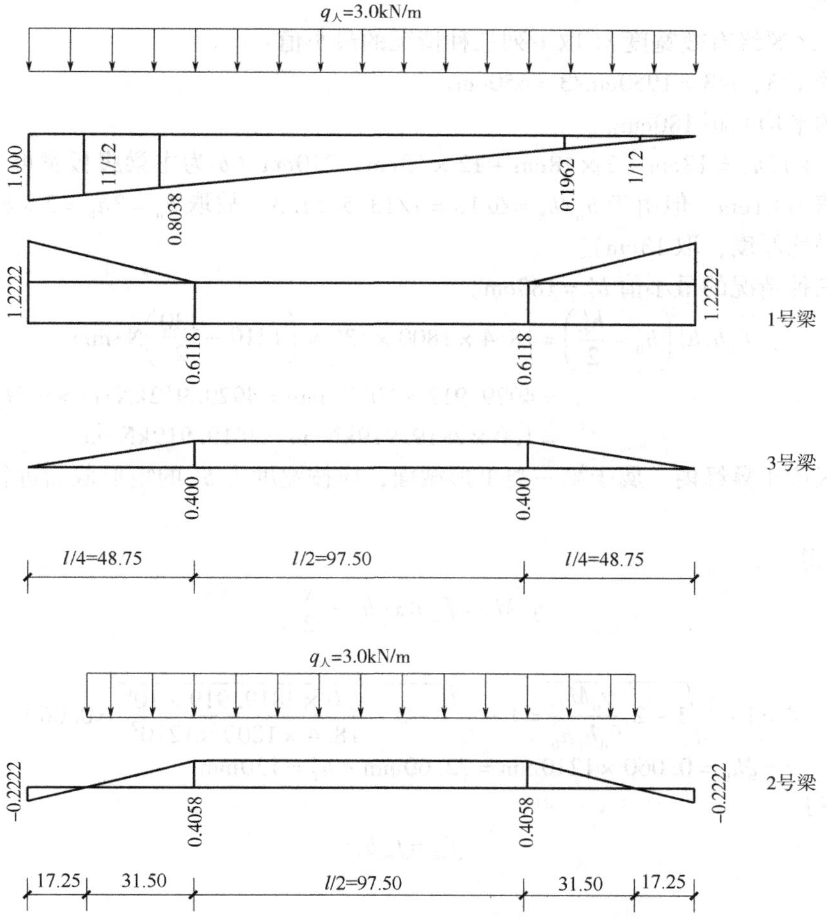

图2-68 人群荷载产生的支点剪力效应计算图式（单位：cm）

$$\gamma_0 S_{ud} = \gamma_0 \left(\sum_{i=1}^{m} \gamma_{G_i} S_{G_{ik}} + \gamma_{Q_1} S_{Q_{1k}} + \psi_c \sum_{j=2}^{n} \gamma_{Q_j} S_{Q_{jk}} \right)$$

各分项系数取值同弯矩基本组合计算。由表2-51可见，剪力效应以3号梁控制设计。

表2-51 剪力效应基本组合

梁号	内力	永久荷载①	人群荷载②	汽车荷载（由标准荷载乘以冲击系数）③	基本组合值 $1.2\times①+1.4\times0.75\times②+1.4\times③$
1	V_0	198.7889	22.564	143.158	462.6601
	$V_{l/2}$	0	4.4747	113.477	163.5662
2	V_0	207.6292	7.852	190.655	524.3166
	$V_{l/2}$	0	2.9680	100.958	144.4576
3	V_0	207.6292	8.775	229.534	579.7164
	$V_{l/2}$	0	2.9256	88.443	126.8921

（3）持久状况承载力极限状态下的截面设计、配筋与验算

1）配置主梁受力钢筋。由表2-48可见，1号梁M_d值（$M_d=2819.919\text{kN}\cdot\text{m}$）最大，考虑到设计和施工方便，并留有一定的安全储备，故按1号梁计算弯矩进行配筋。

钢筋净保护层厚度$c=30\text{mm}$，钢筋重心至底边距离为$a_s=190\text{mm}$，则有效高度$h_0=h-a_s=1400\text{mm}-190\text{mm}=1210\text{mm}$。C40混凝土，其$f_{cd}=18.4\text{MPa}$，$f_{td}=1.65\text{MPa}$，$E_c=3.25\times10^4\text{MPa}$，HRB400

级，其$f_{sd}=330\text{MPa}$。

T形截面受压区翼缘有效宽度b'_f取下列三种情况的最小值：

①计算跨径的1/3，$l/3=1950\text{cm}/3=650\text{cm}$。

②相邻两梁的平均间距180cm。

③$b'_f=b+2b_h+12h'_f=18\text{cm}+2\times18\text{cm}+12\times13\text{cm}=210\text{cm}$（$b$为主梁腹板宽度，$b=18\text{cm}$；$b_h$为承托板长度，其值为81cm，但由于$h_h/b_h=6/18=1/13.5<1/3$，故取$b_h=3h_h=3\times6\text{cm}=18\text{cm}$；$h'_f$为受压区翼缘板的平均厚度，取13cm)。

所以取以上三种情况的最小值$b'_f=180\text{cm}$。

$$f_{cd}b'_fh'_f\left(h_0-\frac{h'_f}{2}\right)=18.4\times1800\times130\times\left(1210-\frac{130}{2}\right)\text{N}\cdot\text{mm}$$
$$=4929.912\times10^6\text{N}\cdot\text{mm}=4929.912\text{kN}\cdot\text{m}>\gamma_0M_d$$
$$=1.0\times2819.919\text{kN}\cdot\text{m}=2819.919\text{kN}\cdot\text{m}$$

因此，受压区位于翼缘内，属于第一类T形截面，应按宽度为b'_f的矩形截面进行正截面抗弯承载力计算。

由$\sum M=0$可得

$$\gamma_0M_d=f_{cd}b'_fx\left(h_0-\frac{x}{2}\right)$$

可得

$$\xi=1-\sqrt{1-2\frac{\gamma_0M_d}{f_{cd}b'_fh_0^2}}=1-\sqrt{1-2\times\frac{1.0\times2819.919\times10^6}{18.4\times1800\times1210^2}}=0.060$$
$$x=\xi h_0=0.060\times1210\text{mm}=72.60\text{mm}<h'_f=130\text{mm}$$

由$\sum X=0$可得

$$A_sf_{sd}=f_{cd}b'_fx$$

可得

$$A_s=\frac{f_{cd}b'_fx}{f_{sd}}=\frac{18.4\times1800\times72.60}{330}\text{mm}^2=7286.40\text{mm}^2$$

选配10根直径为32mm的HRB400钢筋，$A_s=10\times804.25\text{mm}^2=8042.50\text{mm}^2$。

根据《公路钢筋混凝土及预应力混凝土桥涵设计规范》（JTG 3362—2018）第9.3.3条规定，各主筋间横向净距和层与层之间的竖向净距，当钢筋为三层及以下时，不应小于30mm，并不小于钢筋直径；当钢筋为三层以上时，不应小于40mm，并不应小于钢筋直径的1.25倍。确定本设计实例主梁钢筋布置如图2-69所示。

钢筋重心位置a_s为

$$a_s=\frac{\sum A_{si}y_i}{\sum A_{si}}=\frac{2\times804.25\times(4.6+11.8+19.0+26.2+33.4)}{10\times804.25}\text{cm}$$
$$=19.00\text{cm}$$

则
$$h_0=h-a_s=1400\text{mm}-190\text{mm}=1210\text{mm}$$
$$x=72.60\text{mm}<\xi_bh_0=0.56\times1210\text{mm}=677.6\text{mm}\text{（满足要求）}$$

配筋率：$\rho=\frac{A_s}{bh_0}\times100\%=\frac{8042.5}{180\times1210}\times100\%=3.693\%>\max\{45f_{td}/f_{sd},\ 0.2\}\%$

$$=\max(45\times1.65/330,\ 0.2)\%=0.225\%\text{（满足要求）}$$

2)持久状况截面承载力极限状态计算。按截面实际配筋面积计算截面受压区高度x

$$x=\frac{A_sf_{sd}}{f_{cd}b'_f}=\frac{8042.5\times330}{18.4\times1800}\text{mm}=80.13\text{mm}$$

截面抗弯极限状态承载力

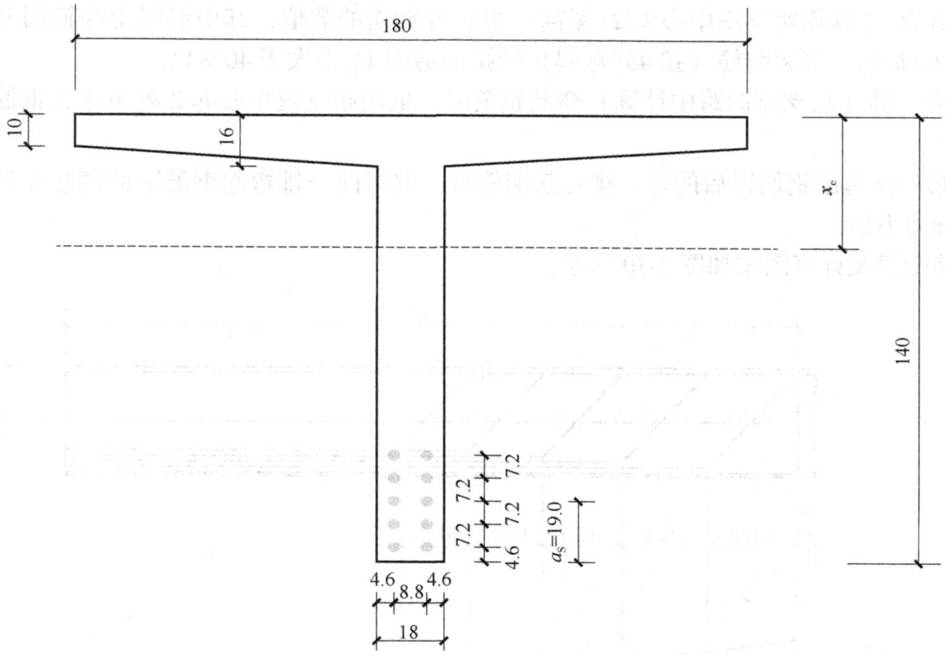

图2-69 钢筋布置图（单位：cm）

$$M_d = f_{cd} b' x_f \left(h_0 - \frac{x}{2} \right)$$

$$= 18.4 \times 1800 \times 80.13 \times \left(1210 - \frac{80.13}{2} \right)$$

$$= 3104.90 \times 10^6 \mathrm{N \cdot mm} = 3104.90 \mathrm{kN \cdot m} > \gamma_0 M_d = 1.0 \times 2819.919 \mathrm{kN \cdot m} = 2819.919 \mathrm{kN \cdot m}$$

抗弯承载力满足要求。

3）斜截面抗剪承载力极限状态计算。由表2-51可知，支点剪力以3号梁为最大，考虑到安全因素，统一采用3号梁剪力值进行抗剪计算。跨中剪力效应以1号梁为最大，统一以1号梁剪力值进行计算。

$$V_{d0} = 579.7164 \mathrm{kN}$$

$$V_{dl/2} = 163.5662 \mathrm{kN}$$

假定最下排2根钢筋没有弯起而通过支点，则有：

$$a_s = 46 \mathrm{mm},\ h_0 = h - a_s = 1400 \mathrm{mm} - 46 \mathrm{mm} = 1354 \mathrm{mm}$$

①截面尺寸验算：

$$0.51 \times 10^{-3} \sqrt{f_{cu,k}} b h_0 = 0.51 \times 10^{-3} \times \sqrt{40} \times 180 \times 1354 \mathrm{kN} = 786.13 \mathrm{kN} >$$

$$\gamma_0 V_d = 1.0 \times 579.7164 \mathrm{kN} = 579.7164 \mathrm{kN}$$

所以，端部抗剪截面尺寸满足要求。

②检查是否需要根据计算配置箍筋。在进行受弯构件斜截面抗剪承载力配筋设计时，若满足式（2-94）条件，可不进行受弯构件抗剪承载力计算，仅按构造要求配置钢筋即可。

$$\gamma_0 V_d \leqslant 0.50 \times 10^{-3} \alpha_2 f_{td} b h_0$$

本设计实例中：

$$\gamma_0 V_d = 1.0 \times 579.7164 \mathrm{kN} = 579.7164 \mathrm{kN}$$

$$0.50 \times 10^{-3} \alpha_2 f_{td} b h_0 = 0.50 \times 10^{-3} \times 1.0 \times 1.65 \times 180 \times 1354 \mathrm{kN} = 201.07 \mathrm{kN}$$

因此，$\gamma_0 V_d > 0.50 \times 10^{-3} \alpha_2 f_{td} b h_0$，故应进行持久状况斜截面抗剪承载力验算。

③斜截面配筋的计算图式。

a. 最大剪力 V'_d 取用距支座中心 $h/2$（梁高一半）处截面的数值，其中混凝土和箍筋共同承担的剪力 V'_{cs}不小于60% V'_d，弯起钢筋（按45°弯起）承担的剪力 V'_{sb}不大于40% V'_d。

b. 计算第一排（从支座向跨中计算）弯起钢筋时，取用距支座中心 $h/2$ 处由弯起钢筋承担的那部分剪力值。

c. 计算第一排弯起钢筋以后的每一排弯起钢筋时，取用前一排弯起钢筋下面弯起点处由弯起钢筋承担的那部分剪力值。

弯起钢筋配置及计算图式如图 2-70 所示。

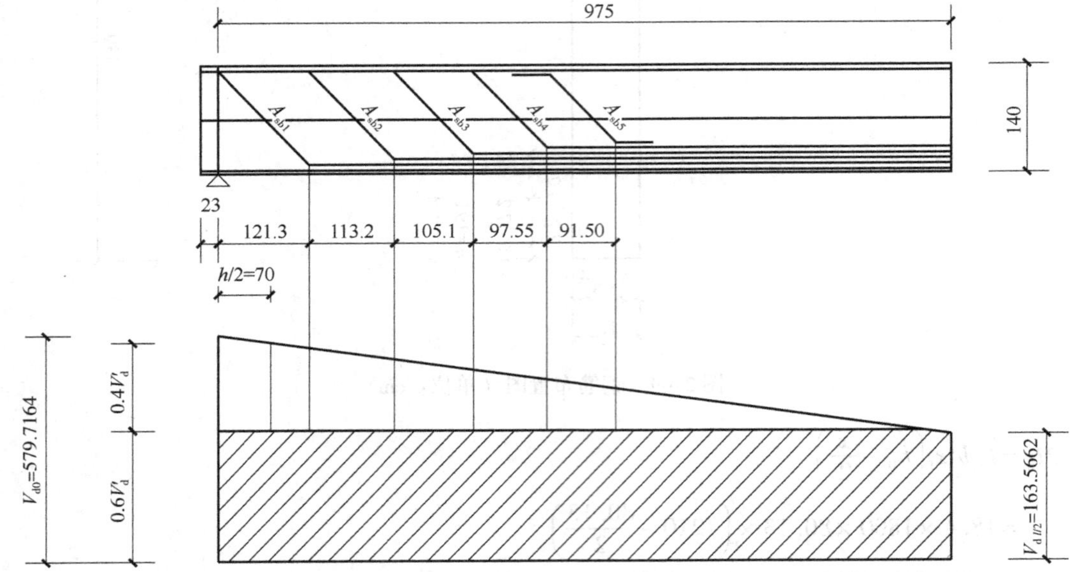

图 2-70 弯起钢筋配置及计算图式（单位：cm）

距支座中心 $h/2$ 处截面的剪力效应 V'_d 可按内插法确定：

$$V'_d = V_{dl/2} + \frac{l_0/2 - h/2}{l_0/2}(V_{d0} - V_{dl/2})$$

$$= 163.5662\text{kN} + \frac{9.75 - 0.70}{9.75} \times (579.7164 - 163.5662)\text{kN} = 549.8348\text{kN}$$

则

$$V'_{cs} = 0.6V'_d = 0.6 \times 549.8348\text{kN} = 329.9009\text{kN}$$

$$V'_{sb} = 0.4V'_d = 0.4 \times 549.8348\text{kN} = 219.9339\text{kN}$$

设第一排（从支座向跨中计算）弯起钢筋下面弯点处距离支座中心的距离为 x_1：

$$x_1 = h_1 = 1400\text{mm} - (48 + 81 + 30 + 28)\text{mm} = 1213\text{mm}$$

这里假定架立筋直径为28mm，混凝土保护层厚度为30mm。

计算第一排弯起钢筋时，取用距支座中心 $h/2$ 处由弯起钢筋承担的那部分剪力值，即 $V_{sb1} = V'_{sb} = 219.9339\text{kN}$。

第二排（从支座向跨中计算）弯起钢筋下面弯起点处距离支座中心的距离为 x_2：

$$x_2 = x_1 + h_2 = 1213\text{mm} + (1213 - 81)\text{mm} = 2345\text{mm}$$

计算第二排弯起钢筋时，取用第一排弯起钢筋下面弯起点处由弯起钢筋承担的那部分剪力值，即 x_1 位置处的剪力值，由内插法确定 $V_{sb2} = 198.0380\text{kN}$。

第三排（从支座向跨中计算）弯起钢筋下面弯起点处距离支座中心的距离为 x_3：

$$x_3 = x_2 + h_3 = 2345\text{mm} + (1213 - 81 - 81)\text{mm} = 3396\text{mm}$$

计算第三排弯起钢筋时，取用第二排弯起钢筋下面弯起点处由弯起钢筋承担的那部分剪力值，即

x_2 位置处的剪力值，由内插法确定 $V_{sb3}=149.7218\text{kN}$。

第四排（从支座向跨中计算）弯起钢筋下面弯起点处距离支座中心的距离为 x_4：

$$x_4=x_3+h_4=3396\text{mm}+(1213-81-81-75.5)\text{mm}=4371.5\text{mm}$$

计算第四排弯起钢筋时，取用第三排弯起钢筋下面弯起点处由弯起钢筋承担的那部分剪力值，即 x_3 位置处的剪力值，由内插法确定 $V_{sb4}=104.8672\text{kN}$。

第五排（从支座向跨中计算）弯起钢筋下面弯起点处距离支座中心的距离为 x_5：

$$x_5=x_4+h_5=4371.5\text{mm}+(1213-81-81-75.5-60.5)\text{mm}=5286.5\text{mm}$$

计算第五排弯起钢筋时，取用第四排弯起钢筋下面弯起点处由弯起钢筋承担的那部分剪力值，即 x_4 位置处的剪力值，由内插法确定 $V_{sb5}=63.2227\text{kN}$。

从支座中心算起，由弯起钢筋承担剪力区段的长度（半跨）L_b 为：

$$L_b=\frac{h/2}{\dfrac{V_{0d}-V'_d}{V_{0d}-0.6V'_d}}=\frac{1400/2}{\dfrac{579.7164-549.8348}{579.7164-0.6\times549.8348}}\text{mm}=5852.13\text{mm}$$

第六排（从支座向跨中计算）弯起钢筋下面弯点处距离支座中心的距离为 x_6：

$$x_6=x_5+h_6=5286.5\text{mm}+(975.5-60.5-60.5)\text{mm}=6141.0\text{mm}>L_b$$

这表明需要由弯起钢筋承担剪力的区段已经布置了足够的弯曲钢筋，不用再设置弯起钢筋了。

相应各排弯起钢筋的位置及承担的剪力值见表 2-52。

表 2-52　弯起钢筋位置及承担的剪力值

钢筋排次	弯起点距支座中心距离/m	承担的剪力值 V_{sbi}/kN	钢筋排次	弯起点距支座中心距离/m	承担的剪力值 V_{sbi}/kN
1	1.213	219.9339	4	4.3715	104.8672
2	2.345	198.0380	5	5.2865	63.2227
3	3.396	149.7218			

④各排弯起钢筋的计算。与斜截面相交的普通弯起钢筋抗剪承载力设计值（kN），按式（2-91）计算

$$V_{sb}=0.75\times10^{-3}f_{sd}\sum A_{sd}\sin\theta_s$$

本设计实例中，$f_{sd}=330\text{MPa}$，$\theta_s=45°$代入上式可得

$$A_{sb}=\frac{\gamma_0V_{sb}}{0.75\times10^{-3}f_{sd}\sin\theta_s}=\frac{1.0\times V_{sb}}{0.75\times10^{-3}\times330\times\sin45°}\text{mm}^2=\frac{V_{sb}}{0.17501}\text{mm}^2$$

计算的每排弯起钢筋的面积见表 2-53。

表 2-53　弯起钢筋面积计算表

弯起排次	承担的剪力值 V_{sb}/kN	每排弯起钢筋计算面积 A_{sb}/mm²	每排弯起钢筋实际面积 A_{sb}/mm²
1	219.9339	1256.69	2 ⌀32，1608.50
2	198.0380	1131.58	2 ⌀32，1608.50
3	149.7218	855.50	2 ⌀32，1608.50
4	104.8672	599.21	2 ⌀32，1608.50
5	63.2227	361.25	2 ⌀16，402.12

在靠近跨中处，增设 2 ⌀16 的辅助斜钢筋，$A'_{sb5}=402.12\text{mm}^2$。

⑤主筋弯起后持久状况承载能力极限状态正截面承载力验算。计算每一弯起截面的抵抗弯矩时，由于钢筋根数不同，钢筋的重心位置也不同，有效高度 h_0 的值也不同。为了简化计算，可用同一数值，影响不会很大。

2 Φ32 钢筋的抵抗弯矩 M_1

$$M_1 = f_{sd}A_s\left(h_0 - \frac{x}{2}\right) = f_{sd}A_s\left(h_0 - \frac{f_{sd}A_s}{2f_{cd}b'_f}\right) = 330 \times 2 \times 804.25 \times \left(1210 - \frac{330 \times 2 \times 804.25}{2 \times 18.4 \times 1800}\right)\text{N·mm}$$

$= 638.02 \times 10^6\text{N·mm} = 638.02\text{kN·m}$

跨中截面钢筋抵抗弯矩 $\sum M$

$$\sum M = f_{sd}A_s\left(h_0 - \frac{x}{2}\right) = f_{sd}A_s\left(h_0 - \frac{f_{sd}A_s}{2f_{cd}b'_f}\right) = 330 \times (10 \times 804.25) \times \left(1210 - \frac{330 \times 10 \times 804.25}{2 \times 18.4 \times 1800}\right)\text{N·mm}$$

$= 3105.03 \times 10^6\text{N·mm} = 3105.03\text{kN·m}$

全梁抗弯承载力校核如图 2-71 所示。

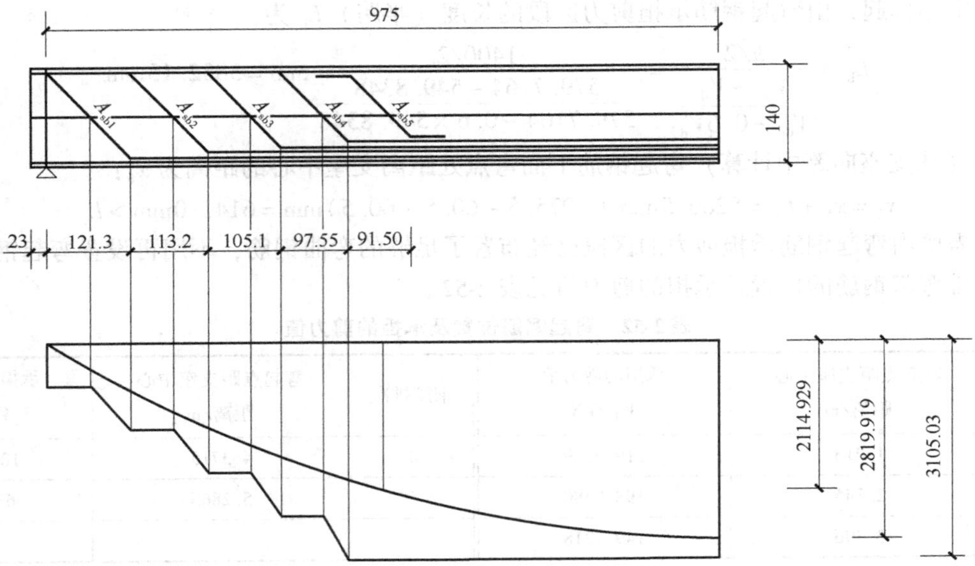

图 2-71　全梁抗弯承载力验算图示（单位：cm）

第一排钢筋弯起点处正截面承载力 M'_1

$$M'_1 = \sum M - 4M_1 = (3105.03 - 4 \times 638.02)\text{N·mm} = 552.95\text{kN·m}$$

第二排钢筋弯起点处正截面承载力 M'_2

$$M'_2 = \sum M - 3M_1 = (3105.03 - 3 \times 638.02)\text{kN·m} = 1190.97\text{kN·m}$$

第三排钢筋弯起点处正截面承载力 M'_3

$$M'_3 = \sum M - 2M_1 = (3105.03 - 2 \times 638.02)\text{kN·m} = 1828.99\text{kN·m}$$

第四排钢筋弯起点处正截面承载力 M'_4

$$M'_4 = \sum M - M_1 = (3105.03 - 638.02)\text{kN·m} = 2467.01\text{kN·m}$$

第五排钢筋弯起点处正截面承载力 M'_5

$$M'_5 = \sum M = 3105.03\text{kN·m}$$

4）箍筋设计。预先选定箍筋种类和直径，可按式（2-95）计算箍筋的间距 s_v：

$$s_v = \frac{\alpha_1^2\alpha_3^2 0.2 \times 10^{-6}(2 + 0.6P)\sqrt{f_{cu,k}}A_{sv}f_{sv}bh_0^2}{(\xi\gamma_0 V_d)^2}$$

选用直径 10mm 的 HPB300 双肢箍筋，则面积 $A_{sv} = 2 \times 78.5\text{mm}^2 = 157\text{mm}^2$；距离支座中心 $h/2$ 处当主筋为 2 Φ32，$A_s = 1608.5\text{mm}^2$；有效高度 $h_0 = 1400\text{mm} - 46\text{mm} = 1354\text{mm}$，$\rho = A_s \times 100\% / bh_0 = 1608.5 \times 100\% / (180 \times 1354) = 0.660\%$，则 $P = 100\rho = 0.660$。

最大剪力设计值 $V_d = V'_d = 549.8348\text{kN}$，将相应参数代入上式，得

$$s_v=\frac{1.0^2\times1.1^2\times0.2\times10^{-6}(2+0.6\times0.660)\times\sqrt{40}\times157\times250\times180\times1354^2}{(0.6\times1.0\times549.8348)^2}\text{mm}$$

$=436.43\text{mm}$

根据有关箍筋的构造要求，选用 $s_v=250\text{mm}$。

在支座中心向跨中方向长度不小于1倍梁高（140cm）范围内，箍筋间距取为100mm。

由上述计算，箍筋的配置如下：全梁箍筋的配置为2 Φ10 双肢箍筋，在支座中心至距支点2.508m段箍筋间距可取为100mm，其余梁端箍筋间距为250mm。

箍筋配箍率为：

当间距 $s_v=100\text{mm}$ 时，$\rho_{sv}=A_{sv}\times100\%/bh_0=157\times100\%/(180\times100)=0.8722\%$。

当间距 $s_v=250\text{mm}$ 时，$\rho_{sv}=A_{sv}\times100\%/bh_0=157\times100\%/(180\times250)=0.3489\%$。

均满足最小配箍率 HPB300 钢筋不小于0.14%的要求。

5）斜截面抗剪承载力验算。本设计实例，确定斜截面抗剪承载力验算位置（图2-72）：

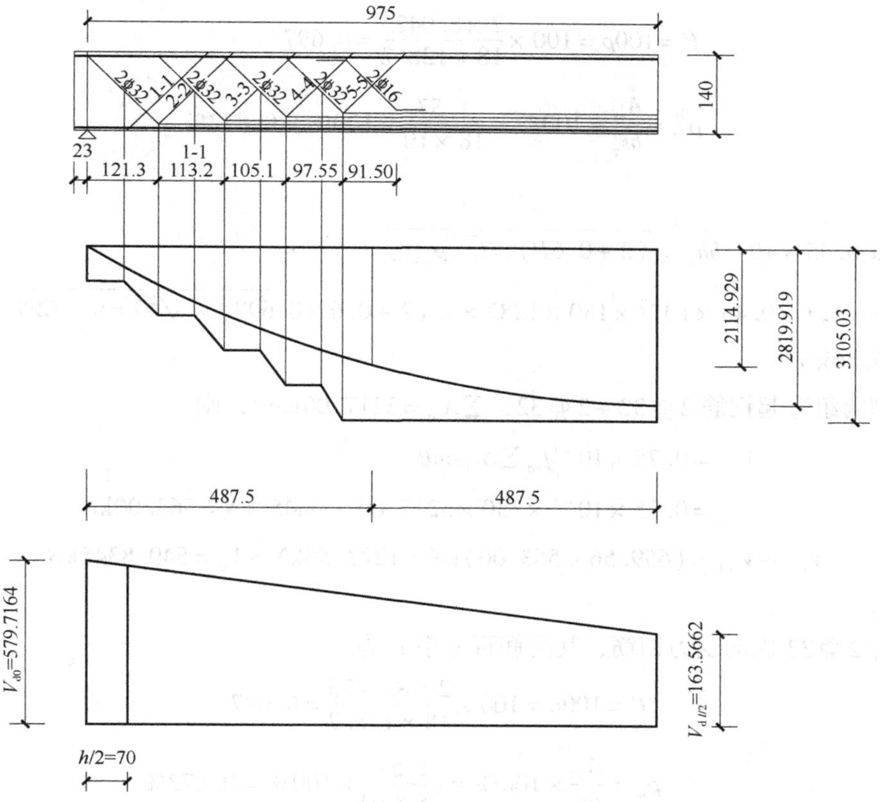

图2-72 斜截面抗剪验算截面图式（单位：cm）

①距支座中心 $h/2$ 处截面（1-1截面）。

②受拉区弯起钢筋弯起点处截面（2-2截面、3-3截面、4-4截面、5-5截面）。

③箍筋数量或间距改变处的截面。

a. 距支点中心 $h/2$ 处截面（1-1截面），相应的剪力设计值 $V_d=549.8348\text{kN}$。

b. 距支座中线1.213m处截面（2-2截面）（第一排钢筋弯起点），相应的剪力设计值 $V_d=527.9431\text{kN}$。

c. 距支座中线2.345m处截面（3-3截面）（第二排钢筋弯起点），相应的剪力设计值 $V_d=479.6227\text{kN}$。

d. 距支座中线 3.396m 处截面（4-4 截面）（第三排钢筋弯起点），相应的剪力设计值 V_d = 434.7681kN。

e. 距支座中线 4.3715m 处截面（5-5 截面）（第四排钢筋弯起点），相应的剪力设计值 V_d = 393.1317kN。

验算斜截面抗剪承载力时，应计算通过斜截面顶端正截面内的最大剪力 V_d 和相应于上述最大剪力时的弯矩 M_d。最大剪力在计算出斜截面水平投影长度 C 值后，通过内插法求得；相应的弯矩可从按比例绘制的弯矩图上量取。

斜截面的水平投影长度 $C=0.6mh_0$，为了简化计算可近似取 $C\approx h_0$（h_0 可取平均值），则有

$$C=(135.4+121.0)\text{cm}/2=128.2\text{cm}$$

由 C 值可由内插法求得各斜截面顶端处的最大剪力和相应的弯矩。

斜截面 1-1：

斜截面内有 2⌀32 纵向受力钢筋，其配筋百分率 P 为：

$$P=100\rho=100\times\frac{2\times8.0425}{18\times128.2}=0.697$$

$$\rho_{sv}=\frac{A_{sv}}{bs_v}\times100\%=\frac{1.57}{18\times10}\times100\%=0.872\%$$

则

$$\begin{aligned}V_{cs1}&=\alpha_1\alpha_3 0.45\times10^{-3}bh_0\sqrt{(2+0.6P)\sqrt{f_{cu,k}}\rho_{sv}f_{sv}}\\&=1.0\times1.1\times0.45\times10^{-3}\times180\times1282\times\sqrt{(2+0.6\times0.697)\times\sqrt{40}\times0.872\%\times250}\text{kN}\\&=659.56\text{kN}\end{aligned}$$

斜截面截割两组弯起钢筋 2⌀32 + 2⌀32，$\sum A_{sb}=3217.00\text{mm}^2$，则

$$\begin{aligned}V_{sb1}&=0.75\times10^{-3}f_{sd}\sum A_{sd}\sin\theta_s\\&=0.75\times10^{-3}\times330\times3217.00\times\sin45°\text{kN}=563.00\text{kN}\end{aligned}$$

$$V_{cs1}+V_{sb1}=(659.56+563.00)\text{kN}=1222.56\text{kN}>V_d=549.8348\text{kN}$$

斜截面 2-2：

斜截面内有 2⌀32 纵向受力钢筋，其配筋百分率 P 为：

$$P=100\rho=100\times\frac{2\times8.0425}{18\times128.2}=0.697$$

$$\rho_{sv}=\frac{A_{sv}}{bs_v}\times100\%=\frac{1.57}{18\times10}\times100\%=0.872\%$$

则

$$\begin{aligned}V_{cs1}&=\alpha_1\alpha_3 0.45\times10^{-3}bh_0\sqrt{(2+0.6P)\sqrt{f_{cu,k}}\rho_{sv}f_{sv}}\\&=1.0\times1.1\times0.45\times10^{-3}\times180\times1282\times\sqrt{(2+0.6\times0.697)\times\sqrt{40}\times0.872\%\times250}\text{kN}\\&=659.56\text{kN}\end{aligned}$$

斜截面截割两组弯起钢筋 2⌀32 + 2⌀32，$\sum A_{sb}=3217.00\text{mm}^2$，其中第三排弯起钢筋 2⌀32 虽与 2-2 截面相交，但由于其交点靠近受压区边缘，其实际开裂斜截面不与第三排 2⌀32 相交，故近似忽略其抗剪承载力的贡献。

$$\begin{aligned}V_{sb1}&=0.75\times10^{-3}f_{sd}\sum A_{sd}\sin\theta_s\\&=0.75\times10^{-3}\times330\times1608.50\times\sin45°\text{kN}=281.50\text{kN}\end{aligned}$$

$$V_{cs1}+V_{sb1}=(659.56+281.50)\text{kN}=941.06\text{kN}>V_d=527.9431\text{kN}$$

斜截面3-3：

斜截面内有4ⅲ32纵向受力钢筋，其配筋百分率P为：

$$P=100\rho=100\times\frac{4\times8.0425}{18\times128.2}=1.394$$

$$\rho_{sv}=\frac{A_{sv}}{bs_v}\times100\%=\frac{1.57}{18\times25}\times100\%=0.3489\%$$

则

$$V_{cs1}=\alpha_1\alpha_3 0.45\times10^{-3}bh_0\sqrt{(2+0.6P)\sqrt{f_{cu,k}}\rho_{sv}f_{sv}}$$
$$=1.0\times1.1\times0.45\times10^{-3}\times180\times1282\times\sqrt{(2+0.6\times1.394)\times\sqrt{40}\times0.3489\%\times250}\text{kN}$$
$$=451.84\text{kN}$$

斜截面截割2组弯起钢筋2ⅲ32+2ⅲ32（$\sum A_{sb}=4\times804.25\text{mm}^2=3217.00\text{mm}^2$），其中第四排弯起钢筋2ⅲ32虽与3-3截面相交，但由于其交点靠近受压区边缘，其实际开裂斜截面不与第四排2ⅲ32相交，故近似忽略其抗剪承载力的贡献。则

$$V_{sb1}=0.75\times10^{-3}f_{sd}\sum A_{sd}\sin\theta_s$$
$$=0.75\times10^{-3}\times330\times1608.5\times\sin45°\text{kN}=281.50\text{kN}$$

$$V_{cs1}+V_{sb1}=(451.84+281.50)\text{kN}=733.34\text{kN}>V_d=479.6227\text{kN}$$

斜截面4-4：

斜截面内有6ⅲ32纵向受力钢筋，其配筋百分率P为：

$$P=100\rho=100\times\frac{6\times8.0425}{18\times128.2}=2.091<2.5$$

$$\rho_{sv}=\frac{A_{sv}}{bs_v}\times100\%=\frac{1.57}{18\times25}\times100\%=0.3489\%$$

则

$$V_{cs1}=\alpha_1\alpha_3 0.45\times10^{-3}bh_0\sqrt{(2+0.6P)\sqrt{f_{cu,k}}\rho_{sv}f_{sv}}$$
$$=1.0\times1.1\times0.45\times10^{-3}\times180\times1282\times\sqrt{(2+0.6\times2.091)\times\sqrt{40}\times0.3489\%\times250}\text{kN}$$
$$=484.01\text{kN}$$

斜截面截割2组弯起钢筋2ⅲ32+2ⅲ16（$\sum A_{sb}=2\times804.25\text{mm}^2+2\times201.06\text{mm}^2=2010.62\text{mm}^2$），其中第五排弯起钢筋2ⅲ16虽与4-4截面相交，但由于其交点靠近受压区边缘，其实际开裂斜截面不与第五排2ⅲ16相交，故近似忽略其抗剪承载力的贡献。则

$$V_{sb1}=0.75\times10^{-3}f_{sd}\sum A_{sd}\sin\theta_s$$
$$=0.75\times10^{-3}\times330\times1608.5\times\sin45°\text{kN}=281.50\text{kN}$$

$$V_{cs1}+V_{sb1}=(484.01+281.50)\text{kN}=765.51\text{kN}>V_d=434.7681\text{kN}$$

斜截面5-5：

斜截面内有8ⅲ32纵向受力钢筋，其配筋百分率P为：

$$P=100\rho=100\times\frac{8\times8.0425}{18\times128.2}=2.788>2.5\text{，取}P=2.5$$

$$\rho_{sv}=\frac{A_{sv}}{bs_v}\times100\%=\frac{1.57}{18\times25}\times100\%=0.3489\%$$

则

$$V_{cs1}=\alpha_1\alpha_3 0.45\times10^{-3}bh_0\sqrt{(2+0.6P)\sqrt{f_{cu,k}}\rho_{sv}f_{sv}}$$

$$=1.0\times1.1\times0.45\times10^{-3}\times180\times1282\times\sqrt{(2+0.6\times2.5)}\times\sqrt{40}\times0.3489\%\times250\text{kN}$$
$$=501.92\text{kN}$$

斜截面截割 2 组弯起钢筋 2 ⌀16（$\sum A_{sb}=2\times201.06\text{mm}^2=402.12\text{mm}^2$），则

$$V_{sb1}=0.75\times10^{-3}f_{sd}\sum A_{sd}\sin\theta_s$$
$$=0.75\times10^{-3}\times330\times402.12\times\sin45°\text{kN}=70.375\text{kN}$$
$$V_{cs1}+V_{sb1}=(501.920+70.375)\text{kN}=572.30\text{kN}>V_d=393.1317\text{kN}$$

因此，斜截面抗剪承载力满足要求。

6）持久状况斜截面抗弯极限承载力验算。当受弯构件的纵向钢筋和箍筋满足有关构造要求时，可不进行斜截面抗弯承载力计算。

（4）持久状况正常使用极限状态下的裂缝宽度验算　钢筋混凝土受弯构件的最大裂缝宽度 W_{cr} 可按下式计算：

$$W_{cr}=C_1C_2C_3\frac{\sigma_{ss}}{E_s}\left(\frac{c+d}{0.30+1.4\rho_{te}}\right)$$

其中，钢筋表面形状系数 $C_1=1.0$（带肋钢筋）；作用（或荷载）长期效应影响系数 $C_2=1+0.5\dfrac{M_l}{M_s}=1+0.5\times\dfrac{1344.626}{1652.448}=1.4069$。

频遇组合
$$M_s=\sum_{i=1}^{m}S_{G_ik}+\sum_{j=1}^{n}\psi_{1j}S_{Q_jk}=M_{Gk}+0.7M_{Q_1k}+1.0M_{Q_2k}$$

式中　M_{Q_1k}——汽车荷载效应（不含冲击）的标准值；

M_{Q_2k}——人群荷载效用的标准值。

取 1 号梁的跨中弯矩效应进行组合：

由表 2-48 可知，$M_{Gk}=969.0906\text{kN}\cdot\text{m}$、$M_{Q_1k}=1118.150\text{kN}\cdot\text{m}/1.313=851.60\text{kN}\cdot\text{m}$、$M_{Q_2k}=87.238\text{kN}\cdot\text{m}$ 代入上式得

$$M_s=(969.0906+0.7\times851.60+1.0\times87.238)\ \text{kN}\cdot\text{m}=1652.448\text{kN}\cdot\text{m}$$

长期效应组合：
$$M_l=\sum_{i=1}^{m}S_{G_ik}+\sum_{j=1}^{n}\psi_{2j}S_{Q_jk}=M_{Gk}+0.4M_{Q_1k}+0.4M_{Q_2k}$$
$$M_l=(969.0906+0.4\times851.60+0.4\times87.238)\text{kN}\cdot\text{m}=1344.626\text{kN}\cdot\text{m}$$

与构件受力性质有关的系数 $C_3=1.0$。

混凝土保护层厚度 $c=30\text{mm}<50\text{mm}$。

纵向受拉钢筋直径 d 采用换算直径，$d=\dfrac{\sum n_id_i^2}{\sum n_id_i}=\dfrac{10\times32^2}{10\times32}\text{mm}=32.00\text{mm}$。

纵向受拉钢筋的有效配筋率 ρ_{te}，$\rho_{te}=\dfrac{A_s}{A_{te}}=\dfrac{10\times804.25}{2\times190\times180}=0.1176>0.1$，取 $\rho_{te}=0.1$。

开裂截面纵向受拉钢筋的应力 σ_{ss}

$$\sigma_{ss}=\frac{M_s}{0.87A_sh_0}=\frac{1652.448\times10^6}{0.87\times(10\times804.25)\times1210}\text{MPa}=195.179\text{MPa}$$

钢筋弹性模量 $E_s=2.0\times10^5\text{MPa}$。

将上述数据代入 W_{cr} 公式可得：

$$W_{cr}=C_1C_2C_3\frac{\sigma_{ss}}{E_s}\left(\frac{c+d}{0.30+1.4\rho_{te}}\right)$$
$$=1.0\times1.4069\times1.0\times\frac{195.179}{2.0\times10^5}\times\left(\frac{30+32.00}{0.30+1.4\times0.1}\right)\text{mm}$$

$=0.1935\text{mm}<0.20\text{mm}$（Ⅰ类，一般环境），满足要求。

根据《公路钢筋混凝土及预应力混凝土桥涵设计规范》（JTG 3362—2018）第9.3.7条规定，在主梁的腹板两侧应设置直径为6～8mm的防裂钢筋，以防止产生裂缝。

选用直径8mm，其间距为200mm，即每侧8ϕ8（$A_s'=402.12\text{mm}^2$），其配筋率$\rho'=A_s'/bh=402.12/(180\times1400)=0.0016$，介于0.001～0.002之间，满足要求。

（5）持久状况正常使用极限状态下的挠度验算

1）开裂截面的截面特性。

①截面换算系数：

$$\alpha_E=\frac{E_s}{E_c}=\frac{2.0\times10^5}{3.25\times10^4}=6.154$$

②工字形梁换算截面的惯性矩I_{cr}和I_0计算。全截面换算截面对重心轴的惯性矩可近似用毛截面的惯性矩代替，由前述计算可知，

$$I_0=I=8771607.33\text{cm}^4=8.7716\times10^{10}\text{mm}^4$$

全截面换算截面面积：

$$\begin{aligned}A_0&=A+(\alpha_E-1)A_s\\&=4626\text{cm}^2+(6.154-1)\times(10\times8.0425)\text{cm}^2=5040.51\text{cm}^2\end{aligned}$$

计算全截面换算截面受压区高度x_0：

$$A_0x_0=\frac{1}{2}b_fh_f'^2+\frac{1}{2}b(h^2-h_f'^2)+(\alpha_E-1)A_sh_0$$

$$x_0=\frac{\frac{1}{2}\times180\times13^2+\frac{1}{2}\times18\times(140^2-13^2)+(6.154-1)\times(10\times8.0425)\times121.0}{5040.51}\text{cm}=47.663\text{cm}$$

计算全截面换算截面重心轴以上部分对重心轴的面积矩S_0

$$\begin{aligned}S_0&=\frac{1}{2}bx_0^2+(b_f-b)h_f'\left(x_0-\frac{1}{2}h_f'\right)\\&=\frac{1}{2}\times18\times47.663^2\text{cm}^3+(180-18)\times13\times\left(47.663-\frac{13}{2}\right)\text{cm}^3\\&=107135.13\text{cm}^3\end{aligned}$$

开裂弯矩，$M_{cr}=\gamma f_{tk}W_0=2f_{tk}S_0$

$$=2\times2.4\times107135.13\times10^3\text{N}\cdot\text{mm}=5.1425\times10^8\text{N}\cdot\text{mm}$$

设开裂截面换算截面中和轴距梁顶面的距离为x(cm)，根据图2-64c中性轴以上和以下换算截面面积矩相等的原则，按下式求解x：

$$\frac{1}{2}b_fx^2-\frac{1}{2}(b_f-b)(x-h_f')^2-\alpha_EA_s(h_0-x)=0\text{（假定中和轴位于腹板内）}$$

代入相关参数数值得：

$$\frac{1}{2}\times180\times x^2-\frac{1}{2}\times(180-18)\times(x-13)^2-6.154(10\times8.0425)\times(121.0-x)=0$$

整理得

$$x^2+288.99x-8175.13=0$$

求得$x=25.96\text{cm}=259.6\text{mm}>h_f'=130\text{mm}$，假定正确。

计算开裂截面换算截面惯性矩I_{cr}：

$$I_{cr}=\alpha_EA_s(h_0-x)^2+\frac{1}{3}b_fx^3-\frac{1}{3}(b_f-b)(x-h_f')^3$$

代入上式得：

$$I_{cr}=\left[6.154\times(10\times804.25)\times(1210-259.6)^2+\frac{1}{3}\times1800\times259.6^3-\frac{1}{3}\times(1800-180)\times(259.6-130)^2\right]\mathrm{mm}^4=5.403\times10^{10}\mathrm{mm}^4$$

③开裂构件的抗弯刚度计算。

全截面的抗弯刚度 B_0：

$$B_0=0.95E_cI_0=0.95\times3.25\times10^4\times8.7716\times10^{10}\mathrm{N\cdot mm^2}=2.708\times10^{15}\mathrm{N\cdot mm^2}$$

开裂截面的抗弯刚度 B_{cr}：

$$B_{cr}=E_cI_{cr}=3.25\times10^4\times5.403\times10^{10}\mathrm{N\cdot mm^2}=1.756\times10^{15}\mathrm{N\cdot mm^2}$$

则

$$\begin{aligned}B&=\frac{B_0}{\left(\frac{M_{cr}}{M_s}\right)^2+\left[1-\left(\frac{M_{cr}}{M_s}\right)^2\right]\frac{B_0}{B_{cr}}}\\&=\frac{2.708\times10^{15}}{\left(\frac{5.1425\times10^8}{1.652448\times10^9}\right)^2+\left[1-\left(\frac{5.1425\times10^8}{1.652448\times10^9}\right)^2\right]\times\frac{2.708\times10^{15}}{1.756\times10^{15}}}\mathrm{N\cdot mm^2}\\&=1.8425\times10^{15}(\mathrm{N\cdot mm^2})\end{aligned}$$

2）受弯构件跨中截面处的长期挠度值。根据上述计算，结构自重作用下跨中截面弯矩标准值 $M_G=969.0906\mathrm{kN\cdot m}$，公路Ⅰ级可变车道荷载 $q_k=10.5\mathrm{kN/m}$，$P_k=190.4\mathrm{kN}$，跨中横向分布系数 $\eta=0.51322$；人群荷载 $q_人=4.5\mathrm{kN/m}$，跨中横向分布系数 $\eta=0.6118$。

永久荷载

$$f_G=\frac{5M_Gl_0^2}{48B}=\frac{5\times969.0906\times10^6\times19500^2}{48\times1.8425\times10^{15}}\mathrm{mm}=18.751\mathrm{mm}$$

可变荷载（汽车）

$$\begin{aligned}f_Q&=\psi_1\eta\left(\frac{5q_kl_0^4}{384B}+\frac{P_kl_0^3}{48B}\right)\\&=0.7\times0.51322\times\left(\frac{5\times10.5\times19500^4}{384\times1.8181\times10^{15}}+\frac{190.4\times10^3\times19500^3}{48\times1.8181\times10^{15}}\right)\mathrm{mm}\\&=9.718\mathrm{mm}\end{aligned}$$

可变荷载（人群）

$$\begin{aligned}f_R&=\psi_1\eta\frac{5q_人l_0^4}{384B}\\&=1.0\times0.6118\times\frac{5\times4.5\times19500^4}{384\times1.8181\times10^{15}}\mathrm{mm}=2.851\mathrm{mm}\end{aligned}$$

其中，ψ_1 为作用效应组合的频遇系数，对汽车 $\psi_1=0.7$，对人群 $\psi_1=1.0$。

当采用 C40～C80 混凝土时，$\eta_\theta=1.45\sim1.35$，本设计实例采用 C40 混凝土，挠度长期增长系数 $\eta_\theta=1.45$。

施工中可通过设置预拱度来消除永久作用的挠度，则在消除结构自重产生的长期挠度后受弯构件的最大挠度不应超过计算跨径的 1/600。

$$\begin{aligned}f_l&=\eta_\theta(f_Q+f_R)=1.45\times(9.718+2.851)\mathrm{mm}\\&=18.23\mathrm{mm}<l_0/600=19500\mathrm{mm}/600=32.5\mathrm{mm}，满足要求。\end{aligned}$$

3）预拱度设置。由短期效应组合并考虑荷载长期效应影响的长期挠度值：

$$f_{sl}=\eta_\theta(f_G+f_Q+f_R)=1.45\times(18.751+9.718+2.851)\mathrm{mm}$$

$$=45.414\text{mm} > l_0/1600 = 19500\text{mm}/1600 = 32.5\text{mm}$$

故应设置预拱度，其跨中预拱度值为 $f_P = \eta_\theta[f_G + 0.5(f_Q + f_R)]$

$$= 1.45 \times [18.751 + 0.5 \times (9.718 + 2.851)]\text{mm} = 36.302\text{mm},$$

支点 $f_P = 0$，预拱度沿顺桥向做成平顺的曲线。

4. 横隔梁配筋计算

(1)确定作用于跨中横隔梁上的可变荷载　具有多根内横隔梁的桥梁，跨中处的横隔梁受力最大，通常只计算跨中横隔梁的作用效应，其余横隔梁可依据跨中横隔梁偏安全地选用相同的截面尺寸和配筋。

桥梁结构的局部加载计算应采用车辆荷载，图2-73给出了跨中横隔梁纵向最不利荷载布置。

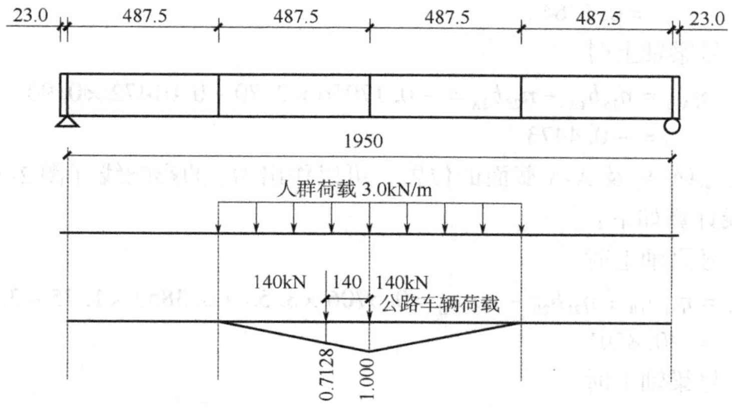

图2-73　跨中横隔梁的最不利受载图式(单位：cm)

纵向一行车轮和人群荷载对跨中横隔梁的计算荷载为：

汽车荷载：

$$P_0 = \frac{1}{2}\sum P_i\eta_i = \frac{1}{2} \times (140 \times 0.7128 + 140 \times 1.000)\text{kN} = 119.896\text{kN}$$

跨中横隔梁受力影响线的面积：

$$\Omega = \frac{1}{2} \times (2 \times 4.875) \times 1.000 = 4.875$$

人群荷载：

$$q_0 = q_人 \Omega = 3.0 \times 4.875\text{kN/m} = 14.625\text{kN/m}$$

(2) 跨中横隔梁的作用效应影响线计算　一般横隔梁弯矩在靠近桥梁中线的截面较大，而剪力侧在靠近两侧边缘处的截面最大。因此，图2-74的跨中横隔梁，可取A-A(2、3号梁的中点)、B-B(靠近3号主梁) 两个截面计算横隔梁的弯矩，取1号梁右侧C-C截面和2号梁右侧D-D截面计算剪力。采用修正的刚性梁法计算横隔梁作用效应。

1) 弯矩影响线。

①计算公式。如图2-74所示，在桥梁跨中当单位荷载 $P=1$ 作用在 j 号梁轴上时，i 号梁轴所受的作用为竖向力 η_{ij}(考虑主梁抗扭)，于是，由平衡条件可以写出A-A截面的弯矩计算公式。

当 $P=1$ 作用在截面A-A的左侧时

$$M_{A,j} = \eta_{1j}b_{1A} + \eta_{2j}b_{2A} - 1 \times e_A$$

即

$$\eta_{A,j} = \eta_{1j}b_{1A} + \eta_{2j}b_{2A} - 1 \times e_A$$

式中　b_{iA}——i 号梁轴到A-A截面的距离；

e_A——单位荷载 $P=1$ 作用位置到A-A截面的距离。

当 $P=1$ 作用在截面A-A的右侧时，同理可得

$$\eta_{A,j}=\eta_{1j}b_{1A}+\eta_{2j}b_{2A}$$

②计算弯矩的影响线值。由表 2-40 可得横向影响系数坐标值，即 $\eta_{11}=0.5706$，$\eta_{12}=\eta_{21}=0.3853$，$\eta_{13}=\eta_{31}=0.2$，$\eta_{14}=0.01472$，$\eta_{15}=-0.17056$，$\eta_{24}=0.10736$，$\eta_{34}=0.2$，$\eta_{25}=0.01472$。

A-A 截面的弯矩 M_A 影响线计算如下：

当 $P=1$ 作用在 1 号梁轴上时

$$\eta_{A,1}=\eta_{11}b_{1A}+\eta_{21}b_{2A}-1\times e_A=0.5706\times2.70+0.3853\times0.90-2.70=-0.8126$$

当 $P=1$ 作用在 4 号梁轴上时

$$\eta_{A,4}=\eta_{14}b_{1A}+\eta_{24}b_{2A}=0.01472\times2.70+0.10736\times0.90=0.1364$$

当 $P=1$ 作用在 5 号梁轴上时

$$\eta_{A,5}=\eta_{15}b_{1A}+\eta_{25}b_{2A}=-0.17056\times2.70+0.01472\times0.90=-0.4473$$

根据上述计算的三点坐标及 A-A 截面的位置，可以作出 M_A 的影响线（图 2-74c）。

同理 M_B 的影响线计算如下：

当 $P=1$ 作用在 1 号梁轴上时

$$\eta_{B,1}=\eta_{11}b_{1B}+\eta_{21}b_{2B}-1\times e_B=0.5706\times3.55+0.3853\times1.75-3.55=-0.8501$$

当 $P=1$ 作用在 4 号梁轴上时

$$\eta_{B,4}=\eta_{14}b_{1B}+\eta_{24}b_{2B}=0.01472\times3.55+0.10736\times1.75=0.2401$$

当 $P=1$ 作用在 5 号梁轴上时

$$\eta_{B,5}=\eta_{15}b_{1B}+\eta_{25}b_{2B}=-0.17056\times3.55+0.01472\times1.75=-0.5797$$

根据上述计算的三点坐标及 B-B 截面的位置，可以作出 M_B 的影响线（图 2-74d）。

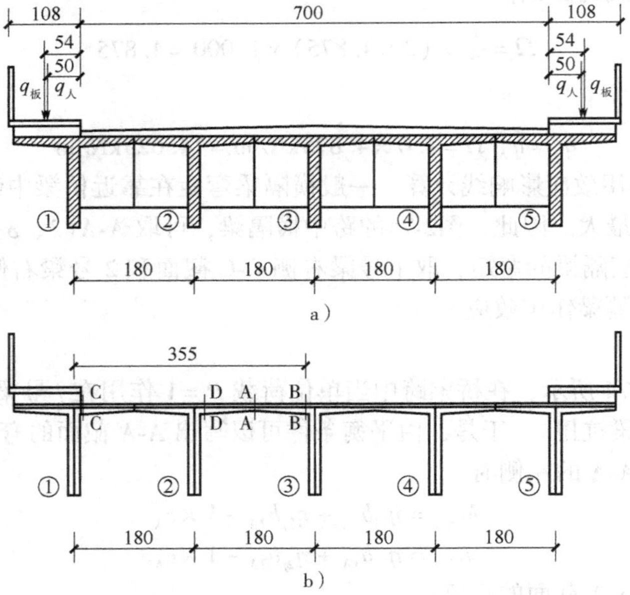

图 2-74 跨中横梁作用效应影响线图示（单位：cm）

a）桥梁横断面 b）计算简图

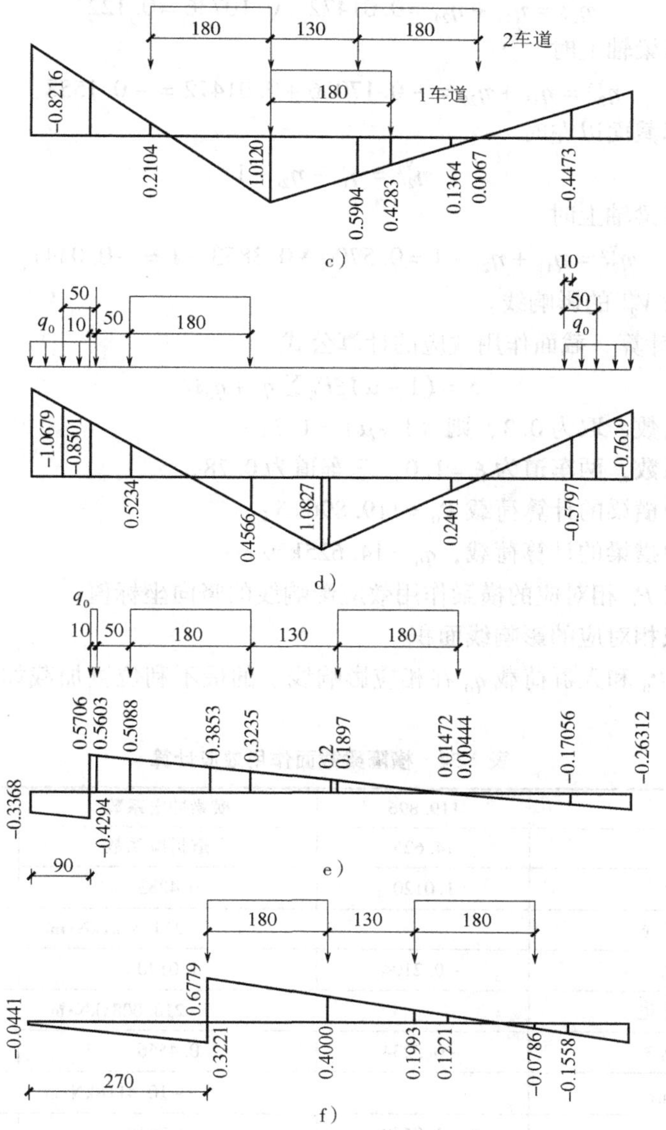

图 2-74　跨中横梁作用效应影响线图示（单位：cm）（续）

c）M_A 影响线　d）M_B 影响线　e）1 号梁右侧截面剪力影响线　f）2 号梁右侧截面剪力影响线

2）剪力影响线。

①1 号梁右侧截面的剪力 $V_1^{右}$ 影响线计算。

当 $P=1$ 作用在计算截面以右时

$$\eta_{1i}^{V_1}=\eta_{1i}\text{（即为 1 号梁的荷载横向影响线，如图 2-65 所示）}$$

当 $P=1$ 作用在计算截面以左时

$$\eta_{1i}^{V_1}=\eta_{1i}-1$$

图 2-74e 给出了剪力 $V_1^{右}$ 的影响线。

②2 号梁右侧截面的剪力 $V_2^{右}$ 影响线计算。

当 $P=1$ 作用在计算截面以右时

$$\eta_{2i}^{V_2}=\eta_{1i}+\eta_{2i}$$

如 $P=1$ 作用在 4 号梁轴上时

$$\eta_{24}^{V_2}=\eta_{14}+\eta_{24}=0.01472+0.10736=0.1221$$

如 $P=1$ 作用在5号梁轴上时

$$\eta_{25}^{V_2}=\eta_{15}+\eta_{25}=-0.17056+0.01472=-0.1558$$

当 $P=1$ 作用在计算截面以左时

$$\eta_{2i}^{V_2}=\eta_{1i}+\eta_{2i}-1$$

如 $P=1$ 作用在1号梁轴上时

$$\eta_{21}^{V_2}=\eta_{11}+\eta_{21}-1=0.5706+0.3853-1=-0.0441$$

图2-74f 给出了剪力 $V_2^{右}$ 的影响线。

（3）截面作用效应计算　截面作用效应的计算公式

$$S=(1+\mu)\xi P_0\sum\eta_i+q_0\Omega$$

式中　μ——横向冲击系数，取为0.3，则（$1+\mu$）=1.3；

ξ——车道折减系数，两车道为 $\xi=1.0$，三车道为0.78；

P_0——汽车对跨中横梁的计算荷载 $P_0=119.896\text{kN}$；

q_0——人群对跨中横梁的计算荷载，$q_0=14.625\text{kN/m}$；

η_i——与计算荷载 P_0 相对应的横梁作用效应影响线的竖向坐标值；

Ω——与人群荷载相对应的影响线面积。

可变作用汽车荷载 P_0 和人群荷载 q_0 在相应影响线上的最不利位置加载如图2-74所示，横隔梁内力计算见表2-54。

表2-54　横隔梁截面作用效应计算

汽车 P_0/kN		119.896	横梁冲击系数	0.3	
人群 q_0/(kN/m)		14.625	车道折减系数	1.0	
M_A	η_i	1.0120	0.4283		
	一车道	224.4921kN·m			
	η_i	−0.2104	1.0120	0.5904	0.0067
	两车道	218.0081kN·m			
M_B	η_i	−0.5234	0.4566		
	$M_{B汽}$	−10.4118kN·m			
	η_i	−1.0679	−0.7619		
	$M_{B人}$	−26.7608kN·m			
$V_1^{右}$	η_i	0.5088	0.3235	0.1897	0.00444
	两车道	159.9859kN·m			
	η_i	0.5706	0.5603		
	$V_{1人}^{右}$	[(0.5706+0.5603)/2]×14.625kN=8.2697kN			
$V_2^{右}$	η_i	0.6779	0.4000	0.1993	−0.0786
	两车道	186.8196kN			
荷载组合	M_{Amax}/(kN·m)	1.4×224.4921=314.289			
	M_{Bmax}/(kN·m)	1.4×(−10.4118−0.75×26.7608)=−42.675			
	V/kN	1.4×186.8196=261.556			

（4）横隔梁截面配筋与验算

1）正弯矩配筋。将铺装层折算30mm计入截面，则横梁截面高度 $h=1130\text{mm}$，横梁翼缘有效宽度为：①计算跨径的1/3，即720cm/3=240cm；②相邻两横梁的平均间距，即487.5cm；③$b+$

$12h_f' = 18\text{cm} + 12 \times (13+3)\text{cm} = 210\text{cm}$。取上述三者的较小值作为横梁翼缘的有效宽度，即 $b_f' = 210\text{cm}$（图2-75）。

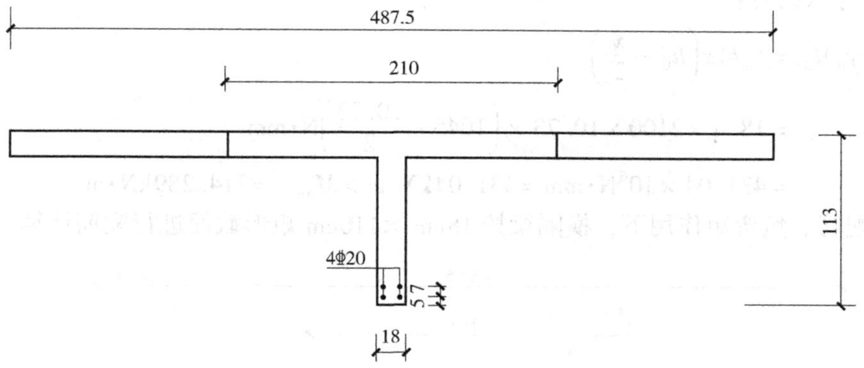

图2-75　正弯矩配筋及其计算截面（单位：cm）

假设 $a_s = 8\text{cm}$。则横隔梁的有效高度 $h_0 = (113-8)\text{cm} = 105\text{cm}$。

判断T形截面的类型

$$f_{cd}b_f'h_f'\left(h_0 - \frac{h_f'}{2}\right) = 18.4 \times 2100 \times 160 \times \left(1050 - \frac{160}{2}\right)\text{N·mm}$$

$$= 5996.928 \times 10^6\text{N·mm} = 5996.928\text{kN·m} > M_{\text{Amax}} = 314.289\text{kN·m}$$

因此，受压区位于翼缘内，属于第一类T形截面，应按宽度为 b_f' 的矩形截面进行正截面抗弯承载力计算。

由 $\sum M = 0$ 可得

$$\gamma_0 M_d = f_{cd}b_f'x\left(h_0 - \frac{x}{2}\right)$$

可得

$$\xi = 1 - \sqrt{1 - 2\frac{\gamma_0 M_d}{f_{cd}b_f'h_0^2}} = 1 - \sqrt{1 - 2 \times \frac{1.0 \times 314.289 \times 10^6}{18.4 \times 2100 \times 1050^2}} = 0.007405$$

$$x = \xi h_0 = 0.007405 \times 1050\text{mm} = 7.775\text{mm} < h_f' = 160\text{mm}$$

由 $\sum X = 0$ 可得

$$A_s f_{sd} = f_{cd}b_f'x$$

可得

$$A_s = \frac{f_{cd}b_f'x}{f_{sd}} = \frac{18.4 \times 2100 \times 7.775}{330}\text{mm}^2 = 910.38\text{mm}^2$$

选配4根直径为20mm的HRB400钢筋，$A_s = 4 \times 314.16\text{mm}^2 = 1256.64\text{mm}^2$。

根据《公路钢筋混凝土及预应力混凝土桥涵设计规范》（JTG 3362—2018）第9.3.3条规定，各主筋间横向净距和层与层之间的竖向净距，当钢筋为三层及以下时，不应小于30mm，并不应小于钢筋直径。确定本设计实例主梁钢筋布置如图2-75所示。

此时 $a_s = 8.5\text{cm}$，则 $h_0 = h - a_s = 1130\text{mm} - 85\text{mm} = 1045\text{mm}$。

$$x = \frac{f_{sd}A_s}{f_{cd}b_f'} = \frac{330 \times 1256.64}{18.4 \times 2100}\text{mm} = 10.73\text{mm} < \xi_b h_0 = 0.53 \times 1045\text{mm} = 553.85\text{mm}\text{（满足要求）}$$

$$\rho = \frac{A_s}{b_f'h_f' + (h_0 - h_f')b} \times 100\% = \frac{1256.64}{2100 \times 160 + (1045 - 160) \times 180} \times 100\%$$

$$=0.2537\% > \max\left\{45\times\frac{1.65}{330},\ 0.2\right\}\%\max=0.225\%$$

验算截面抗弯承载力：

$$\gamma_0 M_{du}=f_{cd}b_f'x\left(h_0-\frac{x}{2}\right)$$

$$=18.4\times2100\times10.73\times\left(1045-\frac{10.73}{2}\right)\text{N}\cdot\text{mm}$$

$$=431.04\times10^6\text{N}\cdot\text{mm}=431.04\text{kN}\cdot\text{m}>M_{A\max}=314.289\text{kN}\cdot\text{m}$$

2）负弯矩配筋。负弯矩作用下，横隔梁按 18cm ×110cm 矩形截面进行配筋计算（图 2-76）。

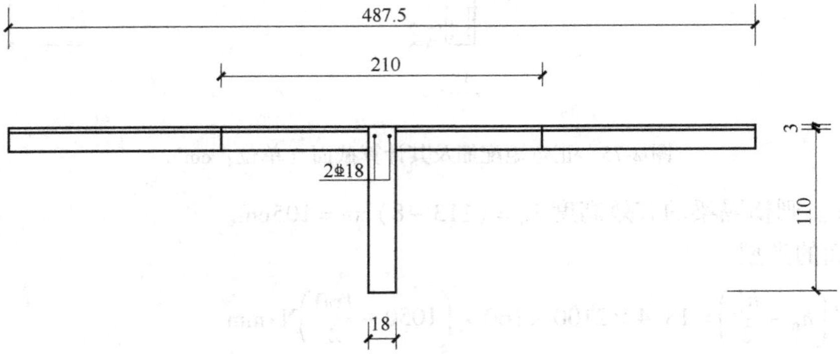

图 2-76　负弯矩配筋及计算截面图式（单位：cm）

假设 $a_s=4\text{cm}$。则横隔梁的有效高度 $h_0=(110-4)\text{cm}=106\text{cm}$。

由 $\Sigma M=0$ 可得

$$\gamma_0 M_d=f_{cd}bx\left(h_0-\frac{x}{2}\right)$$

可得

$$\xi=1-\sqrt{1-2\frac{\gamma_0 M_d}{f_{cd}bh_0^2}}=1-\sqrt{1-2\times\frac{1.0\times42.675\times10^6}{18.4\times180\times1060^2}}=0.01153$$

$$x=\xi h_0=0.01153\times1060\text{mm}=12.22\text{mm}$$

由 $\Sigma X=0$ 可得

$$A_s f_{sd}=f_{cd}bx$$

可得

$$A_s=\frac{f_{cd}bx}{f_{sd}}=\frac{18.4\times180\times12.22}{330}\text{mm}^2=122.64\text{mm}^2$$

选配 2 根直径为 18mm 的 HRB400 钢筋，$A_s=2\times254.47\text{mm}^2=508.94\text{mm}^2$。

$$x=\frac{A_s f_{sd}}{f_{cd}b}=\frac{508.94\times330}{18.4\times180}\text{mm}=50.71\text{mm}<\xi_b h_0=0.53\times1060\text{mm}=561.8\text{mm}(\text{满足要求})$$

$$\rho=\frac{A_s}{bh_0}\times100\%=\frac{508.94}{180\times1060}\times100\%=0.2667\%>\max\left\{45\times\frac{1.65}{330},0.2\right\}\%\max=0.225\%$$

验算截面抗弯承载力：

$$\gamma_0 M_{du}=f_{cd}bx\left(h_0-\frac{x}{2}\right)$$

$$=18.4\times180\times50.71\times\left(1060-\frac{50.71}{2}\right)\text{N}\cdot\text{mm}$$

$$= 173.77 \times 10^6 \text{N·mm} = 173.77\text{kN·m} > M_{\text{Bmax}} = 42.675\text{kN·m}$$

3）抗剪计算与配筋设计。由式（2-93）可知

$$0.51 \times 10^{-3} \sqrt{f_{\text{cu,k}}} bh_0 = 0.51 \times 10^{-3} \times \sqrt{40} \times 180 \times 1045\text{kN}$$
$$= 606.721\text{kN} > \gamma_0 V_d = 1.0 \times 261.556\text{kN} = 261.556\text{kN}$$

因此，抗剪截面尺寸满足要求。

由式（2-94）可知

$$0.50 \times 10^{-3} \alpha_2 f_{\text{td}} bh_0 = 0.50 \times 10^{-3} \times 1.0 \times 1.65 \times 180 \times 1045\text{kN}$$
$$= 155.183\text{kN} < \gamma_0 V_d = 1.0 \times 261.556\text{kN} = 261.556\text{kN}$$

因此，需进行斜截面抗剪承载力的验算，通过计算配置抗剪钢筋。

假定全部采用箍筋来承受剪力，选取箍筋双肢ф 8（$A_{\text{sv}} = 2 \times 50.3\text{mm}^2 = 100.6\text{mm}^2$），箍筋的间距根据式 2-95 为

$$s_v = \frac{\alpha_1^2 \alpha_3^2 0.2 \times 10^{-6}(2 + 0.6P)\sqrt{f_{\text{cu,k}}} A_{\text{sv}} f_{\text{sv}} bh_0^2}{(\xi \gamma_0 V_d)^2}$$
$$= \frac{1.0^2 \times 1.1^2 \times 0.2 \times 10^{-6} \times (2 + 0.6 \times 0.6681) \times \sqrt{40} \times 100.6 \times 250 \times 180 \times 1045^2}{(1.0 \times 1.0 \times 261.556)^2}\text{mm}$$
$$= 265.54\text{mm}$$

其中，$P = 100\rho = 100 \times \dfrac{1256.64}{180 \times 1045} = 0.6681$。

选取箍筋间距 $s_v = 150\text{mm}$，其配箍率为：

$$\rho_{\text{sv}} = \frac{A_{\text{sv}}}{b_{\text{sv}}} \times 100\% = \frac{100.6}{180 \times 150} \times 100\% = 0.3726\% > \rho_{\text{sv,min}} = 0.14\%$$，满足规范要求。

5. 行车道板的计算

（1）永久荷载效应计算　由于主梁翼缘板在接缝处沿纵向全长设置连接钢筋，故行车道板可按两端固定和中间铰接的板计算，如图 2-77 所示。

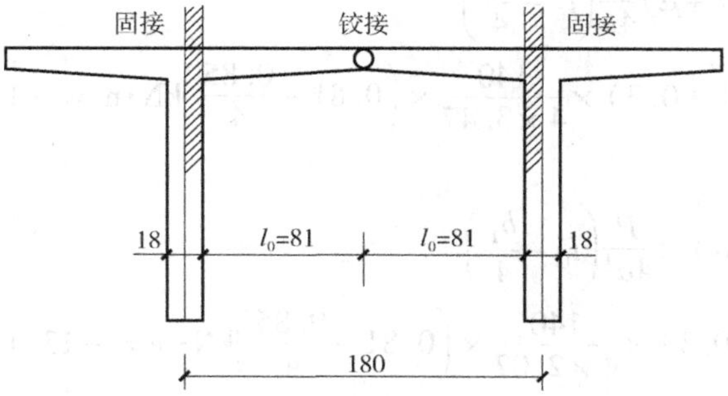

图 2-77　行车道板计算图式（单位：cm）

1）每延米板上的恒载 g。

30mm 厚沥青混凝土面层	$g_1 = 23 \times 0.03 \times 1.0\text{kN/m} = 0.690\text{kN/m}$
60～130mm 厚 C30 素混凝土层	$g_2 = 25 \times 0.095 \times 1.0\text{kN/m} = 2.375\text{kN/m}$
T 形梁翼缘板自重	$g_3 = 25 \times \dfrac{0.10 + 0.16}{2} \times 1.0\text{kN/m} = 3.250\text{kN/m}$

$$g = \sum g_i = (0.690 + 2.375 + 3.250)\text{kN/m} = 6.315\text{kN/m}$$

2）永久荷载效应计算。

弯矩 $M_g=\frac{1}{2}gl_0^2=\frac{1}{2}\times 6.315\times 0.81^2\text{kN}\cdot\text{m}=2.0716\text{kN}\cdot\text{m}$

剪力 $V_g=gl_0=6.315\times 0.81\text{kN}=5.1152\text{kN}$

（2）可变荷载效应计算　公路Ⅰ级：以重车后轮作用于铰缝轴线上为最不利布置，此时两边的悬臂板各承受一半的车轮荷载，如图2-78所示，$b_1=85$。

车辆荷载后车轮着地宽度 b_2 及长度 a_2 分别为（表2-8）：$b_2=0.6\text{m}$，$a_2=0.2\text{m}$。

沿着行车方向轮压分布宽度为

$$a_1=a_2+2H=[0.2+2\times(0.095+0.03)]\text{m}=0.45\text{m}$$

垂直于行车方向的轮压宽度为

$$b_1=b_2+2H=[0.6+2\times(0.095+0.03)]\text{m}=0.85\text{m}$$

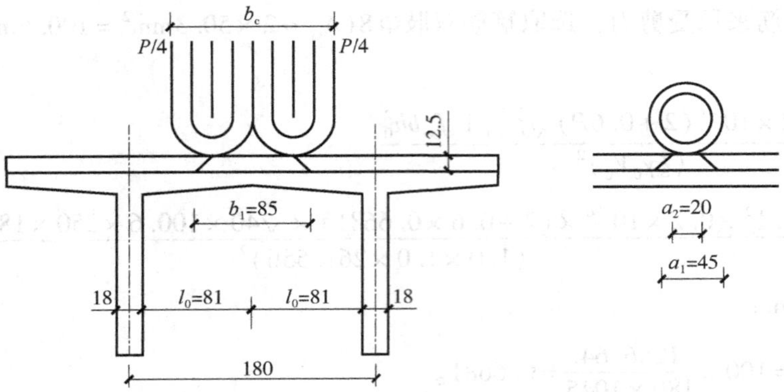

图2-78　可变荷载计算图式（单位：cm）

荷载作用于悬臂根部的有效分布宽度

$$a=a_1+1.4+2l_0=(0.45+1.4+2\times 0.81)\text{m}=3.47\text{m}$$

单轮时 $$a'=a_1+2l_0=(0.45+2\times 0.81)\text{m}=2.07\text{m}$$

局部加载冲击系数取0.3，则作用于每米宽板条上的弯矩为：

$$M_p=-2\times(1+\mu)\frac{P}{4a}\left(l_0-\frac{b_1}{4}\right)$$

$$=-2\times(1+0.3)\times\frac{140}{4\times 3.47}\times\left(0.81-\frac{0.85}{4}\right)\text{kN}\cdot\text{m}=-15.669\text{kN}\cdot\text{m}$$

单个车轮时

$$M_p'=-(1+\mu)\times\frac{P}{4a'}\left(l_0-\frac{b_1}{4}\right)$$

$$=-(1+0.3)\times\frac{140}{4\times 2.07}\times\left(0.81-\frac{0.85}{4}\right)\text{kN}\cdot\text{m}=-13.134\text{kN}\cdot\text{m}$$

取两者中的最不利情况，则 $M_p=-15.669\text{kN}\cdot\text{m}$。

作用于每米宽板条上的剪力为

$$V_p=2\times(1+\mu)\times\frac{P}{4a}$$

$$=2\times(1+0.3)\times\frac{140}{4\times 3.47}\text{kN}=26.225\text{kN}$$

（3）作用效应基本组合　根据作用效应的组合规定，基本组合如下：

弯矩：$1.2M_g+1.4M_p=-(1.2\times 2.0716+1.4\times 15.669)\text{kN}\cdot\text{m}=-24.4225\text{kN}\cdot\text{m}$

剪力：$1.2V_g+1.4V_p=(1.2\times 5.1152+1.4\times 26.225)\text{kN}=42.8532\text{kN}$

即行车道板的设计作用效应为：$M_d=-24.4225\text{kN}\cdot\text{m}$，$V_d=42.8532\text{kN}$。

（4）截面设计与配筋及验算

1）正截面设计与配筋及验算。悬臂板根部厚度16cm，净保护层厚度 $c=3\text{cm}$，选用直径为12mm的HRB400级钢筋（$f_{sd}=330\text{MPa}$），则有效高度 $h_0=h-c-d/2=160\text{mm}-30\text{mm}-12\text{mm}/2=124\text{mm}$。

由 $\sum M=0$ 可得

$$\gamma_0 M_d = f_{cd}bx\left(h_0-\frac{x}{2}\right)$$

可得

$$\xi = 1-\sqrt{1-2\frac{\gamma_0 M_d}{f_{cd}bh_0^2}} = 1-\sqrt{1-2\times\frac{1.0\times24.4225\times10^6}{18.4\times1000\times124^2}} = 0.0904$$

$$x=\xi h_0 = 0.0904\times124\text{mm}=11.21\text{mm}$$

由 $\sum X=0$ 可得

$$A_s f_{sd} = f_{cd}bx$$

可得

$$A_s=\frac{f_{cd}bx}{f_{sd}}=\frac{18.4\times1000\times11.21}{330}\text{mm}^2=625.04\text{mm}^2$$

选配直径为12mm，间距为100mm，此时所提供的钢筋面积 $A_s=1130.97\text{mm}^2$。

$$x=\frac{f_{sd}A_s}{f_{cd}b}=\frac{330\times1130.97}{18.4\times1000}=20.28\text{mm}<\xi_b h_0=0.53\times124\text{mm}=65.72\text{mm}\text{（满足要求）}$$

$$\rho=\frac{A_s}{bh_0}\times100\%=\frac{1130.97}{1000\times124}\times100\%=0.9121\%>\max\left\{45\times\frac{1.65}{330},\ 0.2\right\}\%=0.225\%$$

验算截面抗弯承载力：

$$\begin{aligned}\gamma_0 M_{du} &= f_{cd}bx\left(h_0-\frac{x}{2}\right)\\ &=18.4\times1000\times20.28\times\left(124-\frac{20.28}{2}\right)\text{N}\cdot\text{mm}\\ &=42.487\times10^6\text{N}\cdot\text{mm}=42.487\text{kN}\cdot\text{m}>M_{B\max}=24.4225\text{kN}\cdot\text{m}\end{aligned}$$

因此，承载力满足要求。

2）斜截面设计与配筋及验算。由式（2-93）可知

$$\begin{aligned}0.51\times10^{-3}\sqrt{f_{cu,k}}bh_0 &= 0.51\times10^{-3}\times\sqrt{40}\times1000\times124\text{kN}\\ &=399.965\text{kN}>\gamma_0 V_d=1.0\times42.8532\text{kN}=42.8532\text{kN}\end{aligned}$$

因此，抗剪截面尺寸满足要求。

由式（2-94）可知

$$\begin{aligned}0.50\times10^{-3}\alpha_2 f_{td}bh_0 &= 0.50\times10^{-3}\times1.0\times1.65\times1000\times124\text{kN}\\ &=102.30\text{kN}>\gamma_0 V_d=1.0\times42.8532\text{kN}=42.8532\text{kN}\end{aligned}$$

因此，仅需按构造配置箍筋。

根据《公路钢筋混凝土及预应力混凝土桥涵设计规范》（JTG 3362—2018）第9.2.4条规定，行车道板内应设置垂直于主钢筋的分布钢筋，分布钢筋应设在主筋的内侧，其直径不应小于8mm，间距不应大于200mm，截面面积不宜小于板的截面面积的0.1%。因此，本设计实例选用分布钢筋Φ8@200，且

$$\rho=A_s\times100\%/bh_0=\frac{50.3\times1000/200}{1000\times124}\times100\%=0.2028\%>0.1\%\text{（满足要求）}$$

思 考 题

2-1 公路桥涵主体结构设计使用年限是如何确定的？

2-2 何谓特大桥、大桥、中桥、小桥和涵洞？
2-3 对于不同的桥型，计算跨径是如何计算的？
2-4 当桥梁总轴线与洪水主流方向交角大于5°且斜桥正做时，如何确定墩（台）边缘净距？
2-5 桥涵设计采用的作用有哪四类？各包括哪些作用？
2-6 公路Ⅰ级汽车荷载的车道荷载和车辆荷载是如何取值的？
2-7 公路Ⅱ级汽车荷载的车道荷载和车辆荷载是如何取值的？
2-8 为什么横桥向布置多车道汽车荷载时，应考虑汽车荷载的折减，布置一条车道汽车荷载时，应考虑汽车荷载的提高？
2-9 为什么当桥梁计算跨径大于150m时，汽车荷载要考虑纵向折减？
2-10 什么条件下要计算汽车冲击力？它是如何计算的？
2-11 为什么曲线桥应计算汽车荷载引起的离心力？它是如何计算的？
2-12 如何计算汽车的制动力？
2-13 汽车冲击力是如何确定的？
2-14 不与汽车制动力同时参与组合的作用有哪些？为什么？
2-15 为什么多个偶然作用不同时参与组合？
2-16 为什么地震作用不与偶然作用同时参与组合？
2-17 试写出按承载力极限状态设计时，作用的基本组合设计值表达式，并说明各符号的含义？
2-18 试写出按承载力极限状态设计时，作用偶然组合的效应设计值表达式，并说明各符号的含义？
2-19 试写出按正常使用极限状态设计时，频遇组合的效应设计值表达式，并说明各符号的含义？
2-20 试写出按正常使用极限状态设计时，准永久组合的效应设计值表达式，并说明各符号的含义？
2-21 荷载横向分布系数的实质是什么？常用的荷载横向分布系数计算方法有哪些？
2-22 杠杆原理法计算荷载横向分布系数的基本假定是什么？其适用范围是什么？
2-23 偏心压力法计算荷载横向分布系数的基本假定是什么？其适用范围是什么？
2-24 修正偏心压力法计算横向分布系数的基本假定是什么？其适用范围是什么？
2-25 试述铰接板（梁）法、刚接板（梁）法的适用范围。
2-26 何谓“比拟正交异形板法”（G－M法）？其适用范围是什么？
2-27 荷载横向分布系数沿梁跨是如何分布的？
2-28 主梁内力计算的步骤是什么？
2-29 横隔梁内力计算的步骤是什么？
2-30 T形梁行车道板结构形式有哪几种？各按什么力学模式计算？
2-31 如何确定行车道板中的有效分布宽度？
2-32 空心板截面换算为工字形截面的原则是什么？
2-33 如何确定箱形截面梁在腹板两侧上、下翼缘的有效宽度 b_{mi}？
2-34 截面设计、承载力校核时如何判别两类T形截面？
2-35 简支梁和连续梁近边支点梁段斜截面抗剪承载力计算位置有哪些？
2-36 连续梁悬臂梁近中间支点梁段斜截面抗剪承载力计算位置有哪些？
2-37 为什么钢筋混凝土梁斜截面受剪承载力计算时要规定“上限限值”和“下限限值”？
2-38 如何进行受弯构件斜截面抗弯承载力验算？钢筋截断和弯起时要满足什么要求？
2-39 采取什么措施来减小钢筋混凝土受弯构件的最大裂缝宽度 W_{cr}？
2-40 采取什么措施来修改钢筋混凝土受弯构件的刚度？
2-41 什么是预拱度？如何计算预拱度？

第3章　桥梁桩基础设计

【知识与技能点】

●熟悉桥梁桩基础方案及类型的选择。

●掌握桥梁桩基础结构设计计算方法。

●掌握桥梁桩基础结构施工图的绘制方法。

3.1　设计解析

土木工程专业各方向均设置“基础工程课程设计”（1周），以及相应的基础工程课程。其中建筑工程、地下工程方向课程设计内容可选择柱下条形基础设计、桩基础设计等。道路与桥梁工程方向设计内容可选择桥梁桩基础设计。本章解析桥梁桩基础设计，并相应给出一个完整的设计实例。

3.1.1　桩的分类和适用条件

合理地选择桩类型和桩型是桩基础设计的重要环节。

桩在竖向荷载作用下，桩顶荷载由桩侧阻力和桩端阻力共同承受，而桩侧阻力和桩端阻力的大小及分担荷载比例，主要由桩侧和桩端地基土的物理力学性质、桩的尺寸和施工工艺所决定。

根据承载性状桩可分成摩擦型桩（桩顶荷载主要由桩侧阻力承受，并考虑桩端阻力）、端承型桩（桩顶荷载主要由桩端阻力承受，并考虑桩侧阻力）。

根据成桩方法和成桩过程的挤土效应，桩按成桩方法可分为非挤土型桩、部分挤土型桩和挤土型桩三类。非挤土型桩分为干作业法钻（挖）孔灌注桩、挤扩孔灌注桩、泥浆护壁法钻孔灌注桩、套管护壁法钻孔灌注桩等。部分挤土型桩分为预钻孔沉桩、敞口预应力混凝土管桩、敞口钢管桩、根式灌注桩等。挤土型桩（即沉桩）包括通过锤击、静压、振动等方法沉入的预制桩、闭口预应力混凝土管桩和闭口钢管桩等。

钻（挖）孔桩适用于各类土层，但应注意钻孔桩用于淤泥及可能发生流沙的土层时，宜先做试桩。挖孔桩宜用于无地下水或地下水量不多的地层。沉桩可用于黏性土、砂土以及碎石类土等。

3.1.2　桩的平面布置

1）桩的排列应根据受力大小和施工条件确定，一般群桩的布置宜采用对称排列；若承台面积不大，桩数较多，则可按梅花形或环形排列。

2）在同一群桩基础中，除特殊设计外，不宜同时采用摩擦桩和端承桩；不宜采用直径不同、材料不同和桩端深度相差过大的桩。

3）墩台基础顶面高程宜根据桥位情况、施工难易程度、美观与整体协调综合确定。

4）桩基础的承台底面高程应满足下列要求：

①季节性冻胀土地区，承台地面在土中时，其埋置深度应符合《公路桥涵地基与基础设计规范》（JTG 3363—2019）第5.1.2条的有关规定。

②有流冰的河流，其高程应在最低冰层底面以下不小于0.25m。

③当有流筏、其他漂流物或船舶撞击时，承台底面高程应保证桩不受直接撞击。

5）桩的中距应符合下列要求：

①摩擦桩。摩擦桩的群桩中距，从受力角度考虑最好是使各桩端平面处压力分布范围不相重叠，以充分发挥其承载力。根据这一要求，经试验测定，中距为 $6d$（d 为桩径或边长）。但桩距采用 $6d$ 就需要很大面积的承台，故一般采用的群桩中距均小于 $6d$。为了使桩端平面处相邻桩作用于土的压力重叠不致太多，以避免因土体挤密而使桩打不下去，故《公路桥涵地基与基础设计规范》（JTG 3363—2019）规定：锤击、静压沉桩，在桩端处的中距不应小于 $3d$（d 为桩径或边长），对于软土地基宜适当增大；振动沉入砂土内的桩，在桩端处的中距不应小于 $4d$。桩在承台底面处的中距不应小于 $1.5d$。

钻孔桩不存在沉桩过程中相互影响或打不下去的现象，为了减小承台面积，其中距可以适当减小，但中距过小会使桩间的摩擦支承作用降低，故《公路桥涵地基与基础设计规范》（JTG 3363—2019）规定其不小于 $2.5d$。

挖孔桩中距可参照钻孔桩采用。

②端承桩。端承桩桩尖处应不发生压力重叠现象，只要施工许可，其中距可比摩擦桩适当减小。支承或嵌固在基岩中的钻（挖）孔桩中距不宜小于桩径的 2.0 倍。

③扩底灌注桩。钻（挖）孔扩底灌注桩中距不应小于 1.5 倍扩底直径或扩底直径加 1.0m，两者取较大者。

6）边桩（或角桩）外侧与承台边缘的距离，对于桩直径（或边长）小于或等于 1.0m 的桩，不应小于 0.5 倍桩径（或边长），且应不小于 250mm；对于直径大于 1.0m 的桩，不应小于 0.3 倍桩径（或边长），且应不小于 500mm。

3.1.3 单桩轴向受压承载力特征值

1. 摩擦桩单桩轴向受压承载力特征值 R_a

（1）钻（挖）孔灌注桩　对支承在土层中的钻（挖）孔灌注桩，其单桩轴向受压承载力特征值 R_a：

$$R_a = \frac{1}{2}u\sum_{i=1}^{n} q_{ik} l_i + A_p q_r \tag{3-1a}$$

$$q_r = m_0 \lambda [f_{a0} + k_2 \gamma_2 (h-3)] \tag{3-1b}$$

式中　R_a——单桩轴向受压承载力特征值（kN），桩身自重与置换土重（当自重计入浮力时，置换土重也计入浮力）的差值计入作用效应；

u——桩身周长（m）；

A_p——桩端截面面积（m^2），对于扩底桩，A_p 取扩底截面面积；

n——土的层数；

l_i——承台底面或局部冲刷线以下各土层的厚度（m），扩孔部分及变截面以上 $2d$ 长度范围内不计；

q_{ik}——与 l_i 对应的各土层与桩侧的摩阻力标准值（kPa），宜采用单桩摩阻力试验确定，当无试验条件时按表 3-1 选用，扩孔部分及变截面以上 $2d$ 长度范围内不计摩阻力；

q_r——修正后的桩端土的承载力特征值（kPa），当持力层为砂土、碎石时，若计算值超过下列值，宜按下列值采用：粉砂 1000kPa、细砂 1150kPa，中砂、粗砂、砾砂 1450kPa，碎石土 2750kPa；

f_{a0}——桩端处土的承载力特征值（kPa），按《公路桥涵地基与基础设计规范》（JTG 3363—2019）第 4.3.3 条确定；

h——桩端的埋置深度（m），对于有冲刷的桩基，埋深由局部冲刷线起算；对无冲刷的桩基，埋深由天然地面线或实际开挖后的地面线起算；h 的计算值不应大于 40m，当大于 40m 时，取 40m；

k_2——承载力特征值的深度修正系数，根据桩端持力层土类别按表 3-2 选用；

γ_2——桩端以上各土层的加权平均重度（kN/m^3），若持力层在水位以下且不透水时，均应取饱和重度；当持力层透水时，水中部分土层应取浮重度；

λ——修正系数，按表 3-3 选用；

m_0——清底系数，按表 3-4 选用。

表 3-1　钻孔桩桩侧土的摩阻力标准值 q_{ik}

土类		q_{ik}/kPa
中密炉渣、粉煤灰		40 ~ 60
黏性土	流塑	20 ~ 30
	软塑	30 ~ 50
	可塑、硬塑	50 ~ 80
	坚硬	80 ~ 120
粉土	中密	30 ~ 55
	密实	55 ~ 80
粉砂、细砂	中密	35 ~ 55
	密实	55 ~ 70
中砂	中密	45 ~ 60
	密实	60 ~ 80
粗砂、砾砂	中密	60 ~ 90
	密实	90 ~ 140
圆砾、角砾	中密	120 ~ 150
	密实	150 ~ 180
碎石、卵石	中密	160 ~ 220
	密实	220 ~ 400
漂石、块石	—	400 ~ 600

注：挖孔桩的摩阻力标准值 q_{ik} 可参照本表采用。

表 3-2　地基承载力宽度、深度修正系数 k_1、k_2

<table>
<tr><td rowspan="3">土类 / 系数</td><td colspan="4">黏性土</td><td>粉土</td><td colspan="8">砂土</td></tr>
<tr><td rowspan="2">老黏性土</td><td colspan="2">一般黏性土</td><td rowspan="2">新近沉积黏性土</td><td>—</td><td colspan="2">粉砂</td><td colspan="2">细砂</td><td colspan="2">中砂</td><td colspan="2">砾砂、粗砂</td></tr>
<tr><td>$I_L \geq 0.5$</td><td>$I_L < 0.5$</td><td>—</td><td>中密</td><td>密实</td><td>中密</td><td>密实</td><td>中密</td><td>密实</td><td>中密</td><td>密实</td></tr>
<tr><td>k_1</td><td>0</td><td>0</td><td>0</td><td>0</td><td>0</td><td>1.0</td><td>1.2</td><td>1.5</td><td>2.0</td><td>2.0</td><td>3.0</td><td>3.0</td><td>4.0</td></tr>
<tr><td>k_2</td><td>2.5</td><td>1.5</td><td>2.5</td><td>1.0</td><td>1.5</td><td>2.0</td><td>2.5</td><td>3.0</td><td>4.0</td><td>4.0</td><td>5.5</td><td>5.0</td><td>6.0</td></tr>
</table>

注：对于稍密和松散状态的砂土，k_1、k_2 值可采用表列中密实值的 50%。

表 3-3　修正系数 λ 值

桩端土情况	l/d		
	4 ~ 20	20 ~ 25	> 25
透水性土	0.70	0.70 ~ 0.85	0.85
不透水性土	0.65	0.65 ~ 0.72	0.72

表 3-4 清底系数 m_0 值

t_0/d	0.3～0.1
m_0	0.7～1.0

注：1. t_0、d 分别为桩端沉渣厚度和桩的直径。

2. $d \leqslant 1.5\text{m}$ 时，$t_0 \leqslant 300\text{mm}$；$d > 1.5\text{m}$ 时，$t_0 \leqslant 500\text{mm}$，同时满足条件 $0.1 < t_0/d < 0.3$。

（2）沉桩　支承在土层中的沉桩单桩轴向受压承载力特征值 R_a：

$$R_a = \frac{1}{2}\left(u\sum_{i=1}^{n}\alpha_i l_i q_{ik} + \alpha_r \lambda_p A_p q_{rk}\right) \tag{3-2}$$

式中 R_a——单桩轴向受压承载力特征值（kN），桩身自重与置换土重（当自重计入浮力时，置换土重也计入浮力）的差值计入作用效应；

u——桩身周长（m）；

n——土的层数；

l_i——承台底面或局部冲刷线以下各土层的厚度（m）；

q_{ik}——与 l_i 对应的各土层与桩侧的摩阻力标准值（kPa），宜采用单桩摩阻力试验或静力触探试验确定，当无试验条件时按表 3-5 选用；

q_{rk}——桩端土的承载力标准值（kPa），宜采用单桩试验确定或静力触探试验测定，当无试验条件时按表 3-6 选用；

A_p——桩端截面面积（m^2），对于扩底桩，A_p 取扩底截面面积；

α_i、α_r——分别为振动沉桩对各土层桩侧摩阻力和桩端承载力的影响系数，按表 3-7 采用；对于锤击、静压沉桩其值均取 1.0；

λ_p——桩端土塞效应系数，对闭口桩取 1.0；对开口桩当 $1.2\text{m} < d \leqslant 1.5\text{m}$ 时，取 0.3～0.4，当 $d > 1.5\text{m}$ 时，取 0.2～0.3。

表 3-5 沉桩桩侧土的摩阻力标准值 q_{ik}

土类	状态	摩阻力标准值 q_{ik}/kPa
黏性土	流塑（$1.5 \geqslant I_L \geqslant 1$）	15～30
	软塑（$1 > I_L \geqslant 0.75$）	30～45
	可塑（$0.75 > I_L \geqslant 0.5$）	45～60
	可塑（$0.5 > I_L \geqslant 0.25$）	60～75
	硬塑（$0.25 > I_L \geqslant 0$）	75～85
	坚硬（$0 > I_L$）	85～95
粉土	稍密	20～35
	中密	35～65
	密实	65～80
粉砂、细砂	稍密	20～35
	中密	35～65
	密实	65～80
中砂	中密	55～75
	密实	75～90
粗砂	中密	70～90
	密实	90～105

注：表中土的液性指标 I_L 系按 76g 平衡锥测定的数值。

表 3-6 沉桩桩端处土的承载力标准值 q_{rk}

土类	状态	桩端承载力标准值 q_{rk}/kPa		
黏性土	$I_L \geqslant 1$	1000		
黏性土	$1 > I_L \geqslant 0.65$	1600		
黏性土	$0.65 > I_L \geqslant 0.35$	2200		
黏性土	$0.35 > I_L$	3000		
—		桩尖进入持力层的相对深度		
		$1 > h_c/d$	$4 > h_c/d \geqslant 1$	$h_c/d \geqslant 4$
粉土	中密	1700	2000	2300
粉土	密实	2500	3000	3500
粉砂	中密	2500	3000	3500
粉砂	密实	5000	6000	7000
细砂	中密	3000	3500	4000
细砂	密实	5500	6500	7500
中砂、粗砂	中密	3500	4000	4500
中砂、粗砂	密实	6000	7000	8000
圆砾石	中密	4000	4500	5000
圆砾石	密实	7000	8000	9000

注：表中 h_c 为桩端进入持力层的深度（不包括桩靴）；d 为桩的直径或边长。

表 3-7 系数 α_i、α_r 值

桩径或边长 d/m	系数 α_i、α_r			
	黏土	粉质黏土	粉土	砂土
$0.8 \geqslant d$	0.6	0.7	0.9	1.1
$2.0 \geqslant d > 0.8$	0.6	0.7	0.9	1.0
$d > 2.0$	0.5	0.6	0.7	0.9

2. 支承在基岩或嵌入基岩内的钻（挖）孔桩、沉桩的轴向受压承载力特征值 R_a

支承在基岩或嵌入基岩内的钻（挖）孔桩、沉桩的轴向受压承载力特征值 R_a 按下式计算：

$$R_a = c_1 A_p f_{rk} + u \sum_{i=1}^{m} c_{2i} h_i f_{rki} + \frac{1}{2} \zeta_s u \sum_{i=1}^{n} l_i q_{ik} \tag{3-3}$$

式中 R_a——单桩轴向受压承载力特征值（kN）；

c_1——根据岩石强度、岩石破碎程度等因素确定的端阻力发挥系数，按表 3-8 采用；

A_p——桩端截面面积（m^2），对于扩底桩，A_p 取扩底截面面积；

f_{rk}——桩端岩石饱和单轴抗压强度标准值（kPa），黏土岩取天然湿度单轴抗压强度标准值，当 f_{rk} 小于 2MPa 时按支承在土层中的桩计算，f_{rki} 为第 i 层的 f_{rk} 值；

c_{2i}——根据岩石强度、岩石破碎程度等因素确定的第 i 层岩层的侧阻力发挥系数，按表 3-8 采用；

u——各土层或各岩层部分的桩身周长（m）；

h_i——桩嵌入各岩层部分的厚度（m），不包括强风化层和全风化层及局部冲刷线以上基岩；

m——岩层的层数，不包括强风化层和全风化层；

ζ_s——覆盖层土的侧阻力发挥系数，根据桩端 f_{rk} 确定，见表 3-9；

l_i——承台底面或局部冲刷线以下各土层的厚度（m）；

q_{ik}——桩侧第 i 层的侧阻力标准值（kPa），宜采用单桩摩阻力试验值，当无试验条件时，对于钻（挖）孔桩按表3-1选用，对于沉桩按表3-5选用，扩孔部分不计摩阻力；

n——土层的层数，强风化和全风化岩层按土层考虑。

表3-8 发挥系数 c_1、c_2 值

岩石层情况	c_1	c_2
完整、较完整	0.6	0.05
较破碎	0.5	0.04
破碎、极破碎	0.4	0.03

注：1. 当入岩深度小于或等于0.5m时，c_1 乘以0.75的折减系数，$c_2=0$。

2. 对于钻孔桩，系数 c_1、c_2 值均降低20%采用；桩端沉渣厚度 t 应满足以下要求：$d \leqslant 1.5\text{m}$ 时，$t \leqslant 50\text{mm}$；$d > 1.5\text{m}$ 时，$t \leqslant 100\text{mm}$。

3. 对于中风化层作为持力层的情况，c_1、c_2 值应分别乘以0.75的折减系数。

表3-9 覆盖层土的侧阻力发挥系数 ζ_s

f_{rk}/MPa	2	15	30	60
侧阻力发挥系数 ζ_s	1.0	0.8	0.5	0.2

注：ζ_s 值可内插计算。当 $f_{rk} > 60\text{MPa}$ 时，ζ_s 可按 $f_{rk}=60\text{MPa}$ 取值。

3.1.4 桩基础内力的计算

1. 桩的计算宽度 b_1

为了将空间受力简化为平面受力，并综合考虑桩的截面形式及多排桩桩间的相互遮蔽作用，将桩的设计宽度（直径）换算成实际工作条件下相当的矩形截面桩的宽度 b_1（称为桩的计算宽度），按下式计算：

当 $d \geqslant 1.0\text{m}$ 时 $$b_1 = kk_f(d+1) \tag{3-4a}$$

当 $d < 1.0\text{m}$ 时 $$b_1 = kk_f(1.5d+0.5) \tag{3-4b}$$

式中 b_1——桩的计算宽度（m），$b_1 \leqslant 2d$；

d——桩径或垂直于水平外力作用方向桩的宽度（m）；

k_f——柱形状换算系数，根据水平力作用面（垂直于水平力作用方向）而定，圆形或圆端截面 $k_f=0.9$，矩形截面 $k_f=1.0$，对圆端形与矩形组合截面 $k_f=\left(1-0.1\dfrac{a}{d}\right)$（图3-1）；

k——平行于水平力作用方向的桩间相互影响系数，按下式确定：

对单排桩或 $L_1 \geqslant 0.6h_1$ 的多排桩 $k=1.0$

对 $L_1 < 0.6h_1$ 的多排桩 $k = b_2 + \dfrac{1-b_2}{0.6} \times \dfrac{L_1}{h_1}$

L_1——平行于水平力作用方向的桩间净距（图3-2）；梅花形布桩时，若相邻两排桩中心距 $c<(d+1)\text{m}$ 时，可按水平力作用面各桩间的投影距离计算（图3-3）；

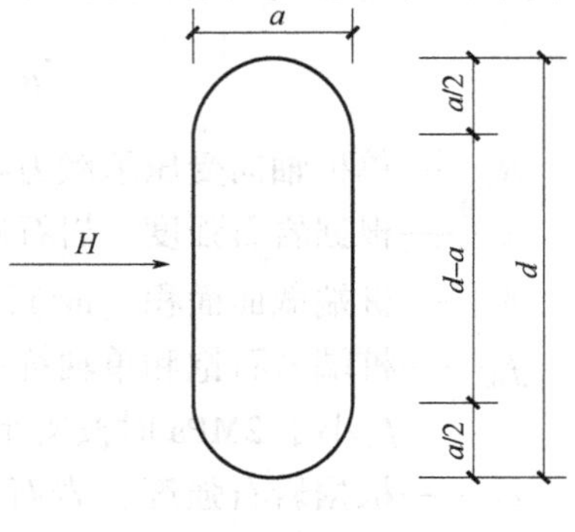

图3-1 计算圆端形与矩形组合截面 k_f 值示意图

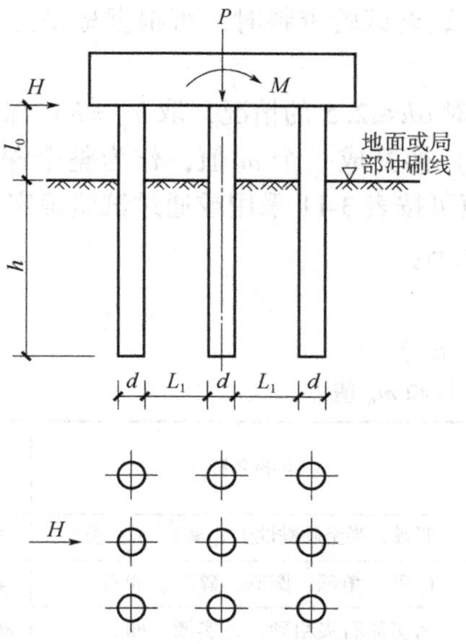

图 3-2　计算 k 值时桩基示意图

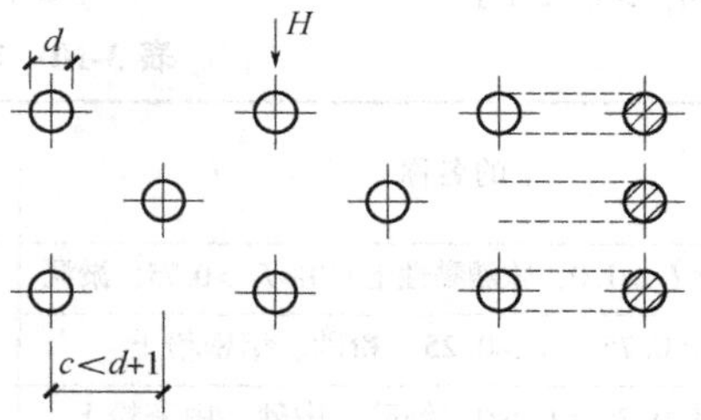

图 3-3　梅花形布桩示意图

h_1——地面或局部冲刷线以下桩的计算埋入深度，可取 $h_1=3(d+1)\mathrm{m}$，但不得大于地面或局部冲刷线以下桩入土深度 h；

b_2——与平行于水平力作用方向的一排桩的桩数 n 有关的系数，当 $n=1$ 时，$b_2=1.0$；$n=2$ 时，$b_2=0.6$；$n=3$ 时，$b_2=0.5$；$n\geqslant4$ 时，$b_2=0.45$。

在桩平面布置中，若平行于水平力作用方向的各排桩数量不等，且相邻（任何方向）桩间中心距等于或大于 $(d+1)\mathrm{m}$，则所验算各桩可取同一个桩间影响系数 k，其值按桩数量最多的一排选取。此外，若垂直于水平力作用方向上有 n 根桩时，计算宽度取 nb_1，但须满足 $nb_1\leqslant B+1$（B 为 n 根桩垂直于水平力作用方向的外边缘距离，以 m 计，如图 3-4 所示）。

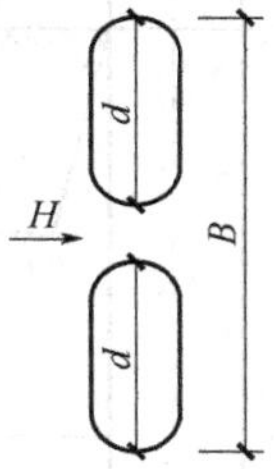

图 3-4　单桩宽度计算示意图

2. 弹性桩与刚性桩的判别

当桩入土深度 $\alpha h\leqslant2.5$ 时，桩的相对刚度较大，按刚性桩计算；当桩入土深度 $\alpha h>2.5$ 时，桩的相对刚度较小，必须考虑桩的实际刚度，按弹性桩计算。

桩基中桩的变形系数 α 按下式计算：

$$\alpha=\sqrt[5]{\frac{mb_1}{EI}} \tag{3-5}$$

式中　α——桩的变形系数（1/m）；

EI——桩的抗弯刚度，$EI=0.8E_cI$；

b_1——桩的计算宽度；

m_0——非岩石地基抗力系数的比例系数。非岩石地基的抗力系数随埋深成比例增加，深度 z 处的地基水平向抗力系数 $C_z=mz$；桩端地基竖向抗力系数为 $C_0=m_0h$（当 $h<10\mathrm{m}$ 时，取 $C_0=10m_0$）。其中 m 为非岩石地基水平向抗力系数的比例系数；m_0 为桩端处的地基竖向抗力

系数的比例系数。m 和 m_0 应通过试验确定，缺乏试验资料时，可根据地基土分类、状态按表 3-10 查用。

当基础侧面地面或局部冲刷线以下 $h_m=2(d+1)$m（对 $\alpha h\leqslant 2.5$ 的情况，取 $h_m=h$）深度内有两层土时，如图 3-5 所示，应将两层土的比例系数按式（3-6）换算成一个 m 值，作为整个深度的 m 值。岩石地基抗力系数不随岩层埋深变化时，取 $C_z=C_0$，其值可按表 3-11 采用或通过试验确定。

$$m=\gamma m_1+(1-\gamma)m_2 \tag{3-6}$$

当 $h_1/h_m\leqslant 0.2$ 时 $\quad \gamma=5(h_1/h_m)^2$

当 $h_1/h_m>0.2$ 时 $\quad \gamma=1-1.25(1-h_1/h_m)^2$

表 3-10 非岩石类土的 m 值和 m_0 值

土的名称	m 和 m_0 值 /(kN/m⁴)	土的名称	m 和 m_0 值 /(kN/m⁴)
流塑黏性土 $I_L>1.0$，软塑黏性土 $1.0\geqslant I_L>0.75$，淤泥	3000~5000	坚硬、半坚硬黏性土 $I_L\leqslant 0$，密实粉土	20000~30000
可塑黏性土 $0.75\geqslant I_L>0.25$，粉砂、稍密粉土	5000~10000	砾砂、角砾、圆砾、碎石、卵石	40000~80000
硬塑黏性土 $0.25\geqslant I_L>0$，细砂、中砂、中密粉土	10000~20000	密实卵石夹粗砂，密实漂、卵石	80000~120000

注：1. 本表用于基础在地面处位移最大值不应超过 6mm 的情况，当位移较大时，应适当降低。

2. 当基础侧面设有斜坡或台阶，且其坡度（横:竖）或台阶总宽与深度之比大于 1:20 时，表中 m 值应减少 50% 取用。

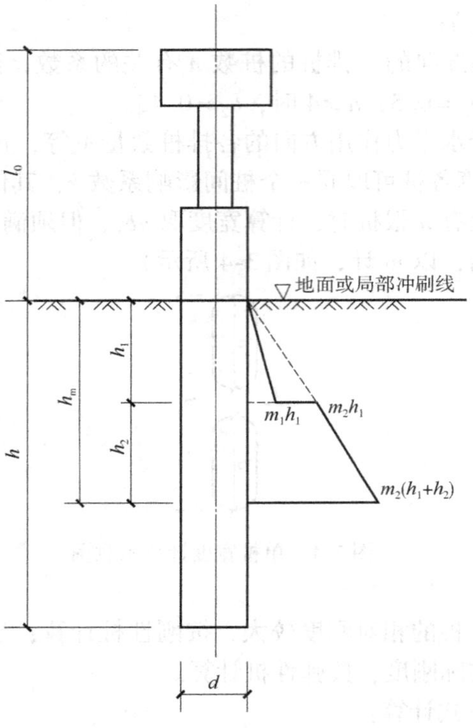

图 3-5 两层土 m 值换算计算示意图

表 3-11 岩石地基抗力系数 C_0

编号	f_{rk}/kPa	C_0/(kN/m³)
1	1000	300000
2	≥25000	15000000

注：f_{rk} 为岩石的单轴饱和抗压强度标准值，对无法进行饱和的试样，可采用天然含水率单轴抗压强度标准值，当 $1000\text{kPa}<f_{rk}<25000\text{kPa}$ 时，可用直线内插法确定 C_0。

3. 单桩基础或垂直于外力作用平面的单桩基础的内力和位移计算

柱顶自由，桩底支撑在非岩石类土或基岩面上的单排桩时，桥墩的计算图示如图3-6所示。水平位移以沿 x 轴正向为正，转角逆时针方向为正，弯矩以左侧纤维受拉为正。

在地面或局部冲刷线（$z=0\text{m}$）处，桩作用有弯矩 $M_0=M+H(h_1+h_2)$ 及水平力 $H_0=H$。

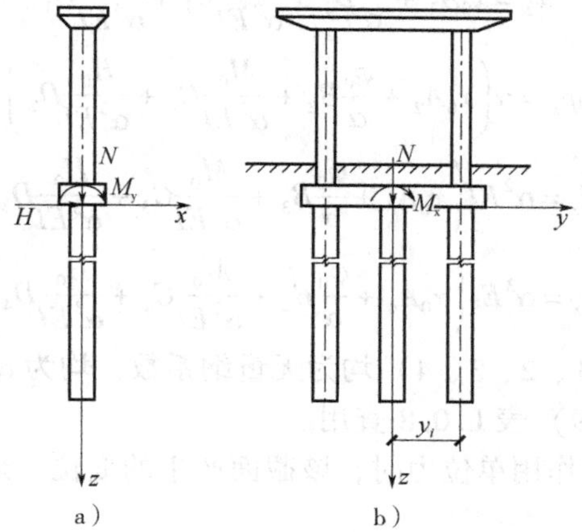

图3-6　单排桩式桥墩的计算图示

（1）桩的挠曲微分方程及其解　桩顶若与地面平齐（$z=0\text{m}$），且已知桩顶作用有水平荷载及弯矩，此时桩将发生弹性挠曲，桩侧土将产生横向应力，如图3-6所示，即桩的挠曲微分方程：

$$EI\frac{\mathrm{d}^4x_z}{\mathrm{d}z^4}=-q=-\sigma_{zx}b_1=-mzx_zb_1 \tag{3-7}$$

式中　EI——桩的抗弯刚度，$EI=0.85E_cI_0$；

σ_{zx}——桩侧土抗力，$\sigma_{zx}=C_zx_z=mzx_z$，C_z 为地基系数；

b_1——桩的计算宽度；

x_z——桩在深度 z 处的横向位移（即桩的挠度）。

将上式整理，并令 $\alpha=\sqrt[5]{\dfrac{mb_1}{EI}}$，可得

$$\frac{\mathrm{d}^4x_z}{\mathrm{d}z^4}+\alpha^5zx_z=0 \tag{3-8}$$

式（3-8）为四阶线性变系数常微分方程，可用幂级数展开的方法，并结合桩底边界条件求出桩挠曲微分方程的解，详见有关专著。

理论与实测结果表明，在水平荷载作用下，桩的变形与受力主要发生在上部，当 $\alpha z\geqslant4$ 时，桩身的变形与内力很小，可以略去不计，土中应力区和塑性区的主要范围也在上部浅土层。因此，对于 $\alpha z\geqslant4$ 的桩，桩底边界条件对桩的受力变形影响很小，各种类型的桩，摩擦桩、端承桩可统一用以下公式计算桩身在地面以下任一深度处的内力及位移：

$$x_z=a_1A_1+a_2B_1+a_3C_1+a_4D_1 \tag{3-9a}$$

$$\frac{\varphi_z}{\alpha}=a_1A_2+a_2B_2+a_3C_2+a_4D_2 \tag{3-9b}$$

$$\frac{M_z}{\alpha^2EI}=a_1A_3+a_2B_3+a_3C_3+a_4D_3 \tag{3-9c}$$

$$\frac{Q_z}{\alpha^3EI}=a_1A_4+a_2B_4+a_3C_4+a_4D_4 \tag{3-9d}$$

在 $z=0\text{m}$ 处，$x_z=x_0$、$\varphi_z=\varphi_0$、$M_z=M_0$、$Q_z=H_0$，由边界条件可得：

$$a_1 = x_0、a_2 = \frac{\varphi_0}{\alpha}、a_3 = \frac{M_0}{\alpha^2 EI}、a_4 = \frac{H_0}{\alpha^3 EI}$$

式（3-9）可写成：

$$x_z = x_0 A_1 + \frac{\varphi_0}{\alpha}B_1 + \frac{M_0}{\alpha^2 EI}C_1 + \frac{H_0}{\alpha^3 EI}D_1 \tag{3-10a}$$

$$\varphi_z = \alpha\left(x_0 A_2 + \frac{\varphi_0}{\alpha}B_2 + \frac{M_0}{\alpha^2 EI}C_2 + \frac{H_0}{\alpha^3 EI}D_2\right) \tag{3-10b}$$

$$M_z = \alpha^2 EI\left(x_0 A_3 + \frac{\varphi_0}{\alpha}B_3 + \frac{M_0}{\alpha^2 EI}C_3 + \frac{H_0}{\alpha^3 EI}D_3\right) \tag{3-10c}$$

$$Q_z = \alpha^3 EI\left(x_0 A_4 + \frac{\varphi_0}{\alpha}B_4 + \frac{M_0}{\alpha^2 EI}C_4 + \frac{H_0}{\alpha^3 EI}D_4\right) \tag{3-10d}$$

其中，A_i、B_i、C_i、D_i（$i=1$、2、3、4）均为无量纲系数，均为 αz 的函数，由《公路桥涵地基与基础设计规范》（JTG 3363—2019）表 L.0.8 查用。

（2）地面或局部冲刷线处桩作用单位力时，该截面产生的变位　地面或局部冲刷线处桩在单位力作用下的变位：

在 $H_0=1$ 作用时，水平位移 $\delta_{HH}^{(0)}$ 和转角 $\delta_{MH}^{(0)}$（rad）：

$$\delta_{HH}^{(0)} = \frac{1}{\alpha^3 EI} \times \frac{(B_3D_4 - B_4D_3) + K_h(B_2D_4 - B_4D_2)}{(A_3B_4 - A_4B_3) + K_h(A_2B_4 - A_4B_2)} \tag{3-11}$$

$$\delta_{MH}^{(0)} = \frac{1}{\alpha^2 EI} \times \frac{(A_3D_4 - A_4D_3) + K_h(A_2D_4 - A_4D_2)}{(A_3B_4 - A_4B_3) + K_h(A_2B_4 - A_4B_2)} \tag{3-12}$$

在 $M_0=1$ 作用下，水平位移 $\delta_{HM}^{(0)}$ 和转角 $\delta_{MM}^{(0)}$（rad）：

$$\delta_{HM}^{(0)} = \delta_{MH}^{(0)} \tag{3-13}$$

$$\delta_{MM}^{(0)} = \frac{1}{\alpha EI} \times \frac{(A_3C_4 - A_4C_3) + K_h(A_2C_4 - A_4C_2)}{(A_3B_4 - A_4B_3) + K_h(A_2B_4 - A_4B_2)} \tag{3-14}$$

其中，系数 A_i、B_i、C_i、D_i（$i=1$、2、3、4）值在计算 $\delta_{HH}^{(0)}$、$\delta_{MH}^{(0)}$、$\delta_{HM}^{(0)}$ 和 $\delta_{MM}^{(0)}$ 时，根据 $\bar{h}=\alpha h$ 由《公路桥涵地基与基础设计规范》（JTG 3363—2019）表 L.0.8 查用；在计算 M_z 和 Q_z 时，根据 $\bar{h}=\alpha h$ 由《公路桥涵地基与基础设计规范》（JTG 3363—2019）表 L.0.8 查用；当 $\bar{h}>4$ 时，按 $\bar{h}=4$ 计算。

系数 $K_h = \dfrac{C_0 I_0}{\alpha E I}$ 为因桩端转动，桩端底面土体产生的抗力对 $\delta_{HH}^{(0)}$、$\delta_{MH}^{(0)}=\delta_{HM}^{(0)}$ 和 $\delta_{MM}^{(0)}$ 的影响系数。当桩底支承于非岩石类土且 $\alpha h \geqslant 2.5$ 时，可令 $K_h=0$；当桩底支承于基岩上且 $\alpha h \geqslant 3.5$ 时，可令 $K_h=0$。其中 C_0 为桩底面地基土竖向抗力系数，$C_0=m_0 h$，其中，m_0 桩底面地基土竖向抗力系数的比例系数近似取 $m_0=m$，h 为桩入土深度，当小于 10m 时，按 10m 计算。I、I_0 分别为底面或局部冲刷线以下桩截面和桩端面积惯性矩。

（3）地面或局部冲刷线处桩的变位　地面或局部冲刷线处桩的水平变位 x_0 和转角 φ_0（rad）按下式计算：

$$x_0 = H_0\delta_{HH}^{(0)} + M_0\delta_{HM}^{(0)} \tag{3-15}$$

$$\varphi_0 = -(H_0\delta_{MH}^{(0)} + M_0\delta_{MM}^{(0)}) \tag{3-16}$$

（4）地面或局部冲刷线以下深度 z 处桩各截面内力　由式（3-10c）和（3-10d）可得地面或局部冲刷线以下深度 z 处桩各截面弯矩 M_z 和剪力 Q_z：

$$M_z = \alpha^2 EI\left(x_0 A_3 + \frac{\varphi_0}{\alpha}B_3 + \frac{M_0}{\alpha^2 EI}C_3 + \frac{H_0}{\alpha^3 EI}D_3\right) \tag{3-17}$$

$$Q_z = \alpha^3 EI\left(x_0 A_4 + \frac{\varphi_0}{\alpha}B_4 + \frac{M_0}{\alpha^2 EI}C_4 + \frac{H_0}{\alpha^3 EI}D_4\right) \tag{3-18}$$

（5）桩柱顶水平位移 如图3-7所示的桩，已知桩露出地面或冲刷线长度（h_2+h_1），若桩顶点为自由端，其上作用了水平力H及弯矩M，桩顶端的位移可应用叠加原理计算。

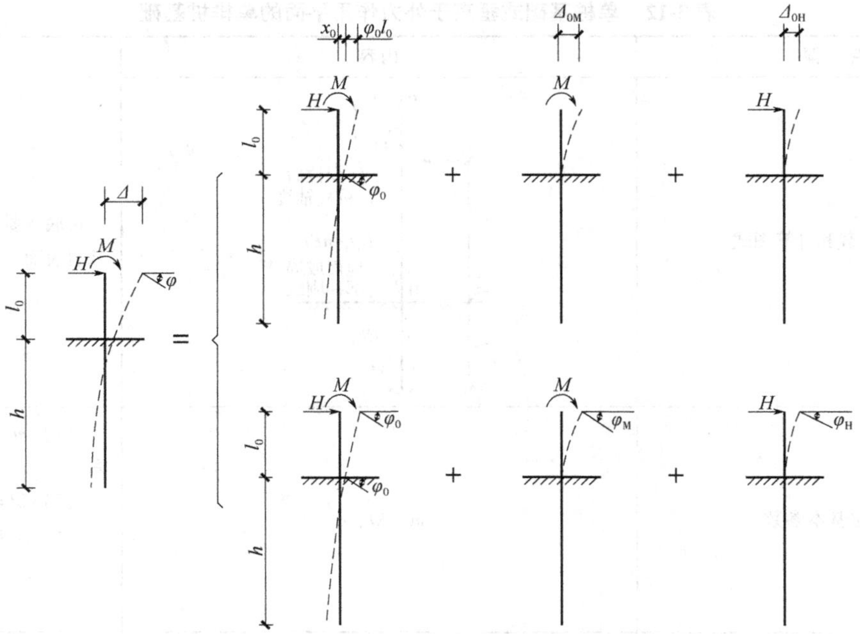

图3-7 桩顶位移计算

设桩顶的水平位移为Δ，由桩在地面或冲刷线处的水平位移x_0，地面或冲刷线处转角φ_0所引起在桩顶的位移为$\varphi_0(h_2+h_1)$，桩露出地面或冲刷线段作为悬臂梁在水平力H作用下产生的水平位移为Δ_{0H}及在M作用下产生的水平位移为Δ_{0M}。

$$\Delta = x_0-\varphi_0(h_2+h_1)+\Delta_{0H}+\Delta_{0M} \tag{3-19}$$

$$\Delta_{0H}=\frac{H}{E_1I_1}\left[\frac{1}{3}(nh_1^3+h_2^3)+nh_1h_2(h_1+h_2)\right]$$

$$\Delta_{0M}=\frac{M}{2E_1I_1}[h_2^2+nh_1(2h_2+h_1)]$$

$$n=\frac{E_1I_1}{EI}$$

（6）桩身最大弯矩位置$z_{M_{max}}$和最大弯矩M_{max}的确定 $Q_z=0$处的截面即为最大弯矩所在的位置$z_{M_{max}}$，由式（3-10d）令：

$$\frac{Q_z}{\alpha^3EI}=x_0A_4+\frac{\varphi_0}{\alpha}B_4+\frac{M_0}{\alpha^2EI}C_4+\frac{H_0}{\alpha^3EI}D_4=0 \tag{3-20}$$

将x_0、φ_0代入上式，并整理得

$$H_0A_H+\alpha M_0B_H=0$$

则

$$\frac{\alpha M_0}{H_0}=-\frac{A_H}{B_H}=C_{\mathrm{I}} \tag{3-21}$$

其中，C_{I}为αz的函数，查表3-15得相应的αz，$z_{M_{max}}=\frac{\alpha z}{\alpha}$。

由式（3-21）可得$M_0=\frac{H_0}{\alpha}C_{\mathrm{I}}$，并代入式（3-10c）整理得：

$$M_{max}=\frac{H_0}{\alpha}A_m+M_0B_m=\frac{H_0}{\alpha}A_m+\frac{H_0}{\alpha}C_{\mathrm{I}}B_m=\frac{H_0}{\alpha}\times D_{\mathrm{II}} \tag{3-22}$$

其中，$D_{\mathrm{II}}=A_m+C_{\mathrm{I}}B_m$，为 αz 的函数，可查表 3-15 确定。

单桩基础或垂直于外力作用平面的单排桩基础的计算步骤和计算公式见表 3-12。

表 3-12 单桩基础或垂直于外力作用平面的单排桩基础

<table>
<tr><th colspan="4">计算步骤</th><th>内容</th><th>备注</th></tr>
<tr><td>1</td><td colspan="3">确定荷载和计算图式</td><td>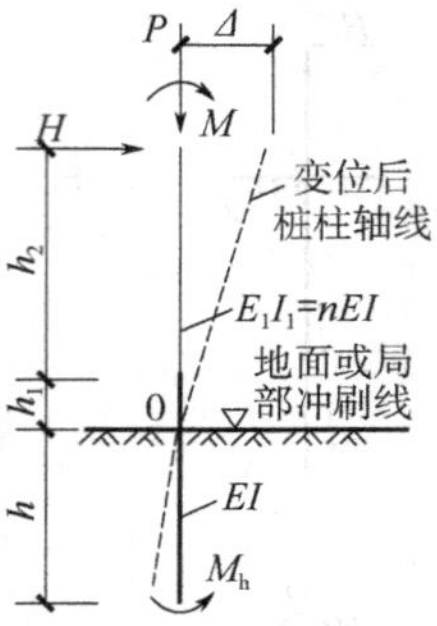
</td><td>桩底支撑在非岩石类土中或基岩表面</td></tr>
<tr><td>2</td><td colspan="3">确定基本参数</td><td>m、EI、α</td><td>(1) m 为地基土水平抗力系数
(2) $EI=0.85E_cI_0$
(3) α 为桩水平变形系数，$\alpha=\sqrt[5]{\frac{mb_0}{EI}}$</td></tr>
<tr><td rowspan="2">3</td><td rowspan="2" colspan="2">求地面处桩身内力</td><td>弯矩</td><td>$M_0=\frac{M}{n}+\frac{H}{n}l_0$</td><td rowspan="2">$n$ 为单排桩的桩数，低承台桩时，令 $l_0=0$</td></tr>
<tr><td>水平力</td><td>$H_0=\frac{H}{n}$</td></tr>
<tr><td rowspan="4">4</td><td rowspan="4">求单位力作用于桩身地面处，桩身在该处产生的变位</td><td rowspan="2">$H_0=1$ 作用时</td><td>水平位移</td><td>$\delta_{HH}^{(0)}=\frac{1}{\alpha^3EI}\times\frac{(B_3D_4-B_4D_3)+K_h(B_2D_4-B_4D_2)}{(A_3B_4-A_4B_3)+K_h(A_2B_4-A_4B_2)}$</td><td rowspan="4">(1) 桩底支承于非岩石类土中，且当 $\alpha h\geqslant2.5$，可令 $K_h=0$
(2) 桩底支承于基岩面上，且当 $\alpha h\geqslant3.5$，可令 $K_h=0$
(3) K_h 计算见本表注 3
(4) 系数 $A_1\cdots\cdots D_4$ 根据 $\bar{h}=\alpha h$ 查《公路桥涵地基与基础设计规范》(JTG 3363—2019) 表 L. 0. 8 中相应 $\bar{h}$ 的值确定</td></tr>
<tr><td>转角</td><td>$\delta_{MH}^{(0)}=\frac{1}{\alpha^2EI}\times\frac{(A_3D_4-A_4D_3)+K_h(A_2D_4-A_4D_2)}{(A_3B_4-A_4B_3)+K_h(A_2B_4-A_4B_2)}$</td></tr>
<tr><td rowspan="2">$M_0=1$ 作用时</td><td>水平位移</td><td>$\delta_{HM}^{(0)}=\delta_{MH}^{(0)}$</td></tr>
<tr><td>转角</td><td>$\delta_{MM}^{(0)}=\frac{1}{\alpha EI}\times\frac{(A_3C_4-A_4C_3)+K_h(A_2C_4-A_4C_2)}{(A_3B_4-A_4B_3)+K_h(A_2B_4-A_4B_2)}$</td></tr>
<tr><td rowspan="2">5</td><td rowspan="2" colspan="2">求地面处桩身的变位</td><td>水平位移</td><td>$x_0=H_0\delta_{HH}^{(0)}+M_0\delta_{HM}^{(0)}$</td><td rowspan="2"></td></tr>
<tr><td>转角</td><td>$\varphi_0=-(H_0\delta_{MH}^{(0)}+M_0\delta_{MM}^{(0)})$</td></tr>
<tr><td rowspan="2">6</td><td rowspan="2" colspan="2">求地面以下任意深度的桩身内力</td><td>弯矩</td><td>$M_z=\alpha^2EI\left(x_0A_3+\frac{\varphi_0}{\alpha}B_3+\frac{M_0}{\alpha^2EI}C_3+\frac{H_0}{\alpha^3EI}D_3\right)$</td><td rowspan="2"></td></tr>
<tr><td>水平力</td><td>$H_z=\alpha^3EI\left(x_0A_4+\frac{\varphi_0}{\alpha}B_4+\frac{M_0}{\alpha^2EI}C_4+\frac{H_0}{\alpha^3EI}D_4\right)$</td></tr>
<tr><td>7</td><td colspan="2">求桩顶水平位移</td><td></td><td>$\Delta=x_0-\varphi_0l_0+\Delta_0$，其中 $\Delta_0=\frac{Hl_0^3}{3nEI}+\frac{Ml_0^2}{2nEI}$</td><td></td></tr>
<tr><td rowspan="2">8</td><td rowspan="2" colspan="2">求桩身最大弯矩及其位置</td><td>最大弯矩位置</td><td>由 $\frac{\alpha M_0}{H_0}=C_{\mathrm{I}}$ 查表 3-15 得相应的 αz，$z_{M_{\max}}=\frac{\alpha z}{\alpha}$</td><td rowspan="2">$C_{\mathrm{I}}$、$D_{\mathrm{II}}$查表 3-15</td></tr>
<tr><td>最大弯矩</td><td>$M_{\max}=D_0/D_{\mathrm{II}}$</td></tr>
</table>

注：1. $\delta_{HH}^{(0)}$、$\delta_{MH}^{(0)}$、$\delta_{HM}^{(0)}$、$\delta_{MM}^{(0)}$ 的意义如图 3-8 所示。

2. 当桩底嵌固于基岩中时，$\delta_{HH}^{(0)}$、$\delta_{MH}^{(0)}$、$\delta_{HM}^{(0)}$、$\delta_{MM}^{(0)}$ 按下列公式计算：

$$\delta_{\mathrm{HH}}^{(0)}=\frac{1}{\alpha^3 EI}\times\frac{B_2D_1-B_1D_2}{A_2B_1-A_1B_2}$$

$$\delta_{\mathrm{MH}}^{(0)}=\frac{1}{\alpha^2 EI}\times\frac{A_2D_1-A_1D_2}{A_2B_1-A_1B_2}$$

$$\delta_{\mathrm{HM}}^{(0)}=\delta_{\mathrm{MH}}^{(0)}=\frac{1}{\alpha^2 EI}\times\frac{B_2C_1-B_1C_2}{A_2B_1-A_1B_2}$$

$$\delta_{\mathrm{MM}}^{(0)}=\frac{1}{\alpha EI}\times\frac{A_2C_1-A_1C_2}{A_2B_1-A_1B_2}$$

3. 系数 K_{h}

$$K_{\mathrm{h}}=\frac{C_0}{\alpha E}\frac{I_0}{I}$$

式中　C_0——桩底面地基土竖向抗力系数，$C_0=m_0h$，其中，m_0 为桩底面地基土竖向抗力系数的比例系数，近似取 $m_0=m$，h 为桩入土深度，当小于 10m 时，按 10m 计算；

α——桩水平变形系数，$\alpha=\sqrt[5]{\frac{mb_1}{EI}}$；

EI——桩的抗弯刚度，$EI=0.85E_cI_0$，I_0 为桩底截面惯性矩，对于非扩底 $I_0=I$。

4. 桩的入土深度 $h\geqslant 4/\alpha$ 时，$z=4/\alpha$ 深度以下桩身截面作用效应可忽略不计。

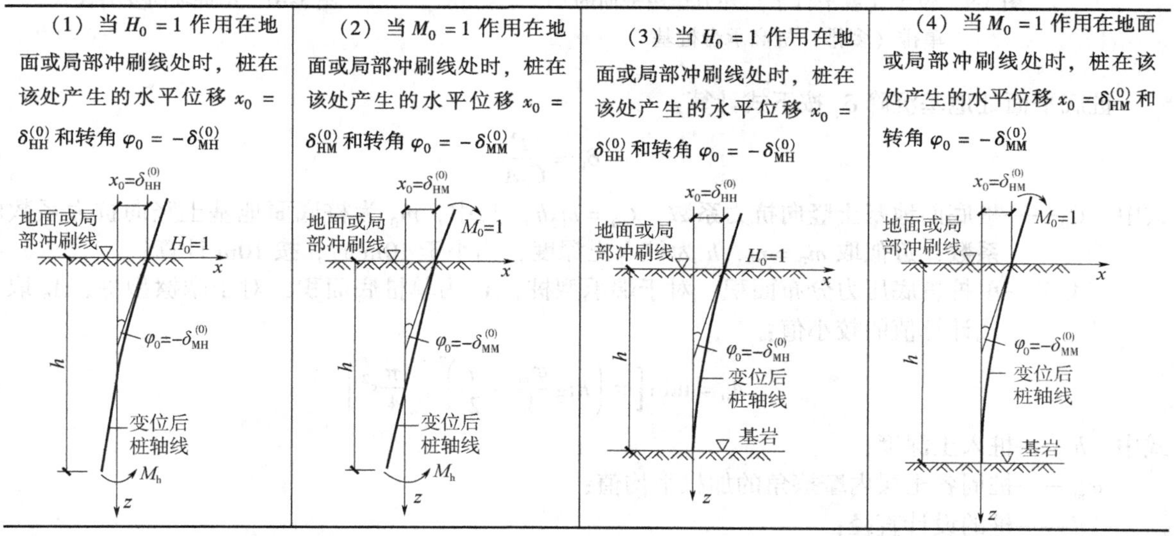

（1）当 $H_0=1$ 作用在地面或局部冲刷线处时，桩在该处产生的水平位移 $x_0=\delta_{\mathrm{HH}}^{(0)}$ 和转角 $\varphi_0=-\delta_{\mathrm{MH}}^{(0)}$
（2）当 $M_0=1$ 作用在地面或局部冲刷线处时，桩在该处产生的水平位移 $x_0=\delta_{\mathrm{HM}}^{(0)}$ 和转角 $\varphi_0=-\delta_{\mathrm{MM}}^{(0)}$
（3）当 $H_0=1$ 作用在地面或局部冲刷线处时，桩在该处产生的水平位移 $x_0=\delta_{\mathrm{HH}}^{(0)}$ 和转角 $\varphi_0=-\delta_{\mathrm{MH}}^{(0)}$
（4）当 $M_0=1$ 作用在地面或局部冲刷线处时，桩在该处产生的水平位移 $x_0=\delta_{\mathrm{HM}}^{(0)}$ 和转角 $\varphi_0=-\delta_{\mathrm{MM}}^{(0)}$
$x_0=\delta_{\mathrm{HH}}^{(0)}$
地面或局部冲刷线
$H_0=1$
x
$\varphi_0=-\delta_{\mathrm{MH}}^{(0)}$
h
变位后桩轴线
M_{h}
z
$x_0=\delta_{\mathrm{HM}}^{(0)}$
$M_0=1$
$\varphi_0=-\delta_{\mathrm{MM}}^{(0)}$
基岩

a）桩底支承在非岩石类土或基岩面上　　b）桩底嵌固在基岩中

图 3-8　$\delta_{\mathrm{HH}}^{(0)}$、$\delta_{\mathrm{MH}}^{(0)}$、$\delta_{\mathrm{HM}}^{(0)}$、$\delta_{\mathrm{MM}}^{(0)}$ 的意义图示

4. 位于（或平行于）外力作用平面的单排（多排）桩高承台桩基的内力和位移计算

位于（或平行于）外力作用平面的单排（多排）桩高承台桩基的计算图式如图 3-9 所示。

（1）求桩顶发生单位变位时，桩顶引起的内力　设：①当第 i 排桩桩顶处仅产生单位竖向位移（即 $V_i=1$）时，在桩顶引起的轴向力为 ρ_{NN}；②当第 i 排桩桩顶处仅产生单位水平位移（即 $U_i=1$）时，在桩顶引起的水平力为 ρ_{HH}；③当第 i 排桩桩顶处仅产生单位水平位移（即 $U_i=1$）时，在桩顶引起的弯矩为 ρ_{MH} 或当桩顶产生单位转角（即 $\beta_i=1$）时，在桩顶引起的水平力为 ρ_{HM}；④当第 i 排桩桩顶处仅产生单位转角（即 $\beta_i=1$）时，第 i 排桩桩顶引起的弯矩为 ρ_{MM}。

1）ρ_{NN} 求解。桩顶受轴向力产生的轴向位移包括桩身材料的弹性压缩变形 δ_{c} 及桩底处地基土的沉降 δ_{k} 两部分（图 3-10）。

计算桩身弹性压缩变形时应考虑桩侧土的摩阻力影响，δ_{c} 按下式计算：

$$\delta_{\mathrm{c}}=\frac{Pl_0}{EA}+\frac{1}{EA}\int_0^h P_z\mathrm{d}z=\frac{l_0+\zeta_{\mathrm{N}}h}{EA}P \tag{3-23}$$

式中　ζ_{N}——桩身轴向力传递系数，$\zeta_{\mathrm{N}}=0.5\sim1.0$，摩擦型桩取小值，端承型桩取大值。

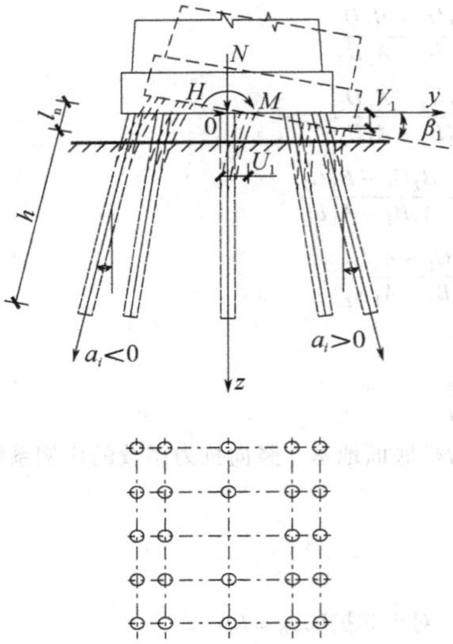

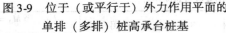

图 3-9 位于（或平行于）外力作用平面的单排（多排）桩高承台桩基

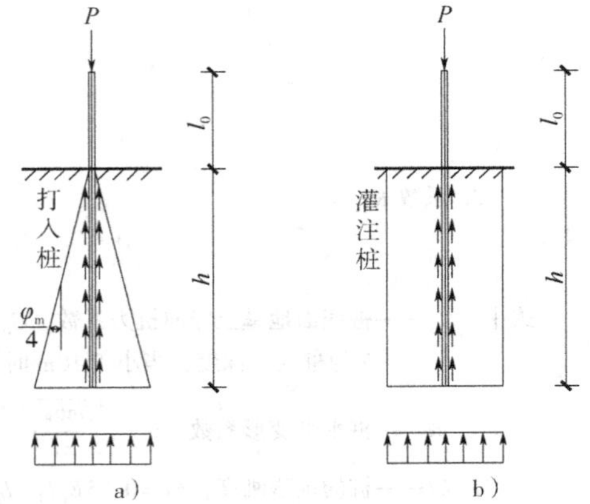

图 3-10 单桩轴向受力模式

桩底平面处地基沉降 δ_k 按下式计算：

$$\delta_k = \frac{P}{C_0 A_0} \tag{3-24}$$

式中 C_0——桩底面地基土竖向抗力系数，$C_0 = m_0 h$，其中，m_0 为桩底面地基土竖向抗力系数的比例系数，近似取 $m_0 = m$，h 为桩入土深度，当小于 10m 时，按 10m 计算；

A_0——单桩桩底压力分布面积，对于端承型桩，A_0 为单桩底面积，对于摩擦型桩，A_0 取下列两式计算值的较小值：

$$A_0 = \min\left[\pi\left(h\text{tg}\frac{\varphi_m}{4} + \frac{d}{2}\right)^2,\ \frac{\pi}{4}s^2\right] \tag{3-25}$$

式中 h——桩入土深度；

φ_m——桩周各土层内摩擦角的加权平均值；

d——桩的设计直径；

s——桩的中心距。

桩顶的轴向变形 $V_i = \delta_c + \delta_k$，即 V_i 为

$$V_i = P\left(\frac{l_0 + \zeta_N h}{EA} + \frac{1}{C_0 A_0}\right)$$

当 $V_i = 1$ 时，P 值即为 ρ_{NN}，因此可得

$$\rho_{NN} = \frac{1}{\dfrac{l_0 + \zeta_N h}{EA} + \dfrac{1}{C_0 A_0}} \tag{3-26}$$

2）ρ_{HH}、$\rho_{MH} = \rho_{HM}$、ρ_{MM} 求解。设桩顶的水平位移 U_1、转角 β_1，则

$$U_1 = H\delta'_{HH} + M\delta'_{HM} \tag{3-27a}$$

$$\beta_1 = H\delta'_{MH} + M\delta'_{MM} \tag{3-27b}$$

由式（3-27）解得：

$$\left.\begin{aligned} H &= \frac{U_1\delta'_{MM} - \beta_1\delta'_{MH}}{\delta'_{HH}\delta'_{MM} - \delta'^2_{MH}} \\ M &= \frac{\beta_1\delta'_{HH} - U_1\delta'_{MH}}{\delta'_{HH}\delta'_{MM} - \delta'^2_{MH}} \end{aligned}\right\} \tag{3-28}$$

其中，δ'_{HH}、$\delta'_{HM}=\delta'_{MH}$、$\delta'_{MM}$为单位力作用于桩顶时，桩顶产生的变位，分别为

$$\delta'_{HH}=\frac{l_0^3}{3EI}+\delta_{MM}l_0^2+2\delta_{MH}l_0+\delta_{HH}$$

$$\delta'_{HM}=\frac{l_0^2}{2EI}+\delta_{MM}l_0+\delta_{MH}$$

$$\delta'_{HM}=\delta'_{MH}$$

$$\delta'_{MM}=\frac{l_0}{EI}+\delta_{MM}$$

其中，δ_{HH}、$\delta_{MH}=\delta_{HM}$、δ_{MM}为单位力作用于桩身地面处时，桩身在该处产生的变位，按式（3-11）~式（3-14）计算。

当桩顶仅产生单位水平位移 $U_1=1$，而转角 $\beta_1=0$ 时，代入上式得

$$\rho_{HH}=H=\frac{\delta'_{MM}}{\delta'_{HH}\delta'_{MM}-\delta'^2_{MH}} \tag{3-29a}$$

$$-\rho_{MH}=-\rho_{HM}=M=\frac{-\delta'_{MH}}{\delta'_{HH}\delta'_{MM}-\delta'^2_{MH}} \tag{3-29b}$$

当桩顶仅产生单位转角 $\beta_1=1$，而横轴向位移 $U_1=0$ 时，代入式（3-28）得

$$\rho_{MM}=M=\frac{\delta'_{HH}}{\delta'_{HH}\delta'_{MM}-\delta'^2_{MH}} \tag{3-29c}$$

（2）求承台发生单位变位时，所有桩顶引起的反力之和　发生单位竖向位移 $V_i=1$ 时，竖向反力 γ_{VV}按下式计算：

$$\gamma_{VV}=n\rho_{NN} \tag{3-30}$$

发生单位水平位移 $U_i=1$ 时，水平反力 γ_{UU}和弯矩 $\gamma_{\beta U}$按下式计算：

$$\gamma_{UU}=n\rho_{HH} \tag{3-31a}$$

$$\gamma_{\beta U}=-n\rho_{MH} \tag{3-31b}$$

发生单位转角 $\beta_i=1$ 时，水平反力 $\gamma_{U\beta}$和反弯矩 $\gamma_{\beta\beta}$按下式计算：

$$\gamma_{U\beta}=\gamma_{\beta U} \tag{3-32a}$$

$$\gamma_{\beta\beta}=n\rho_{MM}+\rho_{NN}\sum K_i x_i^2 \tag{3-32b}$$

式中　n——基桩数；

x_i——坐标原点至各桩的距离；

K_i——第 i 排桩的桩数。

（3）求桩基承台的变位　桩基承台的竖向位移 V、水平位移 U 和转角 β 按下式计算：

$$\left.\begin{aligned}V&=\frac{N+G}{\gamma_{VV}}\\U&=\frac{\gamma_{\beta\beta}H-\gamma_{U\beta}M}{\gamma_{UU}\gamma_{\beta\beta}-\gamma^2_{U\beta}}\\\beta&=\frac{\gamma_{UU}M-\gamma_{U\beta}H}{\gamma_{UU}\gamma_{\beta\beta}-\gamma^2_{U\beta}}\end{aligned}\right\} \tag{3-33}$$

（4）求任意基桩桩顶内力　设承台中心点 o 在外荷载 N、H、M 作用下，产生水平位移 U、竖向位移 V 及转角 β（U、V 以坐标轴正方向为正，β 以顺时针方向为正），以 U_i、V_i、β_i 分别代表第 i 排桩桩顶处沿桩横轴向位移、轴向位移及转角，如果多排桩中的各桩竖直对称，则有

$$U_i=U,\ V_i=V+x_i\beta_i,\ \beta_i=\beta$$

式中　x_i——第 i 排桩桩顶至承台中心的水平距离，x_i 在原点以右取正，以左取负。

若第 i 排桩桩顶产生的作用力为 N_i、H_i、M_i，根据单桩的桩顶刚度系数可得

$$\left.\begin{aligned} N_i &= (V+\beta x_i)\rho_{\mathrm{NN}} \\ H_i &= U\rho_{\mathrm{HH}} - \beta\rho_{\mathrm{HM}} = \frac{H}{n} \\ M_i &= \beta\rho_{\mathrm{MM}} - U\rho_{\mathrm{MH}} \end{aligned}\right\} \tag{3-34}$$

承台埋入地面或最大冲刷线以下时（图 3-11），可考虑承台侧面土的水平抗力与桩侧土共同作用抵抗和平衡水平外荷载的作用。

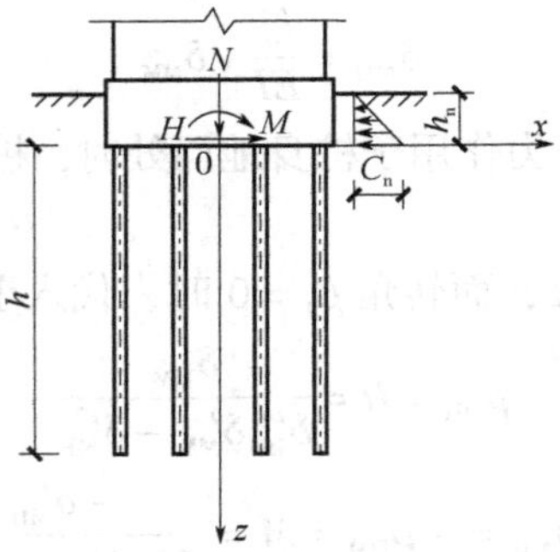

图 3-11 低承台桩的承台作用

V、U、β 可按结构力学的位移法求得，根据承台作用力的平衡条件 $\sum N=0$、$\sum H=0$、$\sum M=0$（对 o 点取矩），当桩基各桩直径相同时，位移法的典型方程为：

$$\left.\begin{aligned} &\sum N=0 \qquad n\rho_{\mathrm{NN}}U=N \\ &\sum H=0 \qquad (n\rho_{\mathrm{HH}}+B_1F^{\mathrm{c}})V-(n\rho_{\mathrm{HM}}-B_1S^{\mathrm{c}})\beta=H \\ &\sum M=0 \qquad -(n\rho_{\mathrm{MH}}-B_1S^{\mathrm{c}})V+(\rho_{\mathrm{NN}}\sum x_i^2+n\rho_{\mathrm{MM}}+B_1I^{\mathrm{c}})\beta=M \end{aligned}\right\} \tag{3-35}$$

式中 F^{c}——承台底面以上 B_1 侧面水平抗力系数 C 图形的面积，$F^{\mathrm{c}}=\dfrac{C_{\mathrm{n}}h_{\mathrm{n}}}{2}$；

S^{c}——承台底面以上 B_1 侧面水平抗力系数 C 图形的面积对于底面的面积矩，$S^{\mathrm{c}}=\dfrac{C_{\mathrm{n}}h_{\mathrm{n}}^2}{6}$；

I^{c}——承台底面以上 B_1 侧面水平抗力系数 C 图形的面积对于底面的惯性矩，$I^{\mathrm{c}}=\dfrac{C_{\mathrm{n}}h_{\mathrm{n}}^3}{12}$；

C_{n}——承台侧面地基水平抗力系数，$C_{\mathrm{n}}=mh_{\mathrm{n}}$，$m$ 为承台埋深范围地基土的水平抗力系数的比例系数，h_{n} 为承台埋深；

n——桩的根数。

联解式（3-35）可得承台位移 V、U、β 各值：

$$U=\frac{N}{n\rho_{\mathrm{NN}}} \tag{3-36}$$

$$V=\frac{(n\rho_{\mathrm{MM}}+\rho_{\mathrm{NN}}\sum_{i=1}^{n}x_i^2+B_1I^{\mathrm{c}})H+(n\rho_{\mathrm{MH}}-B_1S^{\mathrm{c}})M}{(n\rho_{\mathrm{HH}}+B_1F^{\mathrm{c}})(n\rho_{\mathrm{MM}}+\rho_{\mathrm{NN}}\sum_{i=1}^{n}x_i^2+B_1I^{\mathrm{c}})-(n\rho_{\mathrm{HM}}-B_1S^{\mathrm{c}})^2} \tag{3-37}$$

$$\beta=\frac{(n\rho_{\mathrm{HH}}+B_1F^{\mathrm{c}})M+(n\rho_{\mathrm{HM}}-B_1S^{\mathrm{c}})H}{(n\rho_{\mathrm{HH}}+B_1F^{\mathrm{c}})(n\rho_{\mathrm{MM}}+\rho_{\mathrm{NN}}\sum_{i=1}^{n}x_i^2+B_1I^{\mathrm{c}})-(n\rho_{\mathrm{MH}}-B_1S^{\mathrm{c}})^2} \tag{3-38}$$

求得 ρ_{NN}、ρ_{HH}、$\rho_{\mathrm{HM}}=\rho_{\mathrm{MH}}$、$\rho_{\mathrm{MM}}$ 及 V、U、β 后，可一并代入式（3-34）求出各桩桩顶所受作用力 N_i、H_i、M_i 值，然后可按单桩来计算桩身的内力和位移。

当为高承台桩或不考虑承台侧面土的作用时，则 F^{c}、S^{c}、I^{c} 均为零。

（5）求地面或冲刷线处任一基桩桩身截面上的内力 地面或冲刷线处任一基桩桩身截面的水平力

H_{0i}和弯矩 M_{0i}：

$$H_{0i}=H_i \tag{3-39}$$

$$M_{0_i}=M_i+H_i l_0 \tag{3-40}$$

（6）求地面或冲刷线处任一基桩桩身的变位　地面或冲刷线处任一基桩桩身截面的水平位移 x_{0i}和转角 φ_{0i}：

$$x_{0i}=H_{0i}\delta_{\mathrm{HH}}+M_{0i}\delta_{\mathrm{HM}} \tag{3-41}$$

$$\varphi_{0i}=-(H_{0i}\delta_{\mathrm{MH}}+M_{0i}\delta_{\mathrm{MM}}) \tag{3-42}$$

（7）求任意基桩地面或冲刷线下任一深度桩身截面内力　任意基桩地面或冲刷线下任一深度桩身截面的水平力 H_{zi}和弯矩 M_{zi}：

$$H_{zi}=\alpha^3 EI\left(x_{0i}A_4+\frac{\varphi_{0i}}{\alpha}B_4+\frac{M_{0i}}{\alpha^2 EI}C_4+\frac{H_{0i}}{\alpha^3 EI}D_4\right) \tag{3-43}$$

$$M_{zi}=\alpha^2 EI\left(x_{0i}A_3+\frac{\varphi_{0i}}{\alpha}B_3+\frac{M_{0i}}{\alpha^2 EI}C_3+\frac{H_{0i}}{\alpha^3 EI}D_3\right) \tag{3-44}$$

其中，A_i、B_i、C_i、D_i（$i=1$、2、3、4）值查《公路桥涵地基与基础设计规范》（JTG 3363—2019）表 L. 0. 8。

（8）求任一基桩桩身最大弯矩及其位置　基桩桩身最大弯矩位置 $z_{M_{\max}}$和最大弯矩 $M_{\max}$的计算公式同表 3-12。

位于（或平行于）外力作用平面的单排（或多排）桩高承台桩基的计算步骤和计算公式见表 3-13。

表 3-13　位于（或平行于）外力作用平面的单排（或多排）桩高承台桩基

<table>
<tr><th colspan="4">计算步骤</th><th>内容</th><th>备注</th></tr>
<tr><td>1</td><td colspan="3">确定荷载和计算图式</td><td>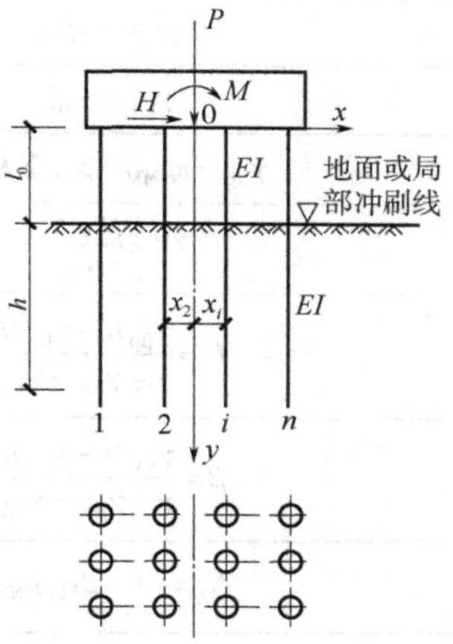
</td><td>坐标原点应选在群桩对称点上或重心上</td></tr>
<tr><td>2</td><td colspan="3">确定基本参数</td><td>m、m_0、EI、α、ζ_{N}、C_0、C_{b}、μ</td><td>详见《公路桥涵地基与基础设计规范》（JTG 3363—2019）附录 L. 0. 2</td></tr>
<tr><td rowspan="4">3</td><td rowspan="4">求单位力作用于桩身地面处，桩身在该处产生的变位</td><td rowspan="2">$H=1$ 作用时</td><td>水平位移</td><td>$\delta_{\mathrm{HH}}=\frac{1}{\alpha^3 EI}\times\frac{(B_3D_4-B_4D_3)}{(A_3B_4-A_4B_3)}$</td><td rowspan="4">当桩底嵌入基岩中时，应按表 3-12注 2 计算</td></tr>
<tr><td>转角</td><td>$\delta_{\mathrm{MH}}=\frac{1}{\alpha^2 EI}\times\frac{(A_3D_4-A_4D_3)}{(A_3B_4-A_4B_3)}$</td></tr>
<tr><td rowspan="2">$M=1$ 作用时</td><td>水平位移</td><td>$\delta_{\mathrm{HM}}=\delta_{\mathrm{MH}}$</td></tr>
<tr><td>转角</td><td>$\delta_{\mathrm{MM}}=\frac{1}{\alpha EI}\times\frac{(A_3C_4-A_4C_3)}{(A_3B_4-A_4B_3)}$</td></tr>
</table>

（续）

计算步骤				内容	备注
4	求单位力作用于桩顶时，桩顶产生的变位	$H_i=1$ 作用时	水平位移	$\delta'_{HH}=\frac{l_0^3}{3EI}+\delta_{MM}l_0^2+2\delta_{MH}l_0+\delta_{HH}$	
			转角	$\delta'_{HM}=\frac{l_0^2}{2EI}+\delta_{MM}l_0+\delta_{MH}$	
		$M_i=1$ 作用时	水平位移	$\delta'_{HM}=\delta'_{MH}$	
			转角	$\delta'_{MM}=\frac{l_0}{EI}+\delta_{MM}$	
5	求桩顶发生单位变位时，桩顶引起的内力	发生单位竖向位移时	轴向力	$\rho_{NN}=\frac{1}{\frac{l_0+\zeta_N h}{EA}+\frac{1}{C_0A_0}}$	ζ_N、C_0、A_0 由《公路桥涵地基与基础设计规范》（JTG 3363—2019）附录 L.0.2 查得；E、A 分别为桩身弹性模量和横截面面积
		发生单位水平位移时	水平力	$\rho_{HH}=\frac{\delta'_{MM}}{\delta'_{HM}\delta'_{MM}-\delta'^2_{MH}}$	
			弯矩	$\rho_{MH}=\frac{\delta'_{MH}}{\delta'_{HH}\delta'_{MM}-\delta'^2_{MH}}$	
		发生单位转角时	水平力	$\rho_{HM}=\rho_{MH}$	
			弯矩	$\rho_{MM}=\frac{\delta'_{HH}}{\delta'_{HH}\delta'_{MM}-\delta'^2_{MH}}$	
6	求承台发生单位变位时，所有桩顶引起的反力和	发生单位竖向位移时	竖向反力	$\gamma_{VV}=n\rho_{NN}$	n 为基桩数 x_i 为坐标原点至各桩的距离 K_i 为第 i 排桩的桩数
		发生单位水平位移时	水平反力	$\gamma_{UU}=n\rho_{HH}$	
			反弯矩	$\gamma_{\beta U}=-n\rho_{MH}$	
		发生单位转角时	水平反力	$\gamma_{U\beta}=\gamma_{\beta U}$	
			反弯矩	$\gamma_{\beta\beta}=n\rho_{MM}+\rho_{NN}\sum K_i x_i^2$	
7	求承台变位	竖向位移		$V=\frac{N+G}{\gamma_{VV}}$	
		水平位移		$U=\frac{\gamma_{\beta\beta}H-\gamma_{U\beta}M}{\gamma_{UU}\gamma_{\beta\beta}-\gamma_{U\beta}^2}$	
		转角		$\beta=\frac{\gamma_{UU}M-\gamma_{U\beta}H}{\gamma_{UU}\gamma_{\beta\beta}-\gamma_{U\beta}^2}$	
8	求任一基桩桩顶内力	竖向力		$N_i=(V+\beta x_i)\rho_{NN}$	x_i 在原点以右取正，以左取负
		水平力		$H_i=U\rho_{HH}-\beta\rho_{HM}=\frac{H}{n}$	
		弯矩		$M_i=\beta\rho_{MM}-U\rho_{MH}$	
9	求地面处任一基桩桩身截面上的内力	水平力		$H_{0i}=H_i$	
		弯矩		$M_{0i}=M_i+H_i l_0$	
10	求地面处任一基桩桩身的变位	水平位移		$x_{0i}=H_{0i}\delta_{HH}+M_{0i}\delta_{HM}$	
		转角		$\varphi_{0i}=-(H_{0i}\delta_{MH}+M_{0i}\delta_{MM})$	

（续）

计算步骤			内容	备注
11	求任意基桩地面下任一深度桩身截面内力	弯矩	$M_{zi}=\alpha^2 EI\left(x_{0i}A_3+\frac{\varphi_{0i}}{\alpha}B_3+\frac{M_{0i}}{\alpha^2 EI}C_3+\frac{H_{0i}}{\alpha^3 EI}D_3\right)$	A_3……D_4 查表 3-14，当桩身变截面配筋时作该项计算
		水平力	$H_{zi}=\alpha^3 EI\left(x_{0i}A_4+\frac{\varphi_{0i}}{\alpha}B_4+\frac{M_{0i}}{\alpha^2 EI}C_4+\frac{H_{0i}}{\alpha^3 EI}D_4\right)$	
12	求任一基桩桩身最大弯矩及其位置	最大弯矩位置	$z_{M_{max}}$	计算公式同表 3-15
		最大弯矩	M_{max}	

注：1. ρ_{NN}、ρ_{HH}、ρ_{MH}、ρ_{HM}、ρ_{MM} 的图示意义。

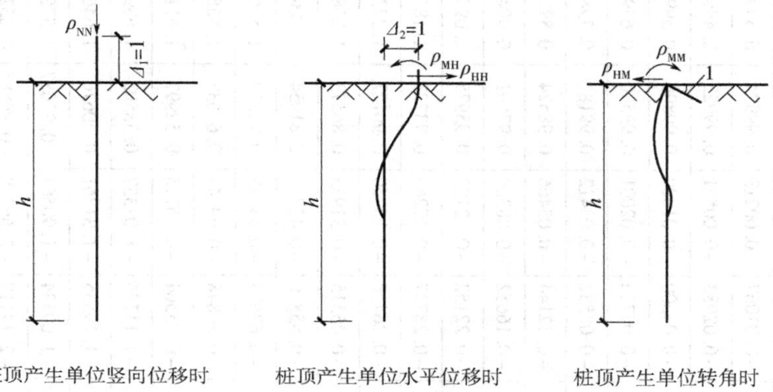

图 3-12　ρ_{NN}、ρ_{HH}、ρ_{MH}、ρ_{HM}、ρ_{MM} 的意义图示

2. A_0——单桩桩底压力分布面积，对于端承型桩，A_0 为单桩的底面积，对于摩擦型桩，取下列两式计算值的较小者：

$$A_0=\min\left\{\pi\left(h\,\mathrm{tg}\frac{\varphi_m}{4}+\frac{d}{2}\right)^2,\ \frac{\pi}{4}s^2\right\}$$

式中　h——桩入土深度；

φ_m——桩周各土层内摩擦角的加权平均值；

d——桩的设计直径；

s——桩的中心距。

表 3-14 计算桩身作用效应无量纲系数用表

$\bar{h}=\alpha z$	A_1	B_1	C_1	D_1	A_2	B_2	C_2	D_2	A_3	B_3	C_3	D_3	A_4	B_4	C_4	D_4
0.0	1.00000	0.00000	0.00000	0.00000	0.00000	1.00000	0.00000	0.00000	0.00000	0.00000	1.00000	0.00000	0.00000	0.00000	0.00000	1.00000
0.1	1.00000	0.100000	0.00500	0.00017	0.00000	1.00000	0.10000	0.00500	-0.00017	-0.00001	1.00000	0.10000	-0.00500	-0.00033	-0.00001	1.00000
0.2	1.00000	0.20000	0.02000	0.00133	-0.00007	1.00000	0.20000	0.02000	-0.00133	-0.00013	0.99999	0.20000	-0.02000	-0.00267	-0.0002	0.99999
0.3	0.99998	0.30000	0.0450	0.00450	-0.00034	0.99996	0.30000	0.04500	-0.00450	-0.00067	0.99994	0.30000	-0.04500	-0.00900	-0.00101	0.99992
0.4	0.99991	0.39999	0.0800	0.01067	-0.00107	0.99983	0.39998	0.08000	-0.01067	-0.00213	0.99974	0.39998	-0.08000	-0.02133	-0.0032	0.99966
0.5	0.99974	0.49996	0.12500	0.02083	-0.00260	0.99948	0.49994	0.12499	-0.02083	-0.00521	0.99922	0.49991	-0.12499	-0.04167	-0.00781	0.99896
0.6	0.99935	0.59987	0.17998	0.03600	-0.00540	0.99870	0.59981	0.17998	-0.03600	-0.01080	0.99806	0.59974	-0.17997	-0.07199	-0.0162	0.99741
0.7	0.99860	0.69967	0.24495	0.05716	-0.01000	0.99720	0.69951	0.24494	-0.05716	-0.02001	0.99580	0.69935	-0.2449	-0.11433	-0.03001	0.99440
0.8	0.99727	0.79927	0.31988	0.08532	-0.01707	0.99454	0.79891	0.31983	-0.08532	-0.03412	0.99181	0.79854	-0.31975	-0.17060	-0.05120	0.98908
0.9	0.99508	0.89852	0.40472	0.12146	-0.02733	0.99016	0.89779	0.40462	-0.12144	-0.05466	0.98524	0.89705	-0.40443	-0.24284	-0.08198	0.98032
1.0	0.99167	0.99722	0.49941	0.16657	-0.04167	0.98333	0.99583	0.49921	-0.16652	-0.08329	0.97501	0.99445	-0.49881	-0.33298	-0.12493	0.96667
1.1	0.98658	1.09508	0.60384	0.22163	-0.06096	0.97371	1.09262	0.60346	-0.22152	-0.12192	0.95975	1.09016	-0.60268	-0.44292	-0.18285	0.94634
1.2	0.97927	1.19171	0.71787	0.28758	-0.08632	0.95855	1.18756	0.71716	-0.28737	-0.17260	0.93783	1.18342	-0.71573	-0.57450	-0.25886	0.91712
1.3	0.96908	1.28660	0.84127	0.36536	-0.11883	0.93817	1.27990	0.84002	-0.26496	-0.23760	0.90727	1.27320	-0.83753	-0.7295	-0.35631	0.87638
1.4	0.95523	1.37910	0.97373	0.45588	-0.15973	0.91047	1.36865	0.97163	-0.45515	-0.31933	0.86573	1.35821	-0.96746	-0.90754	-0.47883	0.82102
1.5	0.93681	1.46839	1.11484	0.55997	-0.21030	0.87365	1.45259	1.11145	-0.55870	-0.42039	0.81054	1.4368	-1.10468	-1.11609	-0.63027	0.74745
1.6	0.91280	1.55346	1.26403	0.67842	-0.27194	0.82565	1.53020	1.25872	-0.67629	-0.54348	0.73859	1.50695	-1.24808	-1.35042	-0.81466	0.65156
1.7	0.88201	1.63307	1.42061	0.81193	-0.34604	0.76413	1.59963	1.41247	-0.80848	-0.69144	0.64637	1.56621	-1.39623	-1.61340	-1.03616	0.52871
1.8	0.84313	1.70575	1.58362	0.96109	-0.43412	0.68645	1.65867	1.57150	-0.95564	-0.86715	0.52997	1.61162	-1.54728	-1.90577	-1.29909	0.37368
1.9	0.79467	1.76972	1.75190	1.12637	-0.53768	0.58967	1.70468	1.73422	-1.11796	-1.07357	0.38503	1.63969	-1.69889	-2.22745	-1.60770	0.18071
2.0	0.73502	1.82294	1.92402	1.30801	-0.65822	0.47061	1.73457	1.89872	-1.29535	-1.31361	0.20676	1.64628	-1.84818	-2.57798	-1.96620	-0.05652
2.2	0.57491	1.88709	2.27217	1.72042	-0.95616	0.15127	1.73110	2.22299	-1.69334	-1.90567	-0.27087	1.57538	-2.12481	-3.35952	-2.84858	-0.69158
2.4	0.34691	1.87450	2.60882	2.19525	-1.33889	-0.30273	1.61286	2.51874	-2.14117	-2.66329	-0.94885	1.35201	-2.33901	-4.22811	-3.97323	-1.59151
2.6	0.033146	1.75473	2.90670	2.72365	-1.81479	-0.92602	1.33485	2.74972	-2.62126	-3.59987	-1.87734	0.91679	-2.43695	-5.14023	-5.35541	-2.82106
2.8	-0.38548	1.49037	3.12843	3.28769	-2.38756	-1.75483	0.84177	2.86653	-3.10341	-4.71748	-3.10791	0.19729	-2.34558	-6.02299	-6.99007	-4.44491
3.0	-0.92809	1.03679	3.22471	3.85838	-3.05319	-2.82410	0.06837	2.80406	-3.54058	-5.99979	-4.68788	-0.89126	-1.96928	-6.76460	-8.84029	-6.51972
3.5	-2.92799	-1.27172	2.46304	4.97982	-4.98062	-6.70806	-3.58647	1.27018	-3.91921	-9.54367	-10.3404	-5.85402	1.07408	-6.78895	-13.69240	-13.82610
4.0	-5.85333	-5.94097	-0.92677	4.54780	-6.53316	-12.15810	-10.60840	-3.76647	-1.61428	-11.73066	-17.9186	-15.07550	9.24368	-0.35762	-15.61050	-23.14040

注：z 为桩身计算截面的深度；α 为桩的水平变形系数。

表 3-15 桩身最大弯矩截面系数 C_{I}、最大弯矩系数 D_{II}

$\bar{h}=\alpha z$	C_{I}						D_{II}					
	$\alpha h=4.0$	$\alpha h=3.5$	$\alpha h=3.0$	$\alpha h=2.8$	$\alpha h=2.6$	$\alpha h=2.4$	$\alpha h=4.0$	$\alpha h=3.5$	$\alpha h=3.0$	$\alpha h=2.8$	$\alpha h=2.6$	$\alpha h=2.4$
0.0	∞	∞	∞	∞	∞	∞	∞	∞	∞	∞	∞	∞
0.1	131.252	129.489	120.507	112.954	102.805	90.196	131.250	129.551	120.515	113.017	102.839	90.226
0.2	34.186	33.699	31.158	29.090	26.326	22.939	34.315	33.818	31.282	29.218	26.451	23.065
0.3	15.544	15.282	14.013	13.003	11.671	10.064	15.738	15.476	14.206	13.197	11.864	10.258
0.4	8.781	8.605	7.799	7.176	6.368	5.409	9.039	8.862	8.057	7.434	6.625	5.667
0.5	5.539	5.403	4.821	4.385	3.829	3.183	5.855	5.720	5.138	4.702	4.147	3.502
0.6	3.710	3.597	3.141	2.811	2.400	1.931	4.086	3.973	3.519	3.189	2.778	2.310
0.7	2.566	2.465	2.089	1.826	1.506	1.150	2.999	2.899	2.525	2.263	1.943	1.587
0.8	1.791	1.699	1.377	1.160	0.902	0.623	2.282	2.191	1.871	1.655	1.398	1.119
0.9	1.238	1.515	0.867	0.683	0.471	0.248	1.784	1.698	1.417	1.235	1.024	0.800
1.0	0.824	0.740	0.484	0.327	0.149	−0.032	1.425	1.342	1.091	0.934	0.758	0.577
1.1	0.503	0.420	0.187	0.049	−0.100	−0.247	1.157	1.077	0.848	0.713	0.564	0.416
1.2	0.246	0.163	−0.052	−0.172	−0.299	−0.418	0.952	0.873	0.664	0.546	0.420	0.299
1.3	0.034	−0.049	−0.249	−0.355	−0.465	−0.557	0.792	0.714	0.522	0.418	0.311	0.212
1.4	−0.145	−0.229	−0.416	−0.508	−0.597	−0.672	0.666	0.588	0.410	0.319	0.229	0.148
1.5	−0.299	−0.384	−0.559	−0.639	−0.712	−0.769	0.563	0.486	0.321	0.241	0.166	0.101
1.6	−0.434	−0.521	−0.634	−0.753	−0.812	−0.853	0.480	0.402	0.250	0.181	0.118	0.067

（续）

$\bar{h}=\alpha z$	C_{I}						D_{II}					
	$\alpha h=4.0$	$\alpha h=3.5$	$\alpha h=3.0$	$\alpha h=2.8$	$\alpha h=2.6$	$\alpha h=2.4$	$\alpha h=4.0$	$\alpha h=3.5$	$\alpha h=3.0$	$\alpha h=2.8$	$\alpha h=2.6$	$\alpha h=2.4$
1.7	-0.555	-0.645	-0.796	-0.854	-0.898	-0.025	0.411	0.333	0.193	0.134	0.082	0.043
1.8	-0.665	-0.756	-0.896	-0.943	-0.975	-0.987	0.353	0.276	0.147	0.097	0.055	0.026
1.9	-0.768	-0.862	-0.988	-1.024	-1.043	-1.043	0.304	0.227	0.110	0.068	0.035	0.014
2.0	-0.865	-0.961	-1.073	-1.098	-1.105	-1.092	0.263	0.186	0.081	0.046	0.022	0.007
2.2	-1.048	-1.148	-1.225	-1.227	-1.210	-1.176	0.196	0.122	0.040	0.019	0.006	0.001
2.4	-1.230	-1.328	-1.360	-1.338	-1.299	0	0.145	0.075	0.016	0.005	0.001	0
2.6	-1.420	-1.507	-1.482	-1.434	0		0.106	0.043	0.005	0.001	0	
2.8	-1.635	-1.692	-1.593	0			0.074	0.021	0.001	0		
3.0	-1.893	-1.886	0				0.040	0.008	0			
3.5	-2.994	0					0.010	0				
4.0	0						0					

注：表中 α 为桩的水平变形系数；z 为桩身计算截面的深度；h 为桩长。当 $\alpha h>4.0$ 时，按 $\alpha h=4.0$ 计算。

3.1.5　桩基承台设计

1. 承台底面单桩竖向力设计值

承台底面单桩竖向力设计值按下式计算（图3-13）：

$$N_{id}=\frac{F_d}{n}\pm\frac{M_{xd}y_i}{\sum y_i^2}\pm\frac{M_{yd}x_i}{\sum x_i^2} \tag{3-45}$$

式中　N_{id}——第 i 根桩的单桩竖向力设计值；

F_d——由承台底面以上的作用（或荷载）产生的竖向力组合设计值；

M_{xd}、M_{yd}——由承台底面以上的作用（或荷载）绕通过群桩形心的 x 轴、y 轴的弯矩组合设计值；

n——承台下面桩的总根数；

x_i、y_i——分别为第 i 排桩中心至 y 轴、x 轴的距离。

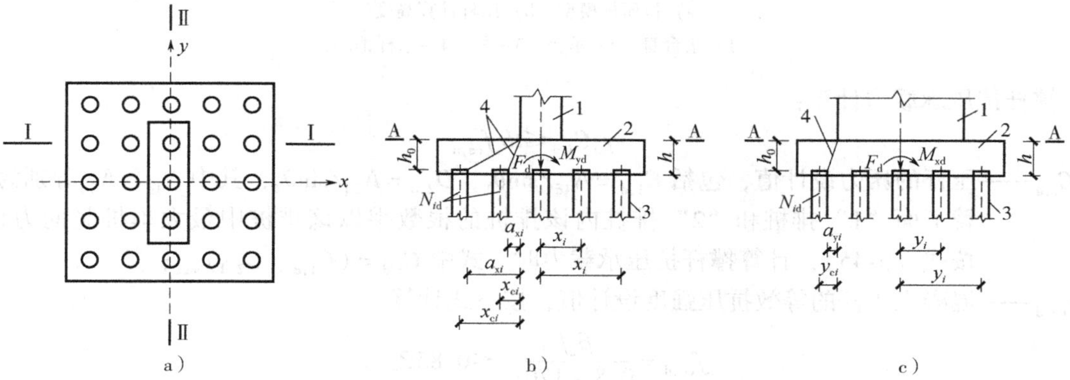

图3-13　桩基承台计算

a) A—A　b) Ⅰ—Ⅰ　c) Ⅱ—Ⅱ

1—墩身　2—承台　3—桩　4—剪切破坏斜截面

2. 承台正截面承载力计算

当承台下面外排桩中心距墩台身边缘大于承台高度时，其正截面（垂直于 x 轴、y 轴的竖向截面）抗弯承载力按作为悬臂梁以“梁式体系”进行计算。

（1）承台截面计算宽度取值　当桩中距不大于三倍桩边长或桩直径时，b_s 取承台全宽；当桩中距大于三倍桩边长或桩直径时

$$b_s=2a+3D(n-1) \tag{3-46}$$

式中　b_s——承台截面计算宽度；

a——平行于计算截面的边桩中心距承台边缘距离；

D——桩边长或桩直径；

n——平行于计算截面的桩的根数。

（2）承台计算截面设计弯矩值计算

$$M_{xcd}=\sum N_{id}y_{ci} \tag{3-47a}$$

$$M_{ycd}=\sum N_{id}x_{ci} \tag{3-47b}$$

式中　M_{xcd}、M_{ycd}——计算截面外侧各排桩竖向力产生的绕 x 轴、y 轴在计算截面处的弯矩组合设计值；

N_{id}——计算截面处外侧第 i 排桩的竖向力设计值，取该排桩根数乘以该排桩中最大单桩竖向力设计值；

x_{ci}、y_{ci}——垂直于 y 轴和 x 轴方向，自第 i 排桩中心线至计算截面的距离。

当承台下面外排桩中心与墩台身边缘的距离小于或等于承台高度时，承台的极限承载力可按拉压杆模型方法进行设计（图3-14）。

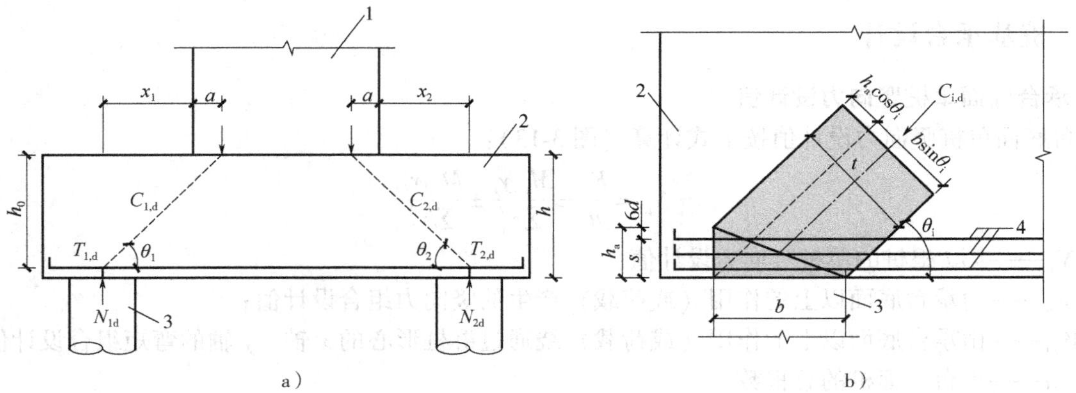

图 3-14　承台按拉压杆模型计算

a）拉压杆模型　b）压杆计算高度

1—墩台身　2—承台　3—桩　4—系杆钢筋

1）撑杆抗压承载力计算：

$$\gamma_0 C_{i,d} \leqslant t b_s f_{ce,d} \tag{3-48}$$

式中　$C_{i,d}$——压杆的压力设计值，包括 $C_{1,d}=N_{1d}/\sin\theta_1$，$D_{2,d}=N_{2d}/\sin\theta_2$，其中 N_{1d}、N_{2d} 分别为承台悬臂下面“1”排桩和“2”排桩内该排桩的根数乘以该排桩中最大单桩竖向力设计值；按式（3-45），计算撑杆抗压承载力时，式中 $C_{i,d}=(C_{1,d}、C_{2,d})_{max}$；

$f_{ce,d}$——混凝土压杆的等效抗压强度设计值，按下式计算

$$f_{ce,d}=\frac{\beta_c f_{cd}}{0.8+170\varepsilon_1} \leqslant 0.85\beta_c f_{cd} \tag{3-49}$$

β_c——与混凝土强度等级有关的参数，对 C25 ~ C50，取 $\beta_c=1.30$，C55 ~ C80 取 $\beta_c=1.35$；

f_{cd}——混凝土轴心抗压强度设计值；

ε_1——压杆中垂直于压杆方向的混凝土拉应变，按下式计算

$$\varepsilon_1=\frac{T_{i,d}}{A_s E_s}+\left(\frac{T_{i,d}}{A_s E_s}+0.002\right)\cot^2\theta_i \tag{3-50}$$

t——压杆的计算高度，$t=b\sin\theta_i+h_a\cos\theta_i$，其中 $h_a=s+6d$；

b_s——压杆计算宽度；

b——桩的支撑面计算宽度，方形截面桩取截面边长，圆形截面桩取直径的 0.8 倍；

$T_{i,d}$——拉杆内力设计值，取 $T_{i,d}=(T_{1,d},\ T_{2,d})_{max}$，其中 $T_{1,d}=N_{1d}/\tan\theta_1$，$T_{2,d}=N_{2d}/\tan\theta_2$；

A_s——在压杆计算宽度 b_s（拉杆计算宽度）范围内拉杆钢筋截面面积；

s——拉杆钢筋的顶层钢筋中心至承台底的距离；

d——拉杆钢筋直径，当采用不同直径的钢筋时，d 取加权平均值；

θ_i——斜压杆与拉杆之间的夹角，包括 $\theta_1=\tan^{-1}\left(\frac{h_0}{a+x_1}\right)$、$\theta_2=\tan^{-1}\left(\frac{h_0}{a+x_2}\right)$，其中 h_0 为承台有效高度，a 为压杆中线与承台顶面的交点至墩台边缘的距离，取 $a=0.15h_0$；x_1 和 x_2 为桩中心至墩台边缘的距离。

2）拉杆承载力计算：

$$\gamma_0 T_{i,d} \leqslant f_{sd} A_s \tag{3-51}$$

式中　$T_{i,d}$——系杆拉力设计值，取 $T_{i,d}=(T_{1,d}、T_{2,d})_{max}$；

f_{sd}——拉杆钢筋抗拉强度设计值。

3. 承台斜截面抗剪承载力计算

当承台下面外排桩中心距墩台边缘大于承台高度时，其斜截面抗剪承载力应符合下列规定：

$$\gamma_0 V_d \leqslant 0.9\times10^{-4}\frac{(2+0.6P)\sqrt{f_{cu,k}}}{m}b_s h_0 \tag{3-52}$$

式中 V_d——由承台悬臂下面桩的竖向力设计值产生的计算斜截面以外各排桩最大剪力设计值的总和（kN）；每排桩的竖向力设计值，取其中一根最大值乘以该排桩的根数；

$f_{cu,k}$——承台混凝土立方体抗压强度标准值（MPa）；

P——斜截面内纵向受拉钢筋的配筋百分率，$P=100\rho$，$\rho=A_s/bh_0$，当 $P>2.5$ 时，取 $P=2.5$，其中 A_s 为承台截面计算宽度内纵向受拉钢筋截面面积；

m——剪跨比，$m=a_{xi}/h_0$ 或 $m=a_{yi}/h_0$，当 $m<0.5$ 时，取 $m=0.5$，其中 a_{xi}和 a_{yi}分别为沿 x 轴和 y 轴墩台边缘至计算斜截面外侧第 i 排边缘的距离；当为圆形截面桩时，可换算为边长等于 0.8 倍圆桩直径的方形截面桩；

b_s——承台计算宽度（mm）；

h_0——承台有效高度（mm）。

当承台的同方向有多个斜截面破坏面时，应分别对每个斜截面进行抗剪承载力计算。

4. 承台冲切承载力验算

1）柱或墩台向下冲切的破坏锥体应采用自柱或墩台边缘至相应桩顶连线构成的锥体（图3-15）；桩顶位于承台顶面以下一倍有效高度 h_0 处。锥体斜面与水平面的夹角，不应小于45°，当小于45°时，取用45°。

柱或墩台向下冲切承台的冲切承载力按下式计算：

$$\gamma_0 F_{ld} \leqslant 0.6 f_{td} h_0 [2\alpha_{px}(b_y+a_y)+2\alpha_{py}(b_x+a_x)] \tag{3-53}$$

式中 F_{ld}——作用于冲切破坏锥体上的冲切力设计值，可取柱或墩台的竖向力设计值减去锥体范围内桩的反力设计值；

b_x、b_y——柱或墩台作用面积的边长；

a_x、a_y——冲垮，冲切破坏锥体侧面顶边与底边间的水平距离，即柱或墩台边缘到桩边缘的水平距离，其值不应大于 h_0；

λ_x、λ_y——冲垮比，$\lambda_x=a_x/h_0$、$\lambda_y=a_y/h_0$，当 $a_x<0.2h_0$ 或 $a_y<0.2h_0$ 时，取 $a_x=0.2h_0$ 或 $a_y=0.2h_0$；

α_{px}、α_{py}——为冲垮比 λ_x、λ_y 对应的冲切承载力系数，$\alpha_{px}=\dfrac{1.2}{\lambda_x+0.2}$、$\alpha_{py}=\dfrac{1.2}{\lambda_y+0.2}$；

f_{td}——承台混凝土轴心抗拉强度设计值。

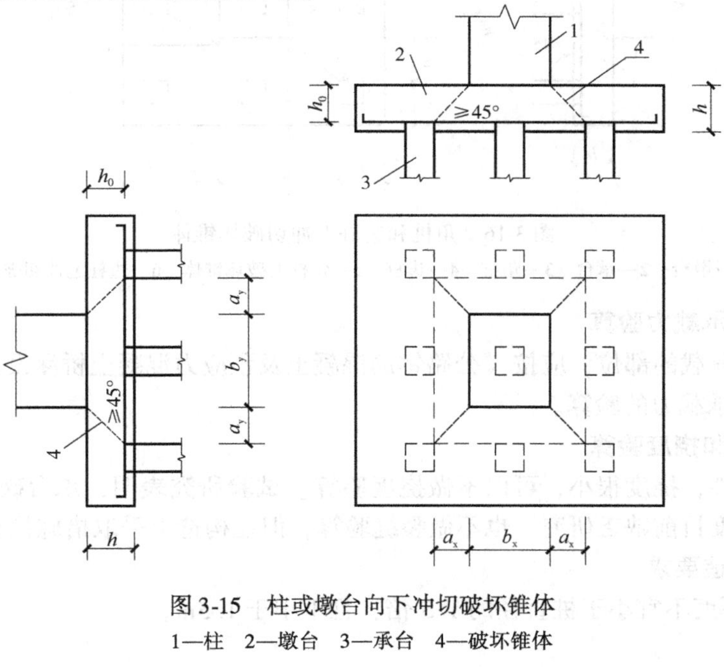

图3-15 柱或墩台向下冲切破坏锥体

1—柱 2—墩台 3—承台 4—破坏锥体

2）对于柱或墩台向下的冲切破坏锥面以外的角桩和边桩，其向上冲切承台的冲切承载力按下式计算：

①角桩：

$$\gamma_0 F_{ld} \leqslant 0.6 f_{td} h_0 \left[\alpha'_{px} \left(b_y + \frac{a_y}{2} \right) + \alpha'_{py} \left(b_x + \frac{a_x}{2} \right) \right] \tag{3-54}$$

式中 F_{ld}——角桩竖向力设计值；

b_x、b_y——承台边缘至桩内边缘的水平距离；

a_x、a_y——冲垮，为桩边缘至相应柱或墩台边缘的水平距离，其值不应大于 h_0；

λ_x、λ_y——冲垮比，$\lambda_x = a_x / h_0$、$\lambda_y = a_y / h_0$，当 $a_x < 0.2h_0$ 或 $a_y < 0.2h_0$ 时，取 $a_x = 0.2h_0$ 或 $a_y = 0.2h_0$；

α'_{px}、α'_{py}——为与冲垮比 λ_x、λ_y 对应的冲切承载力系数，$\alpha'_{px} = \dfrac{0.8}{\lambda_x + 0.2}$、$\alpha'_{py} = \dfrac{0.8}{\lambda_y + 0.2}$。

②边桩。当 $b_p + 2h_0 \leqslant b$ 时（图 3-16）

$$\gamma_0 F_{ld} \leqslant 0.6 f_{td} h_0 [\alpha'_{px}(b_p + h_0) + 0.667 \times (2b_x + a_x)] \tag{3-55}$$

式中 F_{ld}——边桩竖向力设计值；

b_x——承台边缘至桩内边缘的水平距离；

b_p——方桩的边长；

a_x——冲垮，为桩边缘至相应柱或墩台边缘的水平距离，其值不应大于 h_0。

按上述各项计算时，圆形截面柱可换算为边长等于 0.8 倍圆桩直径的方形截面桩。

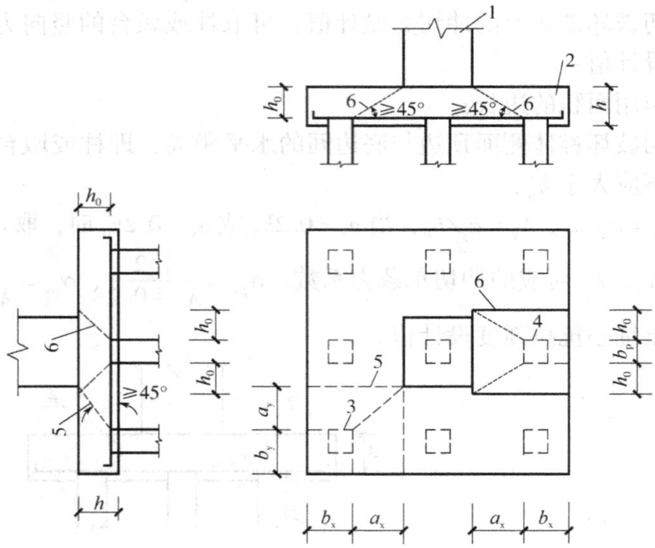

图 3-16 角桩和边桩上冲切破坏锥体

1—柱或墩台 2—承台 3—角桩 4—边桩 5—角桩上破坏锥体 6—边柱上冲切破坏锥体

5. 承台局部承压承载力验算

承台在承受局部荷载的部位，应按《公路钢筋混凝土及预应力混凝土桥涵设计规范》（JTG 3362—2018）进行局部承压承载力的验算。

6. 承台裂缝宽度和挠度验算

承台是短悬臂构件，挠度很小，可以不做挠度验算。试验研究表明，承台破坏形态大多为剪切型或冲切型，其裂缝宽度目前缺乏研究，也不做裂缝验算，但在构造上采取措施控制裂缝的开展。

7. 桩基承台的构造要求

1）桩基承台的厚度不宜小于桩直径的 1.5 倍，且不小于 1.5m。

2）当桩中距不大于3倍桩直径时，承台受力钢筋应均匀布置于全宽度内；当桩中距大于3倍桩直径时，受力钢筋应均匀布置于距桩中心1.5倍桩直径范围内，在此范围以外应布置配筋率不小于0.1%的构造钢筋。

3）如承台仅有一个方向的受力钢筋时，在垂直于受力钢筋方向，应设置直径不小于12mm，间距不大于250mm的构造钢筋。

4）承台底面内宜设一层钢筋网，底面内每一方向的钢筋用量宜为1200～1500mm²/m，钢筋直径采用12～16mm。

5）承台竖向连系钢筋，其直径不应小于16mm。

6）承台的桩中距等于或大于桩直径的3倍时，宜在两桩之间，距柱中心各1倍桩直径的中间区段内设置吊筋（图3-17），其直径不应小于12mm，间距不应大于200mm。

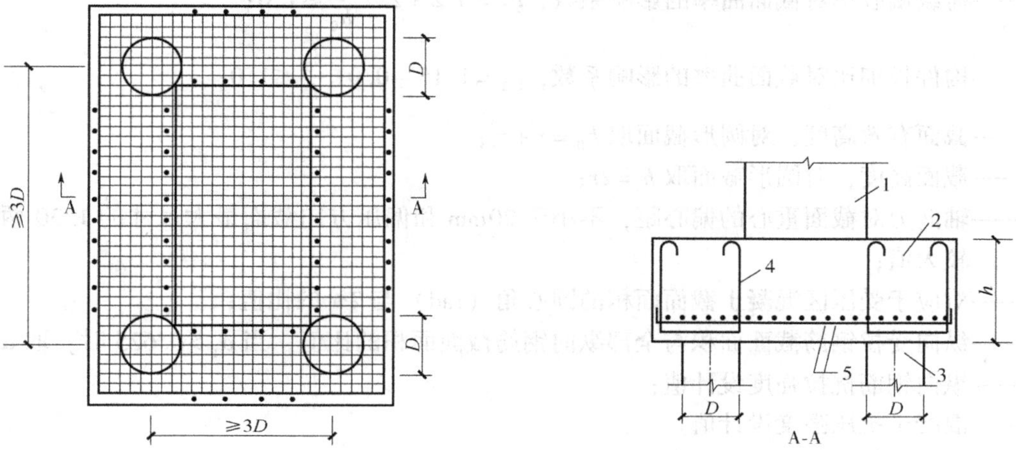

图3-17 承台吊筋布置

1—墩台身 2—承台 3—桩 4—吊筋 5—主筋 D—桩直径

3.1.6 圆形截面桩的正截面承载力计算

沿周边均匀配置纵向钢筋（数量不少于8根）的圆形截面钢筋混凝土偏心受压构件（图3-18），其正截面抗压承载力计算应符合下列规定：

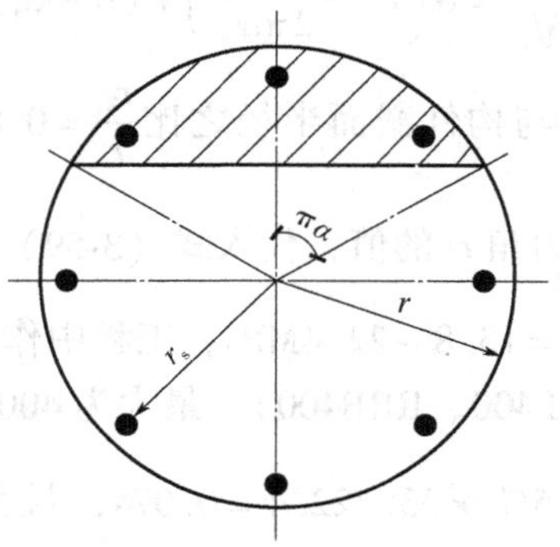

图3-18 沿周边均匀配置纵向钢筋的圆形截面

$$\gamma_0 N_d \leqslant N_{ud} = \alpha f_{cd} A\left(1-\frac{\sin 2\pi\alpha}{2\pi\alpha}\right)+(\alpha-\alpha_t) f_{sd} A_s \tag{3-56a}$$

$$\gamma_0 N_d \eta e_0 \leqslant M_{ud} = \frac{2}{3} f_{cd} A r \frac{\sin^3 \pi\alpha}{\pi} + f_{sd} A_s r_s \frac{\sin\pi\alpha + \sin\pi\alpha_t}{\pi} \tag{3-56b}$$

$$\alpha_t = 1.25 - 2\alpha \tag{3-56c}$$

式中 A——圆形截面面积；

A_s——全部纵向钢筋截面面积；

N_{ud}、M_{ud}——正截面抗压、抗弯承载力设计值；

r——圆形截面的半径；

r_s——纵向钢筋重心所在圆周的半径；

η——偏心距增大系数，对长细比 $l_0/i>17.5$ 的构件，应考虑偏心受压构件的轴向力承载力极限状态偏心距增大系数 η，按式（3-57）计算：

$$\eta=1+\frac{1}{1300e_0/h_0}\left(\frac{l_0}{h}\right)^2\zeta_1\zeta_2 \tag{3-57}$$

式中 ζ_1——荷载偏心率对截面曲率的影响系数，$\zeta_1=0.2+2.7\frac{e_0}{h_0}\leqslant 1.0$；

ζ_2——构件长细比对截面曲率的影响系数，$\zeta_2=1.15-0.01\frac{l_0}{h}\leqslant 1.0$；

h_0——截面有效高度，对圆形截面取 $h_0=r+r_s$；

h——截面高度，对圆形截面取 $h=2r$；

e_0——轴向力对截面重心的偏心距，不小于20mm和偏压方向截面最大尺寸的1/30两者之间的较大值；

α——对应于受压区混凝土截面面积的圆心角（rad）与 2π 的比值；

α_t——纵向受拉钢筋截面面积与全部纵向钢筋截面面积的比值，当 $\alpha_t>0.625$ 时，取 $\alpha_t=0$；

f_{sd}——纵向钢筋抗拉强度设计值；

f_{cd}——混凝土抗压强度设计值。

由式（3-56b）除以式（3-56a）得到：

$$\eta\frac{e_0}{r}=\frac{\frac{2}{3}\frac{\sin^3\pi\alpha}{\pi}+\rho\frac{f_{sd}}{f_{cd}}\frac{r_s}{r}\frac{\sin\pi\alpha+\sin\pi\alpha_t}{\pi}}{\alpha\left(1-\frac{\sin2\pi\alpha}{2\pi\alpha}\right)+(\alpha-\alpha_t)\rho\frac{f_{sd}}{f_{cd}}} \tag{3-58}$$

由式（3-56a）可得

$$n_u=\frac{N_u}{Af_{cd}}=\alpha\left(1-\frac{\sin2\pi\alpha}{2\pi\alpha}\right)+(\alpha-\alpha_t)\rho\frac{f_{sd}}{f_{cd}} \tag{3-59}$$

一般情况下，钢筋所在钢环半径与构件截面半径之比 $\frac{r_s}{r}=0.85\sim0.95$，取 $\frac{r_s}{r}=0.9$，给定 $\eta\frac{e_0}{r}$ 和 $\rho\frac{f_{sd}}{f_{cd}}$ 的值，由式（3-58）可求得半压力角 α 的值，代入式（3-59）得到 n_u 值。

混凝土强度等级C30～C50的 $f_{cd}=13.8\sim22.4$MPa；工程中作为纵向钢筋使用的钢筋的最小屈服强度设计值为330MPa（HRB400、HRBF400、RRB400），最大为400MPa（HRB500），纵向钢筋配筋率按0.5%～4%考虑，则 $\rho\frac{f_{sd}}{f_{cd}}$ 的最小值 $0.5\%\times330/22.4=0.074$，最大值为 $4\%\times400/13.8=1.159$，则取 $\rho\frac{f_{sd}}{f_{cd}}=0.06\sim1.20$，另取 $\eta\frac{e_0}{r}=0.05\sim10$，即可按上述方法计算得到《公路钢筋混凝土及预应力混凝土桥涵设计规范》（JTG 3362—2018）附表F.0.1中的 n_u 值。

因此，当混凝土强度等级在C30～C50，且纵向钢筋配筋率在0.5%～4%之间时，沿周边均匀配置纵向钢筋的圆形截面钢筋混凝土偏心受压构件，其正截面抗压承载力应符合：

$$\gamma_0N_d\leqslant n_uAf_{cd} \tag{3-60}$$

式中　N_d——构件轴向压力的设计值；

n_u——构件相对抗压承载力，根据 $\eta\frac{e_0}{r}$ 和 $\rho\frac{f_{sd}}{f_{cd}}$ 值，按《公路钢筋混凝土及预应力混凝土桥涵设计规范》（JTG 3362—2018）表 F. 0. 1 确定。

3. 1. 7　桩基构造

1. 一般构造要求

钻孔桩设计直径不宜小于 0. 8m；挖孔桩直径或最小边宽度不宜小于 1. 2m；混凝土管桩直径可采用 0. 4 ~ 1. 2m，管壁最小厚度不宜小于 80mm。

2. 混凝土桩

1）桩身混凝土强度等级。桩身混凝土强度等级不应低于 C25，当采用强度标准值为 400MPa 及以上钢筋时不应低于 C30；管桩填芯混凝土不应低于 C20。

2）钢筋混凝土沉桩的桩身配筋应按运输、沉入和使用各阶段内力要求通长配筋。桩的两端和接桩区箍筋或螺旋筋的间距应加密，其值可取 40 ~ 50mm。

3）钻（挖）孔桩应按桩身内力大小分段配筋。当内力计算表明不需配筋时，应在桩顶 3. 0 ~ 5. 0m 内设构造钢筋。其配筋应满足下列要求：

桩内主筋直径不应小于 16mm，每桩的主筋数量不应少于 8 根，其净距不应小于 80mm 且不应大于 350mm。

配筋较多时，可采用束筋，束筋的单根钢筋直径不应大于 36mm，束筋的单根钢筋根数，当其直径不大于 28mm 时不应多于 3 根，当其直径大于 28mm 时应为 2 根。

钢筋的保护层厚度应满足《公路钢筋混凝土及预应力混凝土桥涵设计规范》（JTG 3362—2018）的规定。

闭合式箍筋或螺旋筋直径不应小于主筋直径的 1/4，且不应小于 8mm，其中距不应大于主筋直径的 15 倍，且不应大于 300mm。

钢筋笼骨架上每隔 2. 0 ~ 2. 5m 设置直径为 16 ~ 32mm 的加劲箍一道。钢筋笼四周应设置凸出的定位钢筋、定位混凝土块，或采用其他定位措施。钢筋笼底部的主筋宜稍向内弯曲，以作为导向。

3. 桩基承台和横系梁的构造

桩基承台的构造除应满足《公路钢筋混凝土及预应力混凝土桥涵设计规范》（JTG 3362—2018）有关规定外，尚应符合下列要求：

1）桩基承台的厚度不宜小于桩直径的 1. 5 倍，且不宜小于 1. 5m，混凝土强度等级不应低于 C25，当采用强度标准值 400MPa 及以上钢筋时不应低于 C30。

2）当桩顶直接埋入承台连接时，应在每根桩的顶面上设 1 ~ 2 层钢筋网。当桩顶主筋伸入承台时，承台底面内宜设一层钢筋网，底面内每一方向的钢筋用量为 1200 ~ 1500mm²/m，钢筋直径宜采用 12 ~ 16mm。

3）当用横系梁加强桩之间的整体性时，横系梁的高度可取为 0. 8 ~ 1. 0 倍桩的直径，宽度可取为 0. 6 ~ 1. 0 倍桩的直径。混凝土强度等级不应低于 C25，当采用强度标准值 400MPa 及以上钢筋时不应低于 C30。纵向钢筋不应少于横系梁截面面积的 0. 15%；箍筋直径不应小于 8mm，其间距不应大于 400mm。

4. 桩与承台、横系梁的连接应符合下列要求

1）桩顶直接埋入承台连接。当桩径（或边长）小于 0. 6m 时，埋入长度不应小于 2. 0 倍桩径（或边长）；当桩径（或边长）为 0. 6 ~ 1. 2m 时，埋入长度不应小于 1. 2m；当桩径（或边长）大于 1. 2m 时，埋入长度不应小于 1. 0 倍桩径（或边长）。

2）桩顶主筋伸入承台连接。桩身嵌入承台内的深度可采用100mm；伸入承台内的桩顶主筋可做成喇叭形（与竖直线夹角大约为15°）。伸入承台内的主筋长度，HPB300钢筋不应小于40倍钢筋直径（设弯钩），带肋钢筋不应小于35倍钢筋直径（不设弯钩）。

3）对于大直径灌注桩，当采用一柱一桩时，可设置横系梁或将桩与柱直接连接。

4）混凝土管桩与承台连接时，伸入承台内的纵向钢筋如采用插筋，插筋数量不应少于4根，直径不应小于16mm，锚入承台长度不宜少于35倍钢筋直径，插入管桩填芯混凝土长度不宜小于1.0m。

5）横系梁的主筋应伸入桩内，其长度不小于35倍主筋直径。

3.2 设计实例

3.2.1 设计资料

某公路桥梁设计采用桩（柱）式桥墩，初步拟定尺寸如图3-19所示。该桥梁上部结构为25m预应力混凝土装配式T形梁桥。桥面宽7.0m，两边各有宽0.5m人行道。设计荷载为公路Ⅰ级，人群荷载标准值3.5kN/m²。

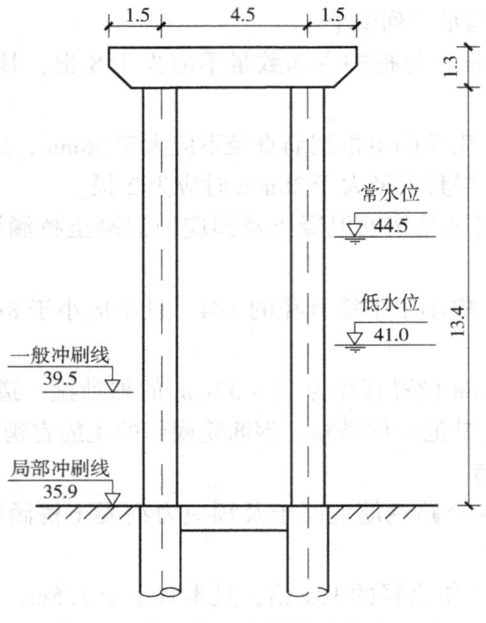

图3-19 桩（柱）式桥墩（单位：m）

1. 桥墩组成

该桥墩基础由两根钻孔灌注桩组成。桩径采用$d=1.2\text{m}$，墩柱直径采用$d=1.0\text{m}$。柱底沉淀土厚度控制在$t=(0.1\sim0.3)d$。在局部冲刷线处设置横系梁，其断面尺寸可按构造要求确定。

2. 地质资料

标高25m以上桩侧为软塑亚黏土，其各物理性质指标为：容重$\gamma=18.5\text{kN/m}^3$，土粒比重$G=2.70$，天然含水量$w=21\%$，液限$w_L=22.7\%$，塑限$w_p=16.3\%$。

标高25m以下桩侧及桩底均为硬塑性亚黏土，其各物理性质指标为：容重$\gamma=19.5\text{kN/m}^3$，土粒比重$G=2.70$，天然含水量$w=17.8\%$，液限$w_L=22.7\%$，塑限$w_p=16.3\%$。

3. 桩身材料

桩身采用C30混凝土浇注，所供钢筋有HPB300级钢和HRB400级钢。

4. 计算荷载

1）一跨上部结构自重 $G_1=2000\times(L/20)^{1.2}$kN（取整），其中 L 为跨径（m）。

2）盖梁自重 $G_2=350$kN。

3）局部冲刷线以上一根柱重 G_3 应分别考虑最低水位及常水位情况。

4）公路Ⅰ级荷载：

双孔布载，以产生最大竖向力。

单孔布载，以产生最大偏心弯矩。

支座对桥墩的纵向偏心距为 $e=0.3$m（图3-20）。计算汽车荷载时考虑冲击力。

5）人群荷载：

双孔布载，以产生最大竖向力。

单孔布载，以产生最大偏心弯矩。

6）水平荷载（图3-21）：

制动力：$H_{1k}=22.5$kN

盖梁风力：$W_{1k}=8$kN

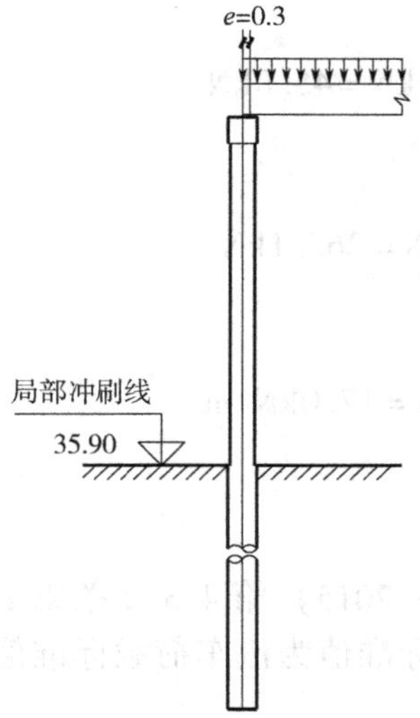

图3-20　支座对桥墩的偏心距（单位：m）

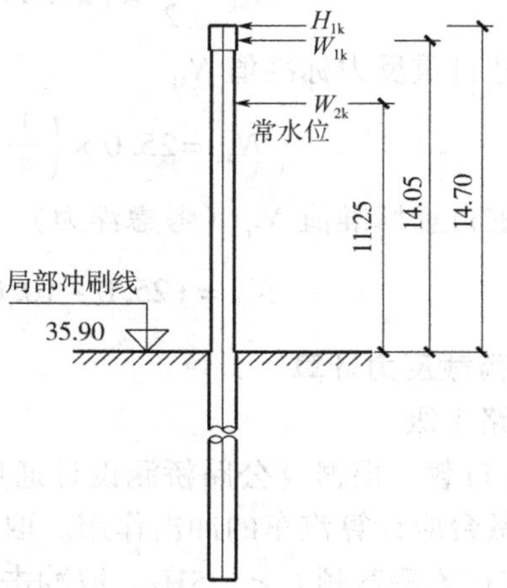

图3-21　水平荷载（单位：m）

柱风力：$W_{2k}=10$kN，采用常水位并考虑波浪影响0.5m，常水位按标高45m计，以产生较大的桩身弯矩。W_{2k}的力臂为11.25m。

活荷载计算应在支座反力影响线上加载进行。支座反力影响线如图3-22所示。

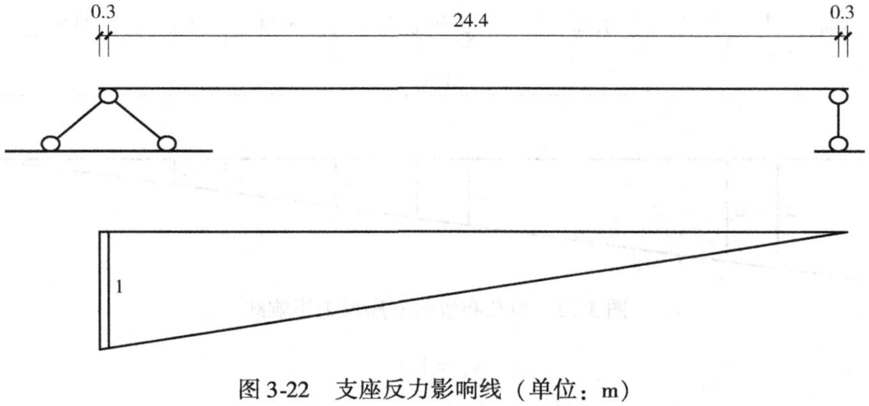

图3-22　支座反力影响线（单位：m）

其相应截面位置和相应轴力，配置钢筋，验算截面承载力（采用最不利荷载组合及常水位）。

5. 设计要求

1）确定桩的长度，进行单桩承载力验算。

2）桩身强度计算：求出桩身弯矩图（用坐标纸画），确定桩身最大弯矩值及其相应截面和相应轴力，配置钢筋，验算截面承载力。

3）绘出桩的钢筋布置图。

3.2.2 荷载计算

1. 永久荷载反力计算（每根桩反力计算）

上部结构永久荷载反力标准值 N_{1k}

$$N_{1k}=G_{1k}=2000\times(L/20)^{1.2}\text{kN/m}=2000\times(25/20)^{1.2}\text{kN}=2614.0\text{kN}$$

盖梁自重反力标准值 N_{2k}

$$N_{2k}=G_{2k}/2=350\text{kN}/2=175\text{kN}$$

横系梁的高度可取为 $(0.8\sim1.0)d$，宽度可取为 $(0.6\sim1.0)d$。故横系梁截面选取 800mm×1000mm。

横系梁自重反力标准值 N_{3k}

$$N_{3k}=\frac{1}{2}\times[25.0\times(0.8\times1.0)\times4.5]\text{kN}=45.0\text{kN}$$

一根墩柱自重反力标准值 N_{4k}

$$N_{4k}=25.0\times\left(\frac{1}{4}\times\pi\times1.0^2\right)\times13.4\text{kN}=263.1\text{kN}$$

每延米桩自重标准值 N_{5k}（考虑浮力）

$$N_{5k}=(25.0-10.0)\times\frac{1}{4}\times\pi\times1.2^2\text{kN}=17.0\text{kN/m}$$

2. 可变荷载反力计算

（1）公路Ⅰ级

1）单孔布载。根据《公路桥涵设计通用规范》（JTG D60—2015）第 4.3.2 条第 1 款规定，钢筋混凝土柱式墩台应计算汽车的冲击作用。取汽车荷载的冲击力标准值为汽车荷载标准值乘以冲击系数 μ。对于简支式梁桥基频 $f_1<1.5\text{Hz}$，取冲击系数 $\mu=0.05$。

在桥跨上的汽车荷载布置如图 3-23 所示排列，反力影响线的纵距分别为：

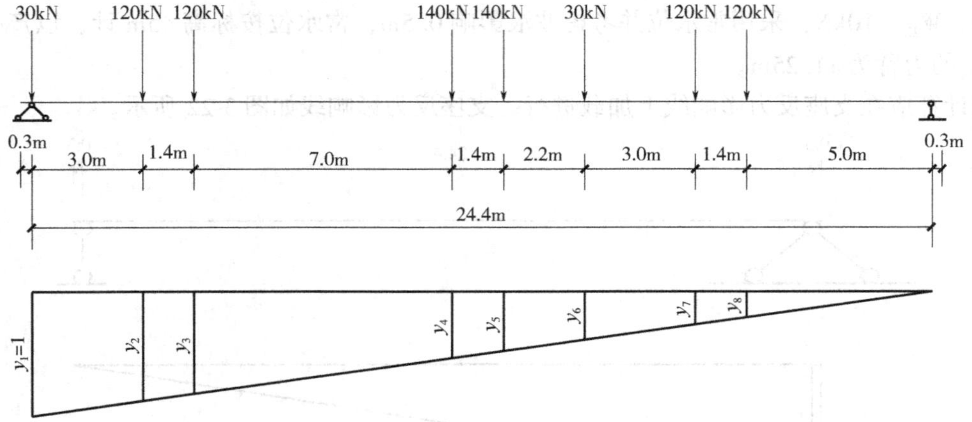

图 3-23 单孔布置时支座反力影响线

$$y_1=1.0$$

$$y_2=\frac{24.4-3.0}{24.4}=0.877$$

$$y_3=\frac{24.4-4.4}{24.4}=0.820$$

$$y_4=\frac{24.4-11.4}{24.4}=0.533$$

$$y_5=\frac{24.4-12.8}{24.4}=0.475$$

$$y_6=\frac{24.4-15.0}{24.4}=0.385$$

$$y_7=\frac{24.4-18.0}{24.4}=0.262$$

$$y_8=\frac{24.4-19.4}{24.4}=0.205$$

所以，支座反力 R_{1k}：

$$\begin{aligned}R_{1k}&=(1+\mu)\sum P_i y_i\\&=(1+0.05)\times[1.0\times30+0.877\times120+0.820\times120+0.533\times140+0.475\times140+0.385\times30+\\&\quad 0.262\times120+0.205\times120]\text{kN}=464.50\text{kN}\end{aligned}$$

支座对桥墩的纵向偏心距为 $e=0.3\text{m}$，产生的弯矩 M_{1k}：

$$M_{1k}=R_{1k}\times e=464.50\times0.3\text{kN}\cdot\text{m}=139.35\text{kN}\cdot\text{m}$$

2）双孔布置。在桥跨上的汽车荷载布置如图3-24所示排列，反力影响线的纵距分别为：

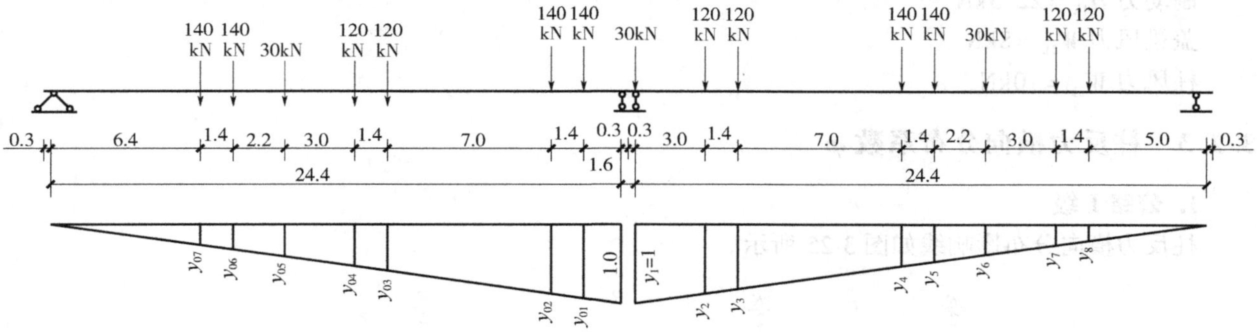

图3-24 双孔布置时支座反力影响线（单位：m）

$y_1\sim y_8$ 同单孔布置

$$y_{01}=\frac{24.4-1.6}{24.4}=0.934$$

$$y_{02}=\frac{24.4-3.0}{24.4}=0.877$$

$$y_{03}=\frac{24.4-10.0}{24.4}=0.590$$

$$y_{04}=\frac{24.4-11.4}{24.4}=0.533$$

$$y_{05}=\frac{24.4-14.4}{24.4}=0.410$$

$$y_{06}=\frac{24.4-16.6}{24.4}=0.320$$

$$y_{07}=\frac{24.4-18.0}{24.4}=0.262$$

所以，支座反力 R'_{1k}：

$$R'_{1k}=(1+\mu)\sum P_i y_i$$

$$=(1+0.05)\times[(1.0\times30+0.877\times120+0.820\times120+0.533\times140+0.475\times140+0.385\times30+0.262\times120+0.205\times120)+(0.934\times140+0.877\times140+0.59\times120+0.533\times120+0.410\times30+0.320\times140+0.262\times140)]\text{kN}$$

$$=(1+0.05)\times(442.35+482.08)\text{kN}=970.65\text{kN}$$

支座对桥墩的纵向偏心距为 $e=0.3\text{m}$，产生的弯矩 M'_{1k}：

$$M'_{1k}=(1+0.05)\times(442.35\times0.3-482.08\times0.3)\text{kN}\cdot\text{m}=-12.52\text{kN}\cdot\text{m}$$

（2）人群荷载

1）单孔布载。人群荷载引起的支座反力 R_{2k}：

$$R_{2k}=\frac{1}{2}ql=\frac{1}{2}\times(3.5\times0.5)\times25\text{kN}=21.875\text{kN}$$

支座对桥墩的纵向偏心距为 $e=0.3\text{m}$，产生的弯矩 M_{2k}：

$$M_{2k}=R_{2k}e=21.875\times0.3\text{kN}\cdot\text{m}=6.56\text{kN}\cdot\text{m}$$

2）双孔布置。人群荷载引起的支座反力 R'_{2k}：

$$R'_{2k}=ql=(3.5\times0.5)\times25\text{kN}=43.75\text{kN}$$

支座对桥墩的纵向偏心距为 $e=0.3\text{m}$，产生的弯矩 M'_{2k}：

$$M'_{2k}=\sum R'_{2k}e=21.875\times0.3\text{kN}\cdot\text{m}-21.875\times0.3\text{kN}\cdot\text{m}=0\text{kN}\cdot\text{m}$$

（3）水平荷载　单桩所受水平力大小和作用位置如图 3-21 所示：

制动力 $H_{1k}=22.5\text{kN}$

盖梁风力 $W_{1k}=8\text{kN}$

柱风力 $W_{2k}=10\text{kN}$

3.2.3 柱反力横向分布系数 φ

1. 公路 I 级

柱反力横向分布影响线如图 3-25 所示。

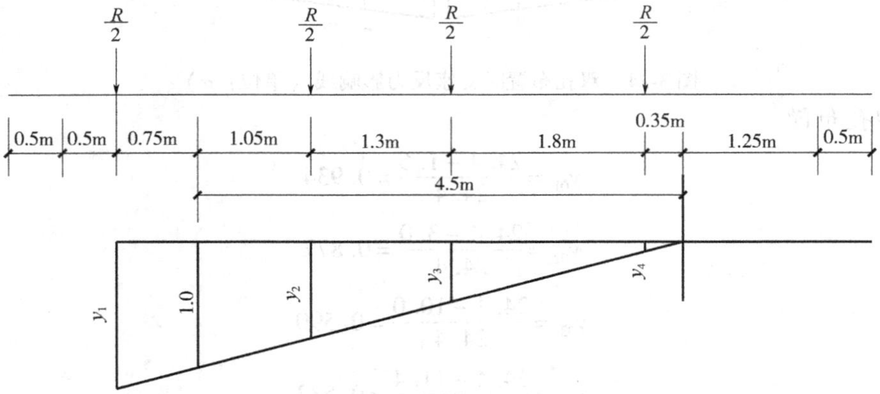

图 3-25　柱反力横向分布影响线

$$y_1=\frac{5.25}{4.5}=\frac{3.5}{3}$$

$$y_2=\frac{4.5-1.05}{4.5}=\frac{2.3}{3}$$

$$y_3=\frac{4.5-2.35}{4.5}=\frac{4.3}{9}$$

$$y_4=\frac{4.5-4.15}{4.5}=\frac{0.7}{9}$$

双列布载 $\varphi_{汽}=\frac{1}{2}\sum y_i=\frac{1}{2}\times\left(\frac{3.5}{3}+\frac{2.3}{3}+\frac{4.3}{9}+\frac{0.7}{9}\right)=1.25$。

2. 人群荷载 $\varphi_{人}$

柱反力横向分布影响线如图3-26所示。

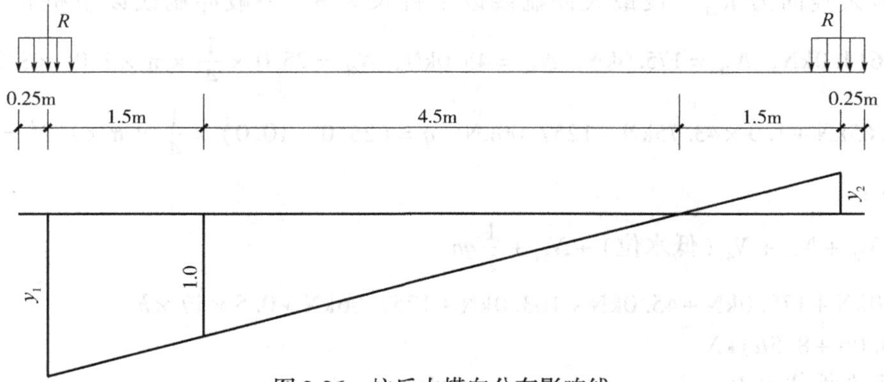

图3-26 柱反力横向分布影响线

$$y_1=\frac{6.0}{4.5}=\frac{4}{3}$$

$$y_2=-\frac{1.5}{4.5}=-\frac{1}{3}$$

所以，$\varphi_{人}=\sum y_i=\frac{4}{3}-\frac{1}{3}=1.0$。

3.2.4 荷载组合

1. 计算墩柱顶最大垂直反力 $R_{k,max}$

$$R_{k,max}=N_{1k}+N_{2k}+\varphi_{汽}R'_{1k}+\psi_c\varphi_{人}R'_{2k}$$
$$=(2614.0+175.0+1.25\times970.65+0.75\times1.0\times43.75)\text{kN}$$
$$=4035.13\text{kN}$$

2. 计算桩顶最大弯矩

1）计算桩顶最大弯矩时桩顶竖向力。

最大弯矩时桩顶竖向力 R：

$$R=\gamma_{G_1}N_{1k}+\gamma_{G_2}N_{2k}+\gamma_{Q_1}(\varphi_{汽}R_{1k})+\psi_c\gamma_{Q_2}(\varphi_{人}R_{2k})$$
$$=[1.2\times2614.0+1.2\times175.0+1.4\times(1.25\times464.50)+0.75\times1.4\times(1.0\times21.875)]\text{kN}$$
$$=4182.64\text{kN}$$

2）计算桩顶（最大冲刷线处）的竖向力 N_0、水平力 Q_0 和弯矩 M_0。

$$N_{4k}(常水位)=25.0\times\frac{\pi}{4}\times1.0^2\times4.8\text{kN}=94.25\text{kN}$$

$$N_0=R+\gamma_G N_{3k}+\gamma_G N_{4k}(常水位)$$
$$=4182.64\text{kN}+1.2\times45.0\text{kN}+1.2\times94.25\text{kN}=4349.74\text{kN}$$

$$Q_0=\psi_c(\gamma_Q H_{1k}+\gamma_Q W_{1k}+\gamma_Q W_{2k})$$
$$=0.75\times[1.4\times22.5+1.1\times(8.0+10.0)]\text{kN}=38.475\text{kN}$$

$$M_0 = 0.3\gamma_{Q_1}(\varphi_{汽} R_{1k}) + \psi_c[0.3(\gamma_{Q_2}\varphi_{人} R_{2k}) + 14.7(\gamma_Q H_{1k}) + 14.05(\gamma_Q W_{1k}) + 11.25(\gamma_Q W_{2k})]$$
$$= 0.3 \times 1.4 \times 1.25 \times 464.50\text{kN·m} + 0.75 \times [0.3 \times 1.4 \times 1.0 \times 21.875 + 14.7 \times (1.4 \times 22.5) + 14.05 \times (1.1 \times 8.0) + 11.25 \times (1.1 \times 10.0)]\text{kN·m}$$
$$= 783.58\text{kN·m}$$

3.2.5 钻孔灌注桩单桩承载力及强度计算

1. 单桩承载力计算

（1）单桩最大竖向力 R_{sd}　设最大冲刷线以下桩长为 h，一般冲刷线以下桩长为 h_3（$h_3 = h + 3.6\text{m}$），$N_{1k} = 2614.0\text{kN}$，$N_{2k} = 175.0\text{kN}$，$N_{3k} = 45.0\text{kN}$，$N_{4k} = 25.0 \times \frac{1}{4} \times \pi \times 1.0^2 \times 8.3\text{kN} = 163.0\text{kN}$，$N_{活} = 1.25 \times 970.65\text{kN} + 1.0 \times 43.75\text{kN} = 1257.06\text{kN}$，$q = (25.0 - 10.0) \times \frac{1}{4} \times \pi \times 1.2^2 = 17.0\text{kN/m}$，单桩最大竖向力为：

$$R_{sd} = N_{1k} + N_{2k} + N_{3k} + N_{4k}(\text{低水位}) + N_{活} + \frac{1}{2}qh$$
$$= 2614.0\text{kN} + 175.0\text{kN} + 45.0\text{kN} + 163.0\text{kN} + 1257.06\text{kN} + 0.5 \times 17 \times h$$
$$= (4254.06 + 8.5h)\text{kN}$$

（2）单桩容许承载力 R_a

$$u = \pi D = \pi \times 1.2\text{m} = 3.77\text{m},\ A_p = \frac{1}{4}\pi D^2 = \frac{1}{4} \times \pi \times 1.2^2\text{m}^2 = 1.13\text{m}^2$$

标高 25m 以上桩侧位软塑亚黏土，$I_L = \frac{w - w_p}{w_l - w_p} = \frac{21\% - 16.3\%}{22.7\% - 16.3\%} = 0.734$，$0 < I_L = 0.734 < 0.75$，查《公路桥涵地基与基础设计规范》（JTG 3363—2019）表 6.3.3-1，得 $q_{1k} = 50 \sim 80\text{kPa}$，取 $q_{1k} = 50\text{kPa} + \frac{0.75 - 0.734}{0.75 - 0} \times (80 - 50)\text{kPa} = 50.64\text{kPa}$。

标高 25m 以下桩侧击桩底均为硬塑性亚黏土，$I_L = \frac{w - w_p}{w_l - w_p} = \frac{17.8\% - 16.3\%}{22.7\% - 16.3\%} = 0.234$，$e_0 = \frac{G(1 + w)}{\gamma} = \frac{2.7 \times (1 + 17.8\%)}{19.5} = 0.163 < 0.5$，取 $e_0 = 0.5$，查《公路桥涵地基与基础设计规范》（JTG 3363—2019）表 4.3.3-6，可得 $f_{a0} = 420\text{kPa} + \frac{0.3 - 0.234}{0.3 - 0.2} \times (430 - 420)\text{kPa} = 426.6\text{kPa}$。

$I_L = 0.234 < 0.5$，查《公路桥涵地基与基础设计规范》（JTG 3363—2019）表 4.3.4，得 $k_2 = 2.5$。

$0 < I_L = 0.234 < 0.75$，查《公路桥涵地基与基础设计规范》（JTG 3363—2019）表 6.3.3-1，得 $q_{2k} = 50 \sim 80\text{kPa}$，取 $q_{2k} = 50\text{kPa} + \frac{0.75 - 0.234}{0.75 - 0} \times (80 - 50)\text{kPa} = 70.64\text{kPa}$。

初设 $l/d = h/d < 20$，查《公路桥涵地基与基础设计规范》（JTG 3363—2019）表 6.3.3-2 得 $\lambda = 0.7$（透水性土）。

柱底沉淀土厚度控制在 $t = (0.1 \sim 0.3)d$，取 $t/d = 0.2$，查《公路桥涵地基与基础设计规范》（JTG 3363—2019）表 6.3.3-3 得 $m_0 = 0.7 + 0.7 + \frac{0.3 - 0.2}{0.3 - 0.1} \times (1.0 - 0.7) = 0.85$。

$$R_a = \frac{1}{2}u\sum q_{ik}l_i + \lambda m_0 A_p[f_{a0} + k_2\gamma_2(h_3 - 3)]$$
$$= \frac{1}{2} \times 3.77 \times [50.64 \times 10.9\text{kN} + 70.64 \times (h - 10.9)\text{kN}] + 0.7 \times 0.85 \times 1.13 \times [426.6\text{kN} + 2.5 \times 8.5 \times (h + 3.6 - 3)\text{kN}]$$

$=(147.44h-115.53)\text{kN}$

令最大竖向力与单桩容许承载力相等，即 $R_{sd}=R_a$

$$4254.06\text{kN}+8.5h\text{kN}=147.44h\text{kN}-115.53\text{kN}$$

解得 $h=31.45\text{m}$，取 $h=32\text{m}$，$h_3=h+3.6\text{m}=35.6\text{m}$。

$$R_a=147.44\times32\text{kN}-115.53\text{kN}=4602.55\text{kN}$$

2. 钻孔桩强度复核

（1）桩的计算宽度 b_1（圆柱形截面）　桩直径 $d=1.2\text{m}>1.0\text{m}$，桩的计算宽度 $b_1=kk_f(d+1)$。将 $k=1.0$（单排桩）、$k_f=0.9$（圆形截面）代入上式得

$$b_1=kk_f(d+1)=1.0\times0.9\times(1.2+1)\text{m}=1.98\text{m}<2d=2.4\text{m}$$

（2）桩的变形系数 α

$E_c=3.0\times10^7\text{kN/m}^2$(C30混凝土)，$I=\dfrac{\pi d^4}{64}=\dfrac{\pi\times1.2^4}{64}\text{m}^4=0.102\text{m}^4$，$b_1=1.98\text{m}$。

由于局部冲刷线以下 $h_m=2\times(d+1)\text{m}=2\times(1.2+1)\text{m}=4.4\text{m}$ 只有一层土（软塑亚黏土），$0.25<I_L=0.734<0.75$，查《公路桥涵地基与基础设计规范》（JTG 3363—2019）表 L.0.2-1，取 $m=7500\text{kN/m}^4$。

$$\alpha=\sqrt[5]{\frac{mb_1}{EI}}=\sqrt[5]{\frac{7500\times1.98}{0.8\times3.0\times10^7\times0.102}}m^{-1}=0.3602m^{-1}$$

桩在局部冲刷线以下深度 $h=32\text{m}$，其计算长度则为：

$$\bar{h}=\alpha h=0.3602\times32=11.53>2.5$$

3. 最大冲刷线以下深度 z 处桩截面上的弯矩 M_z

最大冲刷线以下深度 z 处桩截面上的弯矩 M_z 按下列式子计算：

$$M_z=\alpha^2EI\left(x_0A_3+\frac{\varphi_0}{\alpha}B_3+\frac{M_0}{\alpha^2EI}C_3+\frac{H_0}{\alpha^3EI}D_3\right)$$

$$x_0=H_0\delta_{HH}^{(0)}+M_0\delta_{HM}^{(0)}$$

$$\varphi_0=-(H_0\delta_{MH}^{(0)}+M_0\delta_{MM}^{(0)})$$

$$\delta_{HH}^{(0)}=\frac{1}{\alpha^3EI}\times\frac{(B_3D_4-B_4D_3)+K_h(B_2D_4-B_4D_2)}{(A_3B_4-A_4B_3)+K_h(A_2B_4-A_4B_2)}$$

$$\delta_{MH}^{(0)}=\frac{1}{\alpha^2EI}\times\frac{(A_3D_4-A_4D_3)+K_h(A_2D_4-A_4D_2)}{(A_3B_4-A_4B_3)+K_h(A_2B_4-A_4B_2)}$$

$$\delta_{HM}^{(0)}=\delta_{MH}^{(0)}$$

$$\delta_{MM}^{(0)}=\frac{1}{\alpha EI}\times\frac{(A_3C_4-A_4C_3)+K_h(A_2C_4-A_4C_2)}{(A_3B_4-A_4B_3)+K_h(A_2B_4-A_4B_2)}$$

需要注意：

1）当柱底支承于非岩石类土且 $\alpha h\geq2.5$ 时，可令 $K_h=0$。

2）系数 $A_3\cdots\cdots D_4$ 值，在计算 $\delta_{HH}^{(0)}$、$\delta_{HM}^{(0)}=\delta_{MH}^{(0)}$ 和 $\delta_{MM}^{(0)}$ 时，根据 $\bar{h}=\alpha h$（当 $\bar{h}=\alpha h>4$ 时，按 $\bar{h}=\alpha h=4$）查《公路桥涵地基与基础设计规范》（JTG 3363—2019）表 L.0.8 中相应 $\bar{h}$ 的值确定。

上式计算不同深度 $z=\dfrac{\bar{z}}{\alpha}$ 处的 M_z 计算过程见表 3-16，按比例绘出桩身弯矩图如图 2-27 所示。

表 3-16 桩身弯矩计算

αz	A_3	B_3	C_3	D_3	A_4	B_4	C_4	D_4	A_f	B_f	C_f	x_0/m	φ_0/rad	M_z/(kN·m)
0	0.00000	0.00000	1.00000	0.00000	0.00000	0.00000	0.00000	1.00000	2.441	1.621	1.751	0.0046255	-0.00167	783.58
0.1	-0.000107	-0.00001	1.00000	0.10000	-0.00500	-0.00033	-0.00001	1.00000	2.441	1.621	1.751	0.0046255	-0.00167	794.03
0.2	-0.00130	-0.00013	0.99999	0.20000	-0.02000	-0.00267	-0.00020	0.99999	2.441	1.621	1.751	0.0046255	-0.00167	803.17
0.3	-0.00450	-0.00067	0.99994	0.30000	-0.04500	-0.00900	-0.00101	0.99992	2.441	1.621	1.751	0.0046255	-0.00167	809.96
0.4	-0.01067	-0.00213	0.99974	0.39998	-0.08000	-0.02133	-0.0032	0.99966	2.441	1.621	1.751	0.0046255	-0.00167	813.57
0.5	-0.02083	-0.00521	0.99922	0.49991	-0.12499	-0.04167	-0.00781	0.99896	2.441	1.621	1.751	0.0046255	-0.00167	813.46
0.6	-0.03600	-0.01080	0.99806	0.59974	-0.17997	-0.07199	-0.01620	0.99741	2.441	1.621	1.751	0.0046255	-0.00167	809.17
0.7	-0.05716	-0.02001	0.99580	0.69935	-0.2449	-0.11433	-0.03001	0.99440	2.441	1.621	1.751	0.0046255	-0.00167	800.54
0.8	-0.08532	-0.03412	0.99181	0.79854	-0.31975	-0.1706	-0.05120	0.98908	2.441	1.621	1.751	0.0046255	-0.00167	787.44
0.9	-0.12144	-0.05466	0.98524	0.89705	-0.40443	-0.24284	-0.08198	0.98032	2.441	1.621	1.751	0.0046255	-0.00167	770.03
1.0	-0.16652	-0.08329	0.97501	0.99445	-0.49881	-0.33298	-0.12493	0.96667	2.441	1.621	1.751	0.0046255	-0.00167	748.39
1.1	-0.22152	-0.12192	0.95975	1.09016	-0.60268	-0.44292	-0.18285	0.94634	2.441	1.621	1.751	0.0046255	-0.00167	722.79
1.2	-0.28737	-0.17260	0.93783	1.18342	-0.71573	-0.57450	-0.25886	0.91712	2.441	1.621	1.751	0.0046255	-0.00167	693.53
1.3	-0.36496	-0.23760	0.90727	1.2732	-0.83753	-0.72950	-0.35631	0.87638	2.441	1.621	1.751	0.0046255	-0.00167	660.97
1.4	-0.45515	-0.31933	0.86573	1.35821	-0.96746	-0.90754	-0.47883	0.82102	2.441	1.621	1.751	0.0046255	-0.00167	625.44
1.5	-0.55870	-0.42039	0.81054	1.43680	-1.10468	-1.11609	-0.63027	0.74745	2.441	1.621	1.751	0.0046255	-0.00167	587.38
1.6	-0.67629	-0.54348	0.73859	1.50695	-1.24808	-1.35042	-0.81466	0.65156	2.441	1.621	1.751	0.0046255	-0.00167	547.11
1.7	-0.80848	-0.69144	0.64637	1.56621	-1.39623	-1.61340	-1.03616	0.52871	2.441	1.621	1.751	0.0046255	-0.00167	504.98
1.8	-0.95564	-0.86715	0.52997	1.61162	-1.54728	-1.90577	-1.29909	0.37368	2.441	1.621	1.751	0.0046255	-0.00167	461.31
1.9	-1.11796	-1.07357	0.38503	1.63969	-1.69889	-2.22745	-1.60770	0.18071	2.441	1.621	1.751	0.0046255	-0.00167	416.38
2.0	-1.29535	-1.31361	0.20676	1.64628	-1.84818	-2.57798	-1.96620	-0.05652	2.441	1.621	1.751	0.0046255	-0.00167	370.43
2.2	-1.69334	-1.90567	-0.27087	1.57538	-2.12481	-3.35952	-2.84858	-0.69158	2.441	1.621	1.751	0.0046255	-0.00167	276.12
2.4	-2.14117	-2.66329	-0.94885	1.35201	-2.33901	-4.22811	-3.97323	-1.59151	2.441	1.621	1.751	0.0046255	-0.00167	179.16
2.6	-2.62126	-3.59987	-1.87734	0.91679	-2.43695	-5.14023	-5.35541	-2.82106	2.441	1.621	1.751	0.0046255	-0.00167	79.44
2.8	-3.10341	-4.71748	-3.10791	0.19729	-2.34558	-6.02299	-6.99007	-4.44491	2.441	1.621	1.751	0.0046255	-0.00167	-23.80
3.0	-3.54058	-5.99979	-4.68788	-0.89126	-1.96928	-6.76460	-8.84029	-6.51972	2.441	1.621	1.751	0.0046255	-0.00167	-131.67
3.5	-3.91921	-9.54367	-10.34040	-5.85402	1.07408	-6.78895	-13.69240	-13.82610	2.441	1.621	1.751	0.0046255	-0.00167	-428.31
4.0	-1.61428	-11.73066	-17.91860	-15.0755	9.24368	-0.35762	-15.61050	-23.14040	2.441	1.621	1.751	0.0046255	-0.00167	-746.95

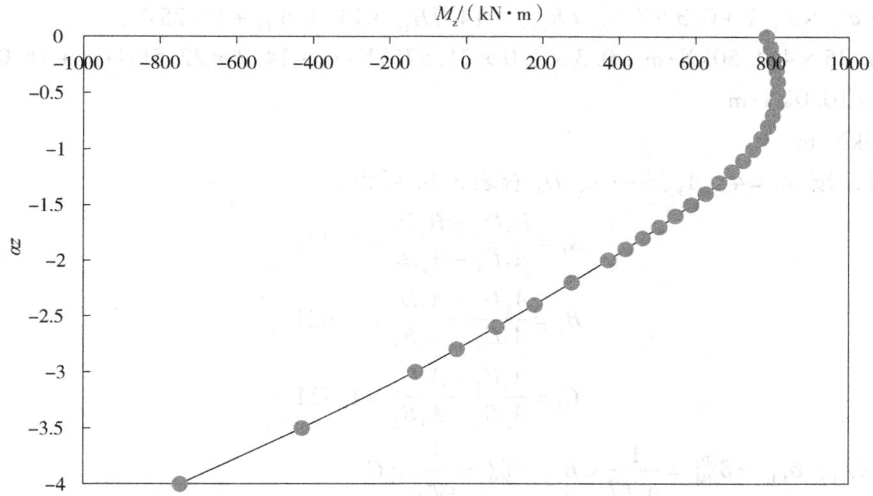

图3-27 桩身弯矩（M_z）图

求桩身最大弯矩所在位置 z_{max}、最大弯矩值 M_{max}：

$C_{\mathrm{I}}=\dfrac{\alpha M_0}{H_0}=\dfrac{0.3602\times783.58}{38.475}=7.3358$，$\alpha h>4$，按 $\alpha h=4$，查表3-14可得：$7.3358=5.539+\dfrac{0.5-\alpha z}{0.5-0.4}\times(8.781-5.539)$，可得 $\alpha z=0.4446$，因此，$z_{M\max}=\dfrac{\alpha z}{\alpha}=\dfrac{0.4446}{0.3602}\mathrm{m}=1.234\mathrm{m}$。

$\alpha h>4$，按 $\alpha h=4$，$\alpha z=0.4446$，查表3-15可得 $D_{\mathrm{II}}=5.855+\dfrac{0.5-0.4446}{0.5-0.4}\times(9.039-5.855)=7.619$。因此，$M_{max}=\dfrac{H_0}{\alpha}\times D_{\mathrm{II}}=\dfrac{38.475}{0.3602}\times7.619\mathrm{kN\cdot m}=813.83\mathrm{kN\cdot m}$。

3.2.6 桩基础内力验算

1. 桩顶纵向水平位移验算

桩顶水平位移 Δ

$$\Delta_0=\frac{H}{E_1I_1}\left[\frac{1}{3}(nh_1^3+h_2^3)+nh_1h_2(h_1+h_2)\right]+\frac{M}{2E_1I_1}[h_2^2+nh_1(2h_2+h_1)]$$

$$=\frac{40.5}{1.178\times10^6}\times\left[\frac{1}{3}\times(0.482\times3.6^2+9.8^3)+0.482\times3.6\times9.8\times13.4\right]+\frac{192.06}{2\times1.178\times10^6}\times[9.8^2+0.482\times3.6\times(2\times9.8+3.6)]$$

$$=29.989\times10^{-3}\mathrm{m}$$

其中，$n=\dfrac{E_1I_1}{EI}=\dfrac{0.8E_cI_1}{0.8E_cI}=\left(\dfrac{d_1}{d}\right)^4=\left(\dfrac{1.0}{1.2}\right)^4=0.482$；$h_1=3.6\mathrm{m}$，$h_2=9.8\mathrm{m}$，$h_1+h_2=13.4\mathrm{m}$。

$$E_1I_1=0.8E_cI_1=0.8\times3.0\times10^7\times\frac{1}{64}\times\pi\times1.0^4\mathrm{kN\cdot m^2}=1.178\times10^6\mathrm{kN\cdot m^2}$$

$$H=H_{1k}+W_{1k}+W_{2k}=22.5\mathrm{kN}+8.0\mathrm{kN}+10.0\mathrm{kN}=40.5\mathrm{kN}$$

$$M=1.3\times H_{1k}+0.65\times W_{1k}-2.15\times W_{2k}+0.3\times R_k$$

$$=1.3\times22.5\mathrm{kN\cdot m}+0.65\times8.0\mathrm{kN\cdot m}-2.15\times10.0\mathrm{kN\cdot m}+0.3\times597.03\mathrm{kN\cdot m}=192.06\mathrm{kN\cdot m}$$

这里，$R_k=\varphi_{汽}R_{1k}+\psi_c\varphi_{人}R_{2k}$

$$=1.25\times464.50\mathrm{kN}+0.75\times1.0\times21.875\mathrm{kN}=597.03\mathrm{kN}$$

$$Q_0=H_{1k}+W_{1k}+W_{2k}$$

$$=22.5\mathrm{kN}+8.0\mathrm{kN}+10.0\mathrm{kN}=40.5\mathrm{kN}$$

$M_0 = 0.3\times(\varphi_{汽}\times R_{1k}) + 0.3\times(\varphi_{人}\times R_{2k}) + 14.7H_{1k} + 14.05W_{1k} + 11.25W_{2k}$

$= 0.3\times1.25\times464.50\text{kN}\cdot\text{m} + 0.3\times1.0\times21.875\text{kN}\cdot\text{m} + 14.7\times22.5\text{kN}\cdot\text{m} + 14.05\times8.0\text{kN}\cdot\text{m} + 11.25\times10.0\text{kN}\cdot\text{m}$

$= 736.40\text{kN}\cdot\text{m}$

当 $\alpha h>4$ 时，按 $\alpha h=4$，A_3、……、D_4 查表 3-14 可得，

$$A_f = \frac{B_3D_4 - B_4D_3}{A_3B_4 - A_4B_3} = 2.441$$

$$B_f = \frac{A_3D_4 - A_4D_3}{A_3B_4 - A_4B_3} = 1.621$$

$$C_f = \frac{A_3C_4 - A_4C_3}{A_3B_4 - A_4B_3} = 1.751$$

$\delta_{HH}^{(0)} = \frac{1}{\alpha^3EI}\times A_f$；$\delta_{MH}^{(0)} = \delta_{HM}^{(0)} = \frac{1}{\alpha^2EI}\times B_f$；$\delta_{MM}^{(0)} = \frac{1}{\alpha EI}\times C_f$

$x_0 = H_0\delta_{HH}^{(0)} + M_0\delta_{HM}^{(0)} = \frac{1}{\alpha^3EI}(H_0A_f + \alpha M_0B_f)$

$= \frac{1}{0.3602^3\times0.8\times3.0\times10^7\times0.102}\times(40.5\times2.441 + 0.3602\times736.40\times1.621)\text{m}$

$= 4.6225\times10^{-3}\text{m}$

$\varphi_0 = -(H_0\delta_{MH}^{(0)} + M_0\delta_{MM}^{(0)}) = -\frac{1}{\alpha^2EI}(H_0B_f + \alpha M_0C_f)$

$= \frac{1}{0.3602^2\times0.8\times3.0\times10^7\times0.102}\times(40.5\times1.621 + 0.3602\times736.40\times1.751)$

$= -0.00167$

$\Delta = x_0 - \varphi_0\times(h_1 + h_2) + \Delta_0$

$= 4.6225\text{mm} + 0.00167\times13.4\times10^3\text{mm} + 29.989\text{mm} = 56.990\text{mm}$

$\Delta/l_p = 56.990/17154 = 1/301$（满足要求）

2. 桩端土压力验算

由于采用非岩石桩，认为桩底压力均匀分布，可不验算桩端土压应力，满足 $V<R_a$ 的要求。无软弱下卧土层，所以不需要验算。

3.2.7 配筋计算

1. 轴力设计组合值 N_d、弯矩设计组合值 M_d 的确定

弯矩设计组合值 $M_d = M_{max} = 813.83\text{kN}\cdot\text{m}$

相应的轴力设计组合值 N_d（计算轴力 N 时，桩自重考虑浮力并按一半考虑，同时应减去摩阻力）：

$$N_d = \sum_{i=1}^{m}\gamma_{G_i}S_{G_{ik}} + \gamma_{Q_1}S_{Q_{1k}} + \Psi_c\sum_{j=2}^{n}\gamma_{Q_j}S_{Q_{jk}}$$

$N_{1k} = 2614.0\text{kN}$，$N_{2k} = 175.0\text{kN}$，$N_{3k} = 45.0\text{kN}$，$N_{4k} = 25.0\times\frac{1}{4}\times\pi\times1.0^2\times4.8 = 94.25\text{kN}$，$q_k = 17.0\text{kN/m}$，$u = \pi d = \pi\times1.2\text{m} = 3.77\text{m}$，$z_{max} = 1.234\text{m}$。

$S_{Gk} = N_{1k} + N_{2k} + N_{3k} + N_{4k}(\text{常水位}) + \frac{1}{2}q_kz_{max} - \frac{1}{2}uz_{max}q_{ik}$

$= 2614.0\text{kN} + 175.0\text{kN} + 45.0\text{kN} + 94.25\text{kN} + \frac{1}{2}\times17.0\times1.234\text{kN} - \frac{1}{2}\times3.77\times(1.234\times50.64)\text{kN}$

$=2821.95\text{kN}$

$$N_d=\sum_{i=1}^{m}\gamma_{G_i}S_{G_{ik}}+\gamma_{Q_1}S_{Q_{1k}}+\Psi_c\sum_{j=2}^{n}\gamma_{Q_j}S_{Q_{jk}}$$
$$=1.2\times2821.95\text{kN}+1.4\times(1.25\times464.50)\text{kN}+0.75\times1.4\times(1.0\times21.875)\text{kN}$$
$$=4222.18\text{kN}$$

相对偏心距 e_0：

$$e_0=\frac{M_d}{N_d}=\frac{813.83}{4222.18}\text{m}=0.1928\text{m}$$

2. 桩偏心距增大系数 η 值的计算

桩的计算长度 l_p：

$\bar{h}=\alpha h>4$，故有 $l_p=0.7\left(l_0+\dfrac{4}{\alpha}\right)=0.7\times\left(13.4+\dfrac{4}{0.3602}\right)\text{m}=17.154\text{m}$。

$$i=\sqrt{\frac{I}{A}}=\sqrt{\frac{\pi d^4}{64}\Big/\frac{\pi d^2}{4}}=\frac{d}{4}=\frac{1200}{4}\text{mm}=300\text{mm}$$

$l_p/i=17154/300=57.18>17.5$，应考虑构件在弯矩作用平面内的挠曲对轴向力偏心距的影响。

取 $r_s=0.9r=0.9\times600\text{mm}=540\text{mm}$，则圆形截面有效高度为 $h_0=r+r_s=600\text{mm}+540\text{mm}=1140\text{mm}$。

又因为
$$\zeta_1=0.2+2.7\times\frac{e_0}{h_0}=0.2+2.7\times\frac{167}{1140}=0.596<1.0$$

$$\zeta_2=1.15-0.01\frac{l_p}{h}=1.15-0.01\times\frac{17.154}{1.2}=1.007>1.0\text{，取}\zeta_2=1.0$$

$$\eta=1+\frac{1}{1300\left(\dfrac{e_0}{h_0}\right)}\left(\frac{l_0}{h}\right)^2\zeta_1\zeta_2$$

$$=1+\frac{1}{1300\times\left(\dfrac{192.8}{1140}\right)}\times\left(\frac{17.154}{1.2}\right)^2\times0.596\times1.0=1.554$$

所以有，故 $e_0'=\eta e_0=1.554\times192.8\text{mm}=299.61\text{mm}$。

3. 桩截面强度复核

$f_{cd}=13.8\text{MPa}$（C30），$f_{sd}=f_{sd}'=330\text{MPa}$（HRB400 级钢筋），选配纵向钢筋 24 ⌀ 18（$A_s=6108.0\text{mm}^2$），$\rho=\dfrac{A_s}{A}\times100\%=\dfrac{6108.0}{\pi\times1200^2/4}\times100\%=0.54\%>0.50\%$，$\rho\dfrac{f_{sd}}{f_{cd}}=0.54\%\times\dfrac{330}{13.8}=0.129$，$\eta\dfrac{e_0}{r}=1.554\times\dfrac{192.8}{600}=0.4994$。

根据 $\eta\dfrac{e_0}{r}$ 和 $\rho\dfrac{f_{sd}}{f_{cd}}$ 值查《公路钢筋混凝土及预应力混凝土桥涵设计规范》（JTG 3362—2018）附录 F 表 F.0.1 可得构件的相对抗压强度 $n_u=0.5485$。

注：根据表 F.0.1 采用线性插入法确定

$$\eta\frac{e_0}{r}=0.45\text{，}n_u=0.5886+\frac{0.129-0.12}{0.15-0.12}\times(0.6132-0.5886)=0.5960$$

$$\eta\frac{e_0}{r}=0.50\text{，}n_u=0.5403+\frac{0.129-0.12}{0.15-0.12}\times(0.5657-0.5403)=0.5479$$

$$\eta\frac{e_0}{r}=0.4994\text{，}n_u=0.5479+\frac{0.5-0.4994}{0.5-0.45}\times(0.5960-0.5479)=0.5485$$

$$N_u = n_u A f_{cd} = 0.5485 \times \frac{\pi \times 1.2^2}{4} \times 13.8 \times 10^3 \text{kN} = 8560.68 \text{kN}$$

$$> \gamma_0 N_d = 1.0 \times 4222.18 \text{kN} = 4222.18 \text{kN}$$

承载力满足要求。

因此，纵向钢筋实际选配24⏀18，间距为80mm < 138.8mm < 350mm，满足规范的要求。

钻（挖）孔桩应按桩身内力大小分段配筋：

桩顶（标高49.3m）至局部冲刷线（标高35.9m）段，配置24⏀18纵筋，螺旋箍筋ϕ8@200（图3-28a）。

局部冲刷线（标高35.9m）至标高25.9m段，配置24⏀18纵筋，螺旋箍筋ϕ8@200（图3-28b）。

标高25.9m处至桩底（标高3.9m）段，配置12⏀18纵筋，螺旋箍筋ϕ8@200（图3-28c）。

钢筋笼骨架上每隔2.0~2.5m设置直径20mm的加劲箍一道。钢筋笼四周应设置凸出的定位钢筋、定位混凝土块，或采用其他定位措施。钢筋笼底部的主筋宜稍向内弯曲，以作为导向。

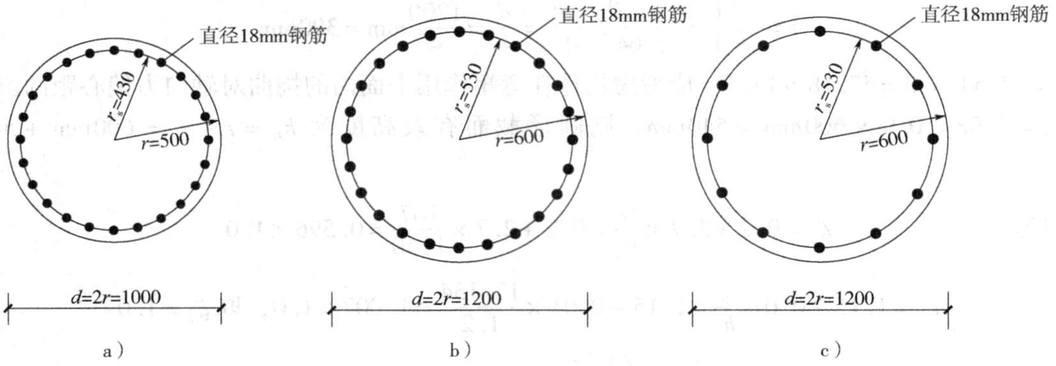

图3-28 桩截面配筋图（单位：mm）

3.2.8 施工说明

1）材料。桩混凝土强度等级均为C30；钢筋采用HRB400级（用⏀表示），箍筋或构造钢筋采用HPB300级（用ϕ表示）。

2）采用钻孔灌注桩，最大冲刷线以下桩长为 $h = 32$m。

3）单桩极限承载力容许值 $R_a = 4602.55$kN。

思 考 题

3-1 什么情况下可以采用桩基础？

3-2 桩基础设计时应准备哪些资料？

3-3 简述桩基础设计的基本原则和主要内容。

3-4 如何选择桩型、桩长、桩径？

3-5 单桩竖向承载力如何计算？

3-6 桩位布置时应符合哪些要求？

3-7 试述单桩、基桩、复合基桩的区别？

3-8 在计算桩的竖向承载力设计值时，什么情况下宜考虑群桩效应？

3-9 在计算桩的竖向承载力设计值时，什么情况下不宜考虑群桩效应？

3-10 桩基础沉降计算与浅基础沉降计算有何不同？

3-11 在哪些情况下应验算桩基础沉降？

3-12 在哪些情况下应进行群桩基础软弱下卧层验算？

3-13　当软弱下卧层承载力验算满足要求时是否可以不进行桩基础沉降验算？
3-14　钢筋混凝土预制桩桩身承载力如何验算？
3-15　承台的设计有哪些内容？
3-16　如何进行承台冲切验算？
3-17　承台剪切破坏面如何确定？
3-18　桩与承台连接的构造要求是什么？
3-19　m 法为什么要分为多排桩和单排桩？弹性桩和刚性桩？
3-20　什么是“群桩效应”？请说明单桩承载力与群桩中的一根桩的承载力有什么不同？

第4章　课程设计任务书

4.1　桥梁工程课程设计任务书

1. 设计题目

装配式钢筋混凝土梁（板）桥结构设计。

2. 设计条件

（1）桥址（河床）剖面图（图4-1）　该河为不通航河流，河床底标高为3.20m，设计水位标高为5.20m，河宽拟定为8～20m，学生根据自己设计的桥梁跨径选定一个宽度，地质情况不考虑。

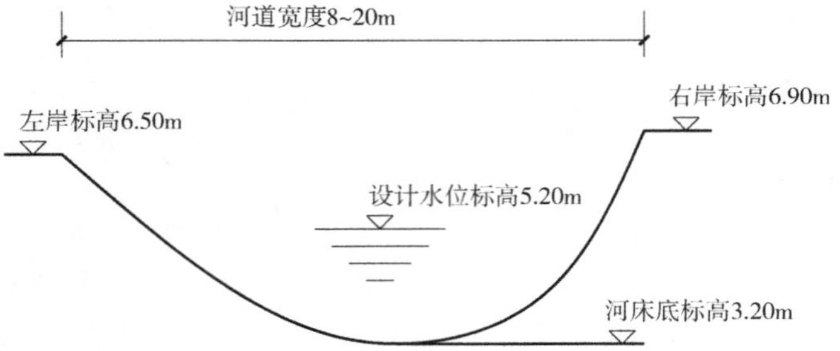

图4-1　桥址（河床）剖面

（2）气象资料　年最高气温39℃，年最低气温－6℃，年平均气温20℃，基本气压700Pa。

（3）跨径和桥面宽度（表4-1）

表4-1　各题号的设计条件

桥面宽度/m	钢筋混凝土空心板桥				钢筋混凝土T形梁桥			
	车道荷载				车道荷载			
	公路Ⅰ级		公路Ⅱ级		公路Ⅰ级		公路Ⅱ级	
	标准跨径/m		标准跨径/m		标准跨径/m		标准跨径/m	
	8.0	10.0	8.0	10.0	16.0	20.0	16.0	20.0
净7.0+2×1.00	1	2	3	4	5	6	7	8
净7.0+2×1.50	9	10	11	12	13	14	15	16
净7.5+2×1.00	17	18	19	20	21	22	23	24
净7.5+2×1.50	25	26	27	28	29	30	31	32
净8.0+2×1.00	33	34	35	36	37	38	39	40
净8.0+2×1.50	41	42	43	44	45	46	47	48

（4）技术标准　车道荷载见表4-1，其余可变荷载按《公路桥涵设计通用规范》（JTG D60—2015）采用。

桥面铺装上层采用0.03m厚沥青混凝土，下层为厚0.06～0.13m的C30混凝土。

（5）施工条件　良好。

（6）主要材料

混凝土：≥C25

钢筋：主钢筋、弯起钢筋和架立筋采用HRB400级，其他钢筋用HPB300级。

3. 设计内容

1）桥梁的总体布置。根据给定的任务书进行桥梁的总体布置，包括：桥梁纵断面布置图、桥梁纵立面、桥梁平面布置图、桥梁横断面布置图。要求有桥上竖曲线设计，各主要控制点的标高，里程桩号，桥面铺装层的类型、厚度，桥梁平、纵、横的详细尺寸标注。强调计算书与设计图内容一致。

2）桥梁上、下部结构详细尺寸拟定。要求有平、纵、横的详细尺寸标注。强调计算书与设计图内容一致。

3）上部结构主梁内力计算，包括以下内容：

①截面特性计算（主梁的抗弯抗扭截面特性）。

②主梁的空间效应计算（这里指横向分布系数计算，包括：主梁支点处、跨中等截面的横向分布系数计算，横向分布沿跨径方向的分布情况）。

③主梁永久作用内力计算。为了便于计算，人行道、栏杆、路缘石部分，按每延米重量给定为5kN/m；沥青混凝土重度23kN/m^3，混凝土重度25kN/m^3。计算截面主要选择跨中、支点、四分之一截面处（或变截面处）。

④主梁可变作用内力计算。计算内容包括：冲击系数计算、汽车荷载作用引起的内力计算、人群荷载引起的内力计算。

⑤内力组合效应计算。计算内容包括：承载力极限状态内力组合、正常使用极限状态下荷载短期效应组合、正常使用极限状态下荷载长期效应组合。

⑥主梁各截面配筋设计与计算。

a. 正截面抗弯配筋计算与验算。要求正确进行钢筋的选择与布置，有截面尺寸验算和截面抗力效应校核。强调计算书与设计图内容一致。

b. 斜截面抗剪、抗弯设计与计算。要求正确进行钢筋的选择与布置，有截面尺寸验算和截面抗力效应校核。强调计算书与设计图内容一致。

4）钢筋混凝土持久状况正常使用极限状态计算。

①主梁裂缝宽度计算与验算。

②主梁跨中截面挠度计算与验算。

5）下部结构不计算。

4. 成果要求

1）进度安排（1.0周），其中

布置任务，上部结构纵横断面布置	1.0天
行车道板内力计算及组合	1.0天
主梁内力计算及组合	1.5天
横隔梁内力计算及组合	0.5天
支座设计	0.5天
绘制施工图、整理计算书	0.5天

2）计算正确，计算书必须统一格式并用钢笔抄写清楚，且装订成册。

3）每人需完成设计图4张，一律用A3图纸，并用铅笔绘图。图纸内容包括总体布置图、主梁构造图、主梁配筋图、下部结构构造布置图。要求图面布局均匀、比例适当、线条流畅、整洁美观，标注及说明用仿宋体书写。

4）在完成上述设计任务后方可参加课程设计答辩。

5. 参考资料

1）中交公路规划设计院有限公司．JTG D60—2015 公路桥涵设计通用规范．北京：人民交通出版社股份有限公司，2015

2）中交公路规划设计院有限公司．JTG 3362—2018 公路钢筋混凝土及预应力混凝土桥涵设计规范．北京：人民交通出版社股份有限公司，2018

3）中交公路规划设计院有限公司．JTG 3363—2019 公路桥涵地基与基础设计规范．北京：人民交通出版社股份有限公司，2019

4）叶见曙．结构设计原理（第4版）．北京：人民交通出版社股份有限公司，2018

5）姚玲森．桥梁工程（第2版）．北京：人民交通出版社股份有限公司，2008

6）邵旭东等．桥梁工程（第5版）．北京：人民交通出版社股份有限公司，2019

4.2 桥梁桩基础课程设计任务书

1. 设计题目

某公路桥梁桩基础设计

2. 设计条件

（1）地质及水文

1）河床土质资料：从地面至标高 31.5m 为软塑黏土，以下为密实粗砂，深度到 30m。

2）水文资料：地面（河床）标高为 40.5m，一般冲刷线标高为 38.5m，最大冲刷线标高为 35.2m，常水位标高 42.5m。

（2）土质指标

1）软塑黏土：地基系数 $m=8\times10^3\text{kN/m}^4$，桩周土的极限摩阻力 $\tau=40\text{kPa}$，土的内摩擦角 $\phi=20°$，土的容重 $\gamma=12\text{kN/m}^3$（已扣除浮力）。

2）密实粗砂：地基系数 $m=25\times10^3\text{kN/m}^4$，桩周土的极限摩阻力 $\tau=120\text{kPa}$，土的内摩擦角 $\phi=38°$，土的容重 $\gamma=12\text{kN/m}^3$（已扣除浮力）。

（3）荷载　上部为等跨 25m 的预应力梁桥，混凝土桥墩，承台顶面上纵向荷载为：

恒载及一孔活荷载时：

$\sum N=5659.4\text{kN}$

$\sum H=298.8\text{kN}$（制动力及风力）

$\sum M=3847.7\text{kN·m}$（竖直力偏心、制动力、风力等引起的弯矩）

恒载及二孔活荷载时：

$\sum N=6498.2.4\text{kN}$

3. 设计内容

承台及桩的材料均为 C25 混凝土，承台尺寸：7.0m×4.5m×2.0m，拟定采用四根桩，设计直径 1.0m，承台平面布置如图 4-2 所示。

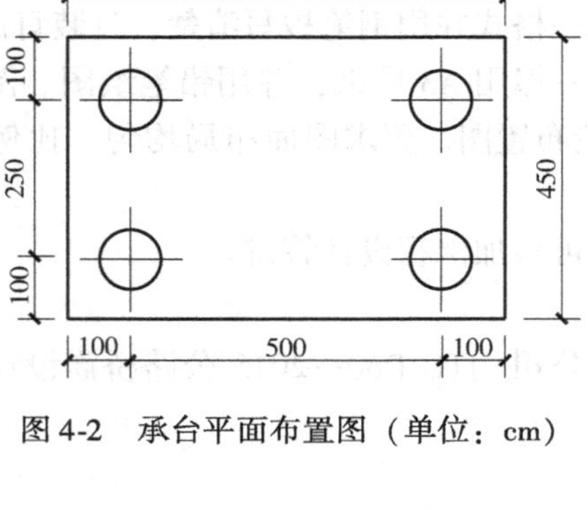

图 4-2　承台平面布置图（单位：cm）

要求：

1）单桩容许承载力的确定。

2）桩顶及最大冲刷线处荷载 P_i、Q_i、M_i 及 P_0、Q_0、M_0 的计算。

3）最大弯矩 M_{max} 及最大弯矩位置 Z_{max} 的计算。

4）桩身截面配筋的计算。

5）桩顶位移验算。

6）桩基整体验算。

4. 成果要求

1）进度安排（1.0周），其中

布置设计内容，单桩承载力计算	1.0天
桩顶荷载计算	1.0天
桩身内力计算	1.0天
承台、桩身配筋计算	0.5天
绘制施工图	1.0天
整理计算书、设计答辩	0.5天

2）计算正确，计算书必须统一格式并用钢笔抄写清楚，且装订成册。

3）设计说明书一份（A4纸）、设计图（A3）一张（可计算机出图）。图纸要求：

①平面图、立面图、承台及桩身配筋图。

②结构尺寸单位：除钢筋为毫米外，其余均为厘米。

③有关工程数量表（包括钢筋、混凝土、钻孔）。

④有关说明。

4）在完成上述设计任务后方可参加课程设计答辩。

5. 参考资料

1）中交公路规划设计院有限公司．JTG D60—2015 公路桥涵设计通用规范．北京：人民交通出版社股份有限公司，2015.

2）中交公路规划设计院有限公司．JTG 3362—2018 公路钢筋混凝土及预应力混凝土桥涵设计规范．北京：人民交通出版社股份有限公司，2018.

3）中交公路规划设计院有限公司．JTG 3363—2019 公路桥涵地基与基础设计规范．北京：人民交通出版社股份有限公司，2019.

4）叶见曙．结构设计原理（第4版）．北京：人民交通出版社股份有限公司，2018.

5）魏进，王晓谋．基础工程（第5版）．北京：人民交通出版社股份有限公司，2021.

附录 8块铰接板（梁）桥荷载横向分布影响线竖标表

说明：

1）本表适用于横向铰接的梁或板，各片梁或板的截面是相同的。

2）表头的两个数字表示所要查的梁或板号，其中第一个数表示该梁或板式属于几片梁或板铰接而成的体系，第二个数表示该片梁或板在这个体系中自左而右的序号。

3）横向分布影响系数以 η_{ij} 表示，第一个脚标 i 表示所要求的梁或板号。第二个脚标 j 表示受单位荷载作用的那片梁或板号，表中 η_{ij} 下的数字前者表示 i，后者表示 j，η_{ij} 的竖向标应在梁或板的中轴线处。

4）表值按弯扭比参数 γ 给出

$$\gamma = 5.8\frac{I}{I_T}\left(\frac{b}{l}\right)^2$$

其中，l 为计算跨径；b 为一片梁或板的宽度；I 为梁或板的抗弯惯性矩；I_T 为梁或板的抗扭惯性矩。

5）限于篇幅，本附录仅列出了设计实例中所应用的8块板的荷载横向分布影响线竖标值。

附表1 铰接板8-1

γ	影响线坐标							
	η_{11}	η_{12}	η_{13}	η_{14}	η_{15}	η_{16}	η_{17}	η_{18}
0.010	0.194	0.170	0.142	0.121	0.106	0.095	0.088	0.084
0.020	0.243	0.198	0.150	0.116	0.092	0.075	0.065	0.060
0.030	0.281	0.219	0.154	0.110	0.081	0.061	0.050	0.044
0.040	0.311	0.234	0.155	0.104	0.072	0.051	0.039	0.033
0.050	0.337	0.245	0.155	0.099	0.064	0.043	0.031	0.026
0.060	0.360	0.255	0.153	0.093	0.058	0.037	0.025	0.020
0.070	0.390	0.262	0.151	0.088	0.052	0.031	0.021	0.016
0.080	0.397	0.268	0.148	0.083	0.047	0.027	0.017	0.013
0.090	0.413	0.273	0.145	0.078	0.043	0.024	0.014	0.010
0.100	0.427	0.277	0.142	0.074	0.039	0.021	0.012	0.008
0.150	0.485	0.289	0.126	0.056	0.025	0.011	0.005	0.003
0.200	0.527	0.294	0.111	0.043	0.016	0.006	0.002	0.001
0.250	0.560	0.295	0.097	0.033	0.011	0.004	0.001	0.001
0.300	0.587	0.294	0.084	0.025	0.007	0.002	0.001	0.000
0.350	0.609	0.292	0.074	0.019	0.005	0.001	0.000	0.000
0.400	0.629	0.289	0.064	0.015	0.003	0.001	0.000	0.000
0.500	0.660	0.282	0.047	0.009	0.001	0.000	0.000	0.000
0.600	0.686	0.275	0.034	0.005	0.000	0.000	0.000	0.000
0.800	0.724	0.261	0.014	0.001	0.000	0.000	0.000	0.000
1.000	0.753	0.248	−0.001	0.000	0.000	0.000	0.000	0.000
2.000	0.830	0.199	−0.035	0.006	−0.001	0.000	0.000	0.000

附表 2　铰接板 8-2

γ	影响线坐标							
	η_{21}	η_{22}	η_{23}	η_{24}	η_{25}	η_{26}	η_{27}	η_{28}
0. 010	0. 170	0. 167	0. 149	0. 127	0. 110	0. 099	0. 091	0. 088
0. 020	0. 198	0. 195	0. 164	0. 126	0. 100	0. 082	0. 070	0. 065
0. 030	0. 219	0. 216	0. 175	0. 124	0. 091	0. 069	0. 056	0. 050
0. 040	0. 234	0. 233	0. 183	0. 122	0. 084	0. 060	0. 046	0. 039
0. 050	0. 245	0. 246	0. 190	0. 120	0. 078	0. 052	0. 038	0. 031
0. 060	0. 255	0. 258	0. 195	0. 117	0. 072	0. 046	0. 032	0. 025
0. 070	0. 262	0. 268	0. 199	0. 115	0. 068	0. 041	0. 027	0. 021
0. 080	0. 268	0. 277	0. 203	0. 112	0. 063	0. 037	0. 023	0. 017
0. 090	0. 273	0. 285	0. 206	0. 109	0. 059	0. 033	0. 020	0. 014
0. 100	0. 277	0. 293	0. 209	0. 107	0. 056	0. 030	0. 017	0. 012
0. 150	0. 289	0. 322	0. 219	0. 095	0. 042	0. 019	0. 009	0. 005
0. 200	0. 294	0. 344	0. 226	0. 084	0. 033	0. 012	0. 005	0. 002
0. 250	0. 295	0. 362	0. 230	0. 075	0. 025	0. 008	0. 003	0. 001
0. 300	0. 294	0. 377	0. 234	0. 067	0. 020	0. 006	0. 002	0. 001
0. 350	0. 292	0. 391	0. 237	0. 059	0. 016	0. 004	0. 001	0. 000
0. 400	0. 289	0. 404	0. 240	0. 052	0. 012	0. 003	0. 001	0. 000
0. 500	0. 282	0. 426	0. 243	0. 040	0. 007	0. 001	0. 000	0. 000
0. 600	0. 275	0. 445	0. 246	0. 030	0. 004	0. 000	0. 000	0. 000
0. 800	0. 261	0. 477	0. 248	0. 013	0. 001	0. 000	0. 000	0. 000
1. 000	0. 248	0. 504	0. 249	−0. 001	0. 001	0. 000	0. 000	0. 000
2. 000	0. 199	0. 597	0. 240	−0. 042	0. 007	−0. 002	0. 000	0. 000

附表 3　铰接板 8-3

γ	影响线坐标							
	η_{31}	η_{32}	η_{33}	η_{34}	η_{35}	η_{36}	η_{37}	η_{38}
0. 010	0. 142	0. 149	0. 151	0. 138	0. 120	0. 107	0. 099	0. 095
0. 020	0. 150	0. 164	0. 171	0. 148	0. 116	0. 095	0. 082	0. 075
0. 030	0. 154	0. 175	0. 186	0. 156	0. 113	0. 085	0. 069	0. 061
0. 040	0. 155	0. 183	0. 200	0. 163	0. 110	0. 078	0. 060	0. 051
0. 050	0. 155	0. 190	0. 212	0. 169	0. 108	0. 072	0. 052	0. 043
0. 060	0. 153	0. 195	0. 222	0. 174	0. 106	0. 067	0. 046	0. 037
0. 070	0. 151	0. 199	0. 232	0. 179	0. 104	0. 063	0. 041	0. 031
0. 080	0. 148	0. 203	0. 241	0. 183	0. 102	0. 059	0. 037	0. 027
0. 090	0. 145	0. 206	0. 250	0. 187	0. 100	0. 055	0. 033	0. 024
0. 100	0. 142	0. 209	0. 257	0. 191	0. 098	0. 052	0. 030	0. 021
0. 150	0. 126	0. 219	0. 291	0. 205	0. 089	0. 040	0. 019	0. 011
0. 200	0. 111	0. 226	0. 317	0. 216	0. 081	0. 031	0. 012	0. 006

（续）

γ	影响线坐标							
	η_{31}	η_{32}	η_{33}	η_{34}	η_{35}	η_{36}	η_{37}	η_{38}
0. 250	0. 097	0. 230	0. 340	0. 223	0. 073	0. 025	0. 008	0. 004
0. 300	0. 084	0. 234	0. 360	0. 229	0. 065	0. 020	0. 006	0. 002
0. 350	0. 074	0. 237	0. 377	0. 234	0. 058	0. 015	0. 004	0. 001
0. 400	0. 064	0. 240	0. 392	0. 237	0. 052	0. 012	0. 003	0. 001
0. 500	0. 047	0. 243	0. 418	0. 242	0. 010	0. 007	0. 001	0. 000
0. 600	0. 034	0. 246	0. 441	0. 245	0. 030	0. 004	0. 000	0. 000
0. 800	0. 014	0. 248	0. 476	0. 248	0. 012	0. 001	0. 000	0. 000
1. 000	−0. 001	0. 249	0. 504	0. 249	−0. 001	0. 001	0. 000	0. 000
2. 000	−0. 035	0. 240	0. 590	0. 241	−0. 042	0. 007	−0. 002	0. 000

附表 4　铰接板 8-4

γ	影响线坐标							
	η_{41}	η_{42}	η_{43}	η_{44}	η_{45}	η_{46}	η_{47}	η_{48}
0. 010	0. 121	0. 127	0. 138	0. 144	0. 134	0. 120	0. 110	0. 106
0. 020	0. 116	0. 126	0. 148	0. 160	0. 143	0. 116	0. 100	0. 092
0. 030	0. 110	0. 124	0. 156	0. 175	0. 150	0. 113	0. 091	0. 081
0. 040	0. 104	0. 122	0. 163	0. 188	0. 157	0. 110	0. 084	0. 072
0. 050	0. 099	0. 120	0. 169	0. 200	0. 163	0. 108	0. 078	0. 064
0. 060	0. 093	0. 117	0. 174	0. 211	0. 169	0. 106	0. 072	0. 058
0. 070	0. 088	0. 115	0. 179	0. 221	0. 174	0. 104	0. 068	0. 058
0. 080	0. 083	0. 112	0. 183	0. 231	0. 179	0. 102	0. 063	0. 047
0. 090	0. 078	0. 109	0. 187	0. 240	0. 183	0. 100	0. 059	0. 043
0. 100	0. 074	0. 107	0. 191	0. 248	0. 187	0. 098	0. 056	0. 030
0. 150	0. 056	0. 095	0. 205	0. 285	0. 203	0. 089	0. 042	0. 025
0. 200	0. 043	0. 084	0. 216	0. 314	0. 214	0. 081	0. 033	0. 016
0. 250	0. 033	0. 075	0. 223	0. 338	0. 223	0. 073	0. 025	0. 011
0. 300	0. 025	0. 067	0. 229	0. 358	0. 229	0. 065	0. 020	0. 007
0. 350	0. 019	0. 059	0. 234	0. 376	0. 233	0. 058	0. 016	0. 005
0. 400	0. 015	0. 052	0. 237	0. 391	0. 237	0. 052	0. 012	0. 003
0. 500	0. 009	0. 040	0. 242	0. 418	0. 242	0. 040	0. 007	0. 001
0. 600	0. 005	0. 030	0. 245	0. 440	0. 245	0. 030	0. 004	0. 000
0. 800	0. 001	0. 013	0. 248	0. 476	0. 248	0. 012	0. 001	0. 000
1. 000	0. 000	−0. 001	0. 249	0. 504	0. 249	−0. 001	0. 001	0. 000
2. 000	0. 006	−0. 042	0. 243	0. 589	0. 243	−0. 042	0. 008	−0. 001

参 考 文 献

[1] 中交公路规划设计院有限公司．公路桥涵设计通用规范：JTG D60—2015［S］．北京：人民交通出版社股份有限公司，2015.

[2] 中交公路规划设计院有限公司．公路钢筋混凝土及预应力混凝土桥涵设计规范：JTG 3362—2018［S］．北京：人民交通出版社股份有限公司，2018.

[3] 中交公路规划设计院有限公司．公路圬工桥涵设计规范：JTG D61—2005［S］．北京：人民交通出版社，2005.

[4] 中交公路规划设计院有限公司．公路桥涵地基与基础设计规范：JTG 3363—2019［S］．北京：人民交通出版社股份有限公司，2019.

[5] 中华人民共和国交通运输部公路局，中交第一公路勘察设计研究院有限公司．公路工程技术标准：JTG B01—2014［S］．北京：人民交通出版社股份有限公司，2014.

[6] 徐光辉、胡明义．公路桥涵设计手册—梁桥（上册）［M］．北京：人民交通出版社，1996.

[7] 叶见曙．结构设计原理［M］．4 版．北京：人民交通出版社股份有限公司，2018.

[8] 姚玲森．桥梁工程［M］．2 版．北京：人民交通出版社，2008.

[9] 范立础．桥梁工程（上册）［M］．3 版．北京：人民交通出版社股份有限公司，2017.

[10] 邵旭东，等．桥梁工程［M］．5 版．北京：人民交通出版社股份有限公司，2019.

[11] 盛洪飞．桥梁墩台与基础工程［M］．2 版．北京：人民交通出版社，2014.

[12] 宁贵霞，王丕祥．桥梁基础工程［M］．北京：科学出版社，2011.